Kinder*Blicke*

Kindheit und Moderne von Klee bis Boltanski

Städtische Galerie Bietigheim-Bissingen
7. Juli bis 16. September 2001

Hatje Cantz Verlag

Diese Publikation erscheint zur Ausstellung
»Kinder*Blicke* – Kindheit und Moderne von Klee bis Boltanski«
in der Städtischen Galerie Bietigheim-Bissingen
vom 7. Juli bis 16. September 2001

Herausgeber: Kultur- und Sportamt der Stadt Bietigheim-Bissingen – Städtische Galerie
Ausstellung und Katalog: Herbert Eichhorn und Isabell Schenk
Mitarbeit: Lieselotte Hahn und Angelika Hafner-Drese
Gestaltung: Christine Müller
Verlagslektorat: Ute Barba
Reproduktionen: Repromayer, Reutlingen
Satz: Weyhing digital, Ostfildern-Ruit
Gesetzt aus der Gill Sans
Gesamtherstellung: Dr. Cantz'sche Druckerei, Ostfildern-Ruit

Erschienen im
Hatje Cantz Verlag
Senefelderstraße 12
D-73760 Ostfildern-Ruit
Tel. 07 11 / 4 40 50
Fax 07 11 / 4 40 52 20
Internet: www.hatjecantz.de

ISBN 3-7757-0941-X (Buchhandelsausgabe)
ISBN 3-927877-36-0 (Katalogausgabe)
Printed in Germany

Umschlagabbildungen:
Paula Modersohn-Becker, »Nacktes Mädchen mit Apfel«, 1906, Paula Modersohn-Becker Museum, Bremen (Kat. 2.9)
Pia Stadtbäumer, »Max, Wimper und Wanderstock«, 1998/99, Galerie Rüdiger Schöttle, München (Kat. 11.15)

Die Deutsche Bibliothek – CIP-Einheitsaufnahme

Kinder*Blicke*: Kindheit und Moderne von Klee bis Boltanski; [zur Ausstellung »Kinder*Blicke* – Kindheit und Moderne von Klee bis Boltanski« in der Städtischen Galerie Bietigheim-Bissingen vom 7. Juli bis 16. September 2001] / [Hrsg.: Kultur- und Sportamt der Stadt Bietigheim-Bissingen; Städtische Galerie. Katalog: Herbert Eichhorn; Isabell Schenk. Mitarb.: Lieselotte Hahn und Angelika Hafner-Drese]. – Ostfildern-Ruit: Hatje Cantz, 2001
ISBN 3-7757-0941-X

Inhalt

Leihgeber

Lindenau-Museum, Altenburg, Dr. Jutta Penndorf/Ruth Gleisberg
Stedelijk Museum, Amsterdam, Dr. Rudi H. Fuchs
Schlossmuseum der Stadt Aschaffenburg,
Dr. Jenderko-Sichelschmidt
Sammlung Landesbank Baden-Württemberg, Lutz Casper
Nationalgalerie, Staatliche Museen zu Berlin, Prof. Dr. Angela Schneider
Paul-Klee-Stiftung, Kunstmuseum Bern, Dr. Michael Baumgartner
Klee-Nachlassverwaltung, Bern, Anne-Marie und Alexander Klee-Coll
Kunsthalle Bremen, Dr. Andreas Kreul/Dr. Dorothee Hansen
Paula Modersohn-Becker Museum, Bremen, Dr. Rainer Stamm
Städtische Kunstsammlungen Chemnitz, Ingrid Mössinger
E. L. Kirchner Stiftung (Kirchner Museum Davos),
Dr. Roland Scotti
Haags Gemeentemuseum, Den Haag, W. van Krimpen
Stiftung Bauhaus Dessau, Prof. Dr. Omar Akbar/Lutz Schöbe
Galerie Jule Kewenig, Frechen-Bachem, Jule Kewenig/Heidrun Patzner
Staatliche Galerie Moritzburg, Halle, Dr. Katja Schneider
Hamburger Kunsthalle, Dr. Jenns Howoldt
Galerie Koch, Hannover, Jürgen Koch
Nachlass Erich Heckel, Hemmenhofen, Hans Geissler
Museum Ludwig, Köln, Dr. Evelyn Weiss
Stiftung Museum Schloss Moyland, Sammlung van der Grinten,
Franz Joseph van der Grinten/Dr. Barbara Strieder
Galerie van de Loo, München, Marie-José van de Loo/
Sabine Ripp
Galerie Rüdiger Schöttle, München, Rüdiger Schöttle/
Barbara Schmidt
Sammlung Achim Moeller, New York
Museen der Stadt Nürnberg, Dr. Franz Sonnenberger/
Dr. Ursula Kubach-Reutter
Fondation Dubuffet, Paris, Louis Deledicq
Galerie Irena Kain, Riehen/Basel, Irena Kain
Museum Boijmans Van Beuningen, Rotterdam, Chris Dercon
Grafische Sammlung der Staatsgalerie Stuttgart, Dr. Ulrike Gauss
Staatsgalerie Stuttgart, Prof. Dr. Christian von Holst
Ulmer Museum, Dr. Brigitte Reinhardt
Deutsches Schloss- und Beschlägemuseum, Velbert,
Dr. Heiderose Langer
Kunstmuseum des Kantons Thurgau, Kartause Ittingen, Warth,
Markus Landert
Kunstsammlungen zu Weimar, Prof. Dr. Rolf Bothe/
Michael Siebenbrodt
Kunsthaus Zürich, Dr. Christoph Becker
Werner-Coninx-Stiftung, Zürich, Cynthia Gavranić
Fritz Andreae
Sammlung Karsch
Joost Siedhoff
und weitere Leihgeber, die nicht genannt sein möchten.

Dank

Dr. Tayfun Belgin, Museum am Ostwall, Dortmund
Frau Büttner, Schweizerisches Institut für Kunstwissenschaft, Zürich
Prof. Dr. Matthias Eberle, Berlin
Northild Eger, Otto Dix Archiv, Schaffhausen
Titus Felixmüller (†), Hamburg
Dr. Elisabeth Giese, München
Dr. Josef Helfenstein, Krannert Art Museum and Kinkead Pavilion, Champaign
Ilse Holzinger, Gabriele Münter- und Johannes Eichner-Stiftung, München
Dr. Jutta Hülsewig-Johnen, Kunsthalle Bielefeld
Angelica Jawlensky Bianconi, Alexej von Jawlensky-Archiv S. A., Locarno
Prof. Dr. Ulrich Krempel, Sprengel Museum, Hannover
Dr. Doris Krystof, Kunstsammlung Nordrhein-Westfalen, Düsseldorf
Dietmar Löhrl, Galerie Löhrl, Mönchengladbach
Dr. Ulrich Luckhardt, Hamburger Kunsthalle
Werner Meyer, Kunsthalle Göppingen
Christian Modersohn, Otto Modersohn-Museum, Fischerhude
Dr. Markus Möller, Picasso-Museum, Münster
Dr. Pia Müller-Tamm, Kunstsammlung Nordrhein-Westfalen, Düsseldorf
Dr. Barbara Murken, Ottobrunn
Dr. Ulrich Pohlmann, Fotomuseum im Münchner Stadtmuseum
Dr. Sophie Reinhardt, Westfälisches Museumsamt Münster
Wendelin Renn, Städtische Galerie Villingen-Schwenningen
Dr. Erika Rödiger-Diruf, Städtische Galerie Karlsruhe
Herrn Sander, Galerie Sander, Darmstadt
Galerie Schlichtenmaier, Grafenau-Dätzingen
Prof. Fritz Schwegler, Börtlingen-Breech
Dr. Bernhard Schwenk, Haus der Kunst, München
Walter Storms, Walter Storms Galerie, München
Prof. Dr. Gunther Thiem, Stuttgart
Auktionshaus Villa Grisebach, Berlin
Dr. Christoph Vögele, Kunstmuseum Solothurn
Wolfgang Werner, Paula Modersohn-Becker Stiftung, Bremen

Grußwort

Im vergangenen Herbst konnte die Städtische Galerie Bietigheim-Bissingen ihre neuen Ausstellungsräume beziehen, die in einem modernen Erweiterungsbau neben dem bisherigen Galeriegebäude entstanden sind. Schon die ersten dort präsentierten Ausstellungen haben eindrucksvoll aufgezeigt, welche neuen Möglichkeiten und Chancen diese architektonisch und technisch hochwertigen Ausstellungsräume für die zukünftige Arbeit der Galerie bieten.

Mit der Ausstellung »Kinder*Blicke* – Kindheit und Moderne von Klee bis Boltanski« beherbergen diese neuen Räume nun erstmals eine der traditionellen Sommerausstellungen unserer Galerie. Mit großen Werkgruppen von Künstlern wie Paula Modersohn-Becker oder Paul Klee knüpft die Ausstellung deutlich an die umfassenden monografischen Präsentationen zur Klassischen Moderne von Egon Schiele bis Gabriele Münter an, mit denen sich die Städtische Galerie längst auch überregional einen ausgezeichneten Ruf erarbeitet hat. Durch die Einbeziehung aktuellster Strömungen signalisiert das Projekt aber gleichzeitig eine verstärkte Öffnung des Hauses für die zeitgenössische Kunst. In dieser ambitionierten Schau wendet sich die Galerie einem großen Thema zu: Es geht um die Wechselwirkung von Kindheit und bildender Kunst im 20. Jahrhundert, die unter vielfältigen Aspekten beleuchtet wird. Das Spektrum reicht dabei vom deutschen Impressionismus des späten 19. Jahrhunderts bis zur Kunst der unmittelbaren Gegenwart. Neben den klassischen Gattungen Malerei und Zeichnung sind auch die charakteristischen Ausdrucksformen zeitgenössischer Kunst wie Installationen oder Videoarbeiten exemplarisch vertreten.

Die Realisierung eines solchen Projekts ist nur möglich durch die breite Unterstützung, die die Städtische Galerie von vielen Seiten erfahren hat. Denjenigen, die zum Zustandekommen der Ausstellung »Kinder*Blicke*« beigetragen haben, gilt daher mein herzlicher Dank – allen voran den über sechzig privaten und öffentlichen Leihgebern, die Kunstwerke aus ihrer Sammlung auf den Weg nach Bietigheim-Bissingen geschickt haben. Ich danke aber auch ganz herzlich den verschiedenen Sponsoren, die dieses Projekt großzügig gefördert haben: der Industrievereinigung Bietigheim-Bissingen, der Porsche AG und der Volksbank Ludwigsburg.

Manfred List
Oberbürgermeister

Das Jahrhundert des Kindes Vorwort und Dank

Im Jahr 1900 erschien in Stockholm Ellen Keys Programmschrift *Das Jahrhundert des Kindes,* in der sie ein an Jean-Jacques Rousseau orientiertes Erziehungsideal vertritt; von diesem erhoffte sie sich für das anbrechende Jahrhundert den entscheidenden Schritt zur Vervollkommnung der menschlichen Existenz. Das Werk der schwedischen Reformpädagogin wurde schnell in verschiedene Sprachen übersetzt und vor allem auch in Deutschland begeistert rezipiert. Einhundert Jahre später ist von dieser Euphorie an der Wende vom 19. zum 20. Jahrhundert wenig geblieben. In einer Zeit, in der die Grenzen zwischen Kindheit und Erwachsensein zusehends verschwimmen, besteht eher die Angst vor einem *Verschwinden der Kindheit* (Neil Postman). In Keys Werk wurden Vorstellungen von der besonderen Aura der Kindheit und wahre Erlösungshoffnungen wieder aufgegriffen, die ihren Ursprung in der Zeit der Aufklärung haben und später etwa in der deutschen Romantik mit ihrem ausgeprägten Interesse an allen kindlichen Lebensäußerungen ihren Niederschlag fanden. Das Kind wird dabei als ein Wesen gesehen, das wie der edle Wilde den natürlichen Quellen der menschlichen Existenz sehr nahe ist und gleichzeitig als Hoffnungsträger für eine bessere Zukunft erscheint. Dieser Glaube an das Kind als den »einzigen Messias, der immer wieder unter die Menschen zurückkehrt« (Maria Montessori), aber auch der Zweifel an diesem Glauben, blieben Leitmotive des 20. Jahrhunderts, die auch in der bildenden Kunst vielfältige Spuren hinterlassen haben.

Die Wechselwirkung von Kindheit und moderner Kunst ist ein so umfassendes Thema, dass wir im Rahmen unserer Ausstellung nur einzelne Facetten herausgreifen können. Wir haben uns daher für eine Fokussierung auf einzelne Aspekte und eine Auswahl von Künstlern, Künstlergruppen und Gruppierungen entschieden, deren Auseinandersetzung mit Kind und Kindheit wir für exemplarisch halten und die jeweils mit kleinen Werkgruppen vorgestellt werden. Die Auswahl steht beispielhaft für andere Künstler beziehungsweise andere Abschnitte der Kunstgeschichte des 20. Jahrhunderts, die hier nicht präsentiert werden können. Bis zum Zweiten Weltkrieg beschränken wir uns dabei – sieht man von Picasso ab – auf die deutsche Kunst. Es sind vorrangig zwei Stränge, die unsere Ausstellung verfolgt: zum einen die Entwicklung der Kinderdarstellungen und Kinderporträts, zum anderen die Auseinandersetzung von Künstlern mit Ausdrucksformen kindlicher Kreativität, für die hier vor allem die Kinderzeichnung stehen soll. Zwei Exkurse gelten dem Bereich der angewandten Kunst: dem Spielzeug aus dem Bauhaus und seinem Umkreis sowie den Bilderbüchern von El Lissitzky und Kurt Schwitters.

Max Liebermanns und Fritz von Uhdes Kinderdarstellungen, die den Auftakt zu unserer Ausstellung bilden, verkörpern ein neues Interesse an der Individualität und Psyche von Kindern. Vor allem durch die Beschäftigung mit den eigenen Kindern und Enkeln lösen sie sich von einer rein pittoresken Sicht auf Kindheit, wie sie im 19. Jahrhundert noch die Regel war. Weniger stark individualisiert erscheinen dagegen die Bauernkinder aus dem Teufelsmoor, die Paula Modersohn-Becker immer wieder gemalt hat. Obwohl sie häufig mit den Tieren dargestellt sind, die sie hüten, fehlt den Gemälden der Künstlerin alles Genrehafte und Anekdotische. Vielmehr ist ihnen ein eigentümlich melancholischer Ernst eigen. Schließlich thematisiert die Ausstellung die Faszination, die für die Maler der Brücke von kindlichen Modellen an der Schwelle zwischen Kind und Frau, wie etwa Fränzi, ausging. In der Malerei der Neuen Sachlichkeit nimmt das Thema des Kinderporträts – oft in deutlicher Anlehnung an die Kunst der deutschen Romantik – einen so breiten Raum ein, dass es verwundert, dass dieses Motiv noch nie in einer Ausstellung oder Veröffentlichung genauer untersucht wurde. In dem für die Epoche charakteristischen nüchtern-registrierenden Stil richten gerade die politisch engagierten Künstler ihren Blick nicht nur auf die psychische Befindlichkeit der Dargestellten, sondern auch auf die sozialen Bedingungen, unter denen sie leben müssen. Ein besonderer Reiz kommt schließlich den neusachlichen Stillleben mit Spielzeug zu. Hier schleicht sich neben der reinen Gegenstandsbeschreibung etwas durchaus Bedrohliches und Verstörendes ein. Picassos lebenslange Beschäftigung zunächst mit dem »unpersönlichen« Kind und später mit dem eigenen Nachwuchs beschließt den Ausstellungsteil mit Kinderdarstellungen und Kinderporträts.

Der Mythos vom schöpferischen Kind und von der Künstlernatur des Kindes – von den Romantikern gepflegt, von

Ellen Key euphorisch bejubelt – gewinnt im 20. Jahrhundert vor allem in Krisenzeiten neue Aktualität. Indiz hierfür ist auch eine wahre Flut von Ausstellungen mit Kinderzeichnungen, die von den achtziger Jahren des 19. Jahrhunderts bis zum Ende der zwanziger Jahre und später wieder unmittelbar nach dem Zweiten Weltkrieg gezeigt wurden. Das kunsthistorische Interesse an der Thematik findet seinen Höhepunkt in Publikationen wie Gustav Friedrich Hartlaubs *Der Genius im Kinde* von 1922, die bezeichnenderweise im gleichen Jahr wie Hans Prinzhorns *Bildnerei der Geisteskranken* erschien. Auf der Suche nach unverbrauchten, radikal neuen Ausdrucksformen wenden sich parallel dazu auch die Künstler der Kinderzeichnung zu. Wie in der primitiven Kunst und in der Kunst der Geisteskranken sehen sie in den Arbeiten von Kindern eine besondere Nähe zu den Wurzeln künstlerischer Kreativität. Für diesen Aspekt stehen in unserer Ausstellung zunächst die Künstler des Blauen Reiters, die zum Teil selbst Kinderzeichnungen gesammelt und sich intensiv mit deren Formensprache auseinander gesetzt haben. Von seinen eigenen Kinderzeichnungen und denen seines Sohnes ließ sich Paul Klee anregen, durch dessen gesamtes Schaffen sich die Beschäftigung mit dem Thema Kindheit wie ein roter Faden zieht. Insbesondere in seinem Spätwerk rückt Klee teilweise von der überkommenen Idealisierung des Kindes ab und zeigt in vielen Werken eine eher negative Sicht der Kindheit, die nun als Metapher für Dressur und Aggression stehen kann. Nach der Katastrophe des Zweiten Weltkriegs war es eine neue Künstlergeneration, die neben anderen Quellen wieder die schöpferischen Hervorbringungen von Kindern entdeckte. Dabei übernahmen die Künstler der Gruppe COBRA und Jean Dubuffet nicht nur die Ikonografie und den Stil der »sperrigen« Kinderzeichnung, sondern auch den unbekümmerten, bewusst unprofessionellen Umgang mit Farben und Materialien.

Nachdem sich die zeitgenössische Kunst über lange Zeit kaum mit Kind und Kindheit beschäftigt hat, sind in den letzten zwei Jahrzehnten sehr viele Arbeiten entstanden, die um das Thema kreisen. Dabei spielt der für die Kunst des Jahrhunderts so folgenreiche Topos von der unverbildeten Schöpfungskraft des Kindes keine Rolle mehr. Vielmehr wird die eigene Kindheit oder Kindheit allgemein als Ort der Selbsterkundung entdeckt. Dabei wird auch der Mythos von der Kindheit als paradiesischer Zustand der Unschuld und der Ursprünglichkeit kritisch hinterfragt und schließlich als Fiktion entlarvt. Das geschieht zum Teil – etwa im Medium der Fotografie – durch die Beschäftigung mit dem konkreten kindlichen Gegenüber oder durch die Arbeit mit den vertrauten Versatzstücken aus dem Kinderzimmer, die dabei häufig ihre Harmlosigkeit verlieren.

Allen Leihgebern und Künstlern, die es uns ermöglicht haben, die verschiedenen Aspekte unseres Themas zu beleuchten, gilt an dieser Stelle mein besonderer Dank, ebenso wie den zahllosen Kolleginnen und Kollegen, die uns mit wertvollen Hinweisen und Anregungen behilflich waren oder wichtige Kontakte geknüpft haben. Daneben danke ich den Autorinnen und Autoren für ihre Textbeiträge zu diesem Katalog und nicht zuletzt meinen Mitarbeiterinnen. Isabell Schenk hat entscheidend zur inhaltlichen Konzeption und ihrer Umsetzung beigetragen; Lieselotte Hahn und Angelika Hafner-Drese haben mit bewährtem Engagement die Realisierung ermöglicht. Dem Hatje Cantz Verlag und vor allem Annette Kulenkampff, Ute Barba und Christine Müller danke ich für die Umsicht und Sorgfalt bei der Produktion dieser Publikation.

Herbert Eichhorn

»Kindergesellschaft als Hauptsache«
Kinder- und Kindheitsbilder von Max Liebermann und Fritz von Uhde

Katrin Boskamp-Priever

»Freie Kinder zu schaffen, wird die vornehmste Aufgabe dieses Jahrhunderts sein«, schrieb der junge Rilke am 8. Juni 1902 im *Bremer Tageblatt*. Anlass war Rilkes überaus zustimmende Besprechung des bereits 1900 in Originalsprache, 1902 dann in deutscher Übersetzung vorliegenden Buches *Das Jahrhundert des Kindes* der schwedischen Pädagogin und Frauenrechtlerin Ellen Key, das allein in Deutschland bis 1911 fünfzehnmal aufgelegt wurde, und – auch in andere Sprachen übersetzt – den internationalen Ruhm der Verfasserin begründete.[1] Der deutsche Buchtitel wurde Programm: Die Vorstellungen und Hoffnungen der Ellen Key, Kindern eine ihre individuelle Persönlichkeit respektierende und fördernde Entwicklung zugute kommen zu lassen, haben heute weit reichende Gültigkeit.[2] Mit Rilke verband Key die Idealisierung des Kindes zum fast mythischen Träger moderner Zukunfts- und Erlösungshoffnung. Der Dichter schätzte ihre in der Diskussion um die weibliche Gleichberechtigung gemäßigte Position. Die Betonung der Mutterschaft diene dem Wohl des Kindes, dessen »Anwalt und Apostel« sie sei. Rilke begrüßte ihre Kritik an den Schulen und Erziehungsinstituten, die er auf die künstlerische Ausbildung an den Akademien und den akademischen Lehrkanon ausgedehnt wissen wollte.[3]

In diesem letzten Punkt hätte Max Liebermann Rilke vermutlich beigepflichtet. Sein Artikel »Über Kunstschulen« (1920) zeugt zumindest von einer sehr ähnlichen Auffassung. »Der Lehrer«, meinte Liebermann, »soll den Schüler nicht ›abrichten‹, die Wirklichkeit nach seiner, des Lehrers, Auffassung wiederzugeben, sondern, indem er der Individualität des Schülers möglichst Rechnung trägt, soll er ihn dazu befähigen, die Wirklichkeit in seiner, des Schülers, Auffassung wiederzugeben.«[4] Auch in dem Vorwurf, dass der akademische Unterricht so wie er gepflegt wurde, mitunter Talente eher verdarb als förderte, hätten Rilke und Liebermann übereingestimmt. Ähnliche Skepsis vor falscher Instruktion und fehlgeleiteter Orientierung spricht aus Liebermanns zurückhaltenden Vorschlägen zur Gestaltung von Schulzimmern: Wie in seinen eigenen Bildern von Klassenzimmern (Abb. 1), in denen er seine Vorstellungen vorwegzunehmen schien, wünschte er für die Räume »einen Anstrich mit einem freundlichen, lebhaften Ton«, dazu »Blumen vor den Fenstern, freie Plätze vor dem Schulhause, grüne Bäume, die lustige Reflexe in die Räume werfen« und »vor allem Licht, Licht und nochmals Licht«.[5] Dennoch sprach Liebermann sich in Bezug auf den Kunstunterricht für »strengste Schulung« aus, womit eine solide zeichnerische Ausbildung gemeint war.

1 Max Liebermann · *Nähschule im Amsterdamer Waisenhaus* · 1876
Von der Heydt-Museum, Wuppertal

Dem allzu libertinären, sich genialisch gebärdenden Künstlertum stand er von jeher sehr distanziert gegenüber und den modernen Primitivismus – die »Neger- oder Fidschi-Insulaner-Kunst« – lehnte er bekanntlich ab.[6] So wird ihm die Entdeckung der Kinderzeichnung als Inspirationsquelle für die moderne Kunst, die Abkehr von der genauen Naturbeobachtung und die einseitige Aufwertung von mit »Kindheit« verbundenen Vorstellungen nicht als der richtige Weg erschienen sein. Sicherlich missfielen Liebermann die Euphorie und die Ambivalenz, mit der für das Verlernen der Kunst geworben wurde, vermutlich erkannte er die Paradoxie, unterstellte vielleicht mangelnde Ernsthaftigkeit und mochte nicht an fruchtbare Folgen für die Kunst des 20. Jahrhunderts glauben.[7]

VERLORENE KINDHEIT – ARMELEUTEMALEREI

Von Liebermann gibt es zunächst genrehafte Kinderbilder aus der Studienzeit an der Weimarer Kunstschule, die, wie das *Kleine Mädchen* oder *Schustermädchen* (1871), an die tonige Salonmalerei des hier noch vorbildhaften ungarischen Malers Mihály Munkácsy denken lassen oder wie der *Savoyardenknabe* beziehungsweise *Pifferaro* (1869) Bildthemen des 18. Jahrhunderts aufgreifen.[8] Mit den *Korbflechtern* (1872) und der 1874 in Barbizon begonnenen, 1875 in Paris vollendeten *Kartoffelernte* entstehen dann Bilder mit arbeitenden Kindern, die nicht wirklich der gesellschaftlichen Brisanz des Themas Rechnung tragen, gleichwohl Kindheit schildern als eine in das Sozialisationsumfeld erwachsener Erwerbstätigkeit zwangsläufig eingebundene Kinderzeit ohne eigene, auf die körperlichen und psychischen Bedürfnisse des Kindes zugeschnittene Lebensbereiche.[9] Alle diese Bildsujets sind aussagekräftige Beispiele für die Liebermann mit Fritz von Uhde verbindende, seinerzeit von der Kritik so gescholtene Armeleutemalerei. Pate steht hierfür eine thematisch speziell dem Elend der ländlichen und großstädtischen Bevölkerung verpflichtete Richtung der französischen Malerei der Jahrhundertmitte, deren Vertreter – darunter Realisten wie Alexandre Antigna, Jules Breton, Gustave Courbet und etwas später der als »Bouguereau der Naturalisten« gefeierte Jules Bastien-Lepage – mit ihren Bildern von armen Bauern-, Bettler- und Savoyardenkindern ihrerseits auf den spanischen Realismus des 17. Jahrhunderts und die populären Gassenkinderbilder von Murillo zurückgriffen. Gerade das Savoyardenkind war der Inbegriff von Armut und verlorener Kindheit, denn die Bewohner des alpenländischen Herzogtums galten noch im 19. Jahrhundert als so arm, dass sie, weil die Landwirtschaft zu wenig einbrachte, ihre Kinder in die Fremde schicken mussten.[10] Noch für das barfüßige *Heideprinzeßchen* (1889) bediente sich Uhde der zuspitzenden Wirkung eines ähnlich anekdotischen und anspielungsreichen Bildtitels, indem er das kleine verwilderte Mädchen, das dem Betrachter plötzlich im mannshoch wuchernden Distelgestrüpp gegenübersteht, wie ein fremdes, zwitterhaftes Naturwesen geheimnisvoll überhöhte.[11] Verlotterte, in Lumpen gekleidete Kinder in trostlosen Naturausschnitten waren zu einer Zeit, in der man die Individualität des Kindes und seinen Anspruch auf Erziehung und Bildung ernst zu nehmen begann, ein moralischer Appell an ein notorisch schlechtes Gewissen.[12] Für Uhde und Liebermann scheinen hier besonders die Werke des bereits erwähnten Bastien-Lepage nicht unwichtig, so zum Beispiel *Pauvre Fauvette* (1881) und *Pas Mèche* (1882), die wohl als Inbegriff des realistischen Kinderbildes der achtziger Jahre gelten können.[13] Mit der Armeleutemalerei schien generell eine Rezeptur für unvoreingenommene, antiakademische und dennoch malerisch anspruchsvolle, wahrhaftige und ehrliche Malerei gefunden, doch wollte die Gleichung in Deutschland nicht so ohne weiteres aufgehen. Beide, Liebermann wie Uhde, sahen sich Anfeindungen als Schmutz- und Gossenmaler ausgesetzt.[14]

2 Fritz von Uhde · *Lasset die Kindlein zu mir kommen* · 1883/84
Museum der bildenden Künste Leipzig

RELIGIÖSES GENRE: DAS »MENSCHLICH-GÖTTLICHE IM KIND«

Uhde versuchte sich deshalb in einer kompromissbereiten Haltung, die zur Entwicklung eines religiösen Genres, zu gleichsam profanisierten, religiösen Historien führte, die von der Kritik zum Teil sehr positiv aufgenommen wurden und ihm zumindest öffentliche Aufmerksamkeit sicherten.[15] Auftakt hierfür bildete Uhdes *Lasset die Kindlein zu mir kommen* von 1883/84 (Abb. 2), dessen »modern menschliches Milieu« dem Betrachter die biblische Geschichte näher brachte als die in ihrer historischen Detailtreue als theaterhaft und kostümiert empfundene Geschichtsmalerei von Paul Delaroche oder Karl von Piloty.[16] Obgleich nicht sentimental, unterlag die Darstellung der Kinder dennoch einem gewissen Kalkül – von Uhde bereitwillig eingeräumt –, mit dem er auf emotionale Anteilnahme, auf die Einfühlung des Betrachters spekulierte. So steht die Mischung aus kindlicher Scheu, Befangenheit, Schüchternheit und am Ende doch Zutraulichkeit, die an den Gesichtern und Reaktionen der Kinder ablesbar ist, nicht nur für »Seele« und »Innerlichkeit«, wie Uhde selbst und auch die Kritik kommentierten, sondern auch für die Unverfälschtheit und Wahrhaftigkeit eines religiösen Gefühls, das dem Durchschnittspublikum möglicherweise nicht mehr so ohne weiteres zugänglich war.[17] »Das schüchterne Blondköpfchen«, lobte denn auch der Uhde-Kenner Fritz von Ostini, »das Jesus die Hand reicht, kann einen Menschen wohl rühren bis in die tiefste Seele hinein durch den unschuldig scheuen Ausdruck seines Gesichtchens und andere Kindertypen auf dem Bilde kaum minder«.[18] Auch bei Liebermann steht das Kind, in diesem Fall Jesus selbst, für Wahrheit und Objektivität. Sein einziges religiöses Gemälde dieser Zeit, der *Zwölfjährige Jesus im Tempel* (1879), war jedoch in der Erstfassung mit dem jüdischen Kind und der Erinnerung an die

KAT. 1.8 FRITZ VON UHDE · KINDERPROZESSION IM REGEN · 1897

historische Herkunft des Christentums in so hohem Maße intellektuell und aufklärerisch, dass es eine mehr als unwillkommene Korrektur herrschender Auffassungen und Konventionen darstellte.[19] Liebermann überarbeitete das skandalumwitterte Bild und schenkte es Uhde, der daraus, so ist zu Recht anzunehmen, für seine religiöse Malerei Lehren zog und zumindest im Sinn der eingangs erwähnten utopisch-religiösen Kindheitskonzepte der Jahrhundertwende durchaus akzeptable Vorbilder christlicher Glaubenshaltung hervorbrachte.[20] Von seinen Anhängern wurde Uhde jedenfalls so verstanden. Er sehe die »heilige Holdseligkeit« des Kindes »eben nötigenfalls durch Schmutz und Lumpen und sonnenbraune Haut durch«, sehe »das Menschlich-Göttliche im Kind und nicht die Puppe, wie so viele andere Kulturmenschen«.[21] Die religiösen Bilder Uhdes mit ihrer, wie man heute meint, »säkularisierten« Gestalt des Erlösers erhalten auf Umwegen – über die Kinder – ihre »natürliche Gefühlsfrömmigkeit«, die sie mit zu den volkstümlichsten und populärsten religiösen Bildschöpfungen des 19. Jahrhunderts werden ließ.[22]

MALERISCHE SUJETS – FISCHERKINDER, HOLLÄNDERINNEN UND »DICKKÖPFIGE KLEINE«

Im Werk Liebermanns und Uhdes haben Kinderbilder eine große Bedeutung, jeder schuf ein unverwechselbar eigenes Genre: Liebermann mit seinen Waisenhausmädchen und Schulsujets, Uhde mit den Bildern seiner Töchter.[23] Beide beschäftigte zudem über Jahre hinweg in vielen unterschiedlichen Bildfindungen das Motiv spielender Kinder. Bereits in den frühen siebziger Jahren nahm sich Liebermann des Themas an und kultivierte von Anfang an eine unprätentiöse und sachliche Darstellungsweise. Im Sommer 1875, den Liebermann nach einem kurzen Besuch im französischen Barbizon in Holland verbrachte, stieß er erstmals auf die Spielschulen, Einrichtungen zur Betreuung von Kleinkindern, die er in mehreren Fassungen und Einzelstudien künstlerisch bearbeitete.[24] Obwohl in Holland entstanden, haben die Kleinkinderschulen nichts spezifisch Holländisches, und doch überliefert der Liebermann-Biograf Erich Hancke die Besonderheiten der Einrichtungen, wie sie Liebermann bereits in den ersten Studien (Kat. 1.1) geschildert hat. »Der Gegenstand ist bewunderungswürdig drastisch erfaßt«, vermerkt Hancke. »Davon wurde ich überzeugt, als ich einmal an einem Sommertage durch eine holländische Dorfstraße ging, und zufällig in den dunkelschattigen Garten einer Spielschule hineinsah. Ich glaubte Liebermanns Bild vor mir zu sehen. Wie dort, so hockten hier die dickköpfigen Kleinen auf den langen, niedrigen Bänken, und auch die Aufpasserin machte die eigentümliche Figur wie bei ihm, denn sie saß ebenso niedrig wie ihre Zöglinge.«[25] Die überzeugend realistische Schilderung ist auch noch in der erst im Winter 1879/80 in München entstandenen letzten Fassung der *Kleinkinderschule* (Abb. 3) nachzuvollziehen.[26] Das im erzählerischen Detail »sinnreiche« Bild bleibe, so fand Hancke, auch in der sorgfältigen kompositionellen Ausführung »heiter und reizvoll«. Auf Bewunderung stießen seinerzeit vor allem die Behandlung des Lichts, die Helligkeit und das Glänzen der »milchweißen, hellblauen und rosigen Massen«.[27] Anrührend wirken in dem freundlichen Durcheinander die drollige Unordnung der verrutschten Kleider, die zerzausten Kinderschöpfe und die beneidenswerte, vor allem Kindern gegebene Fähigkeit, sich und die Umwelt über dem Spiel gänzlich zu vergessen – eine einfühlsame Beobachtung, die uns auch in den Porträts und Geschwisterbildern beider Maler wiederholt begegnet.

3 Max Liebermann · *Kleinkinderschule* · 1879/80
Staatliche Museen zu Berlin, Nationalgalerie
(Dauerleihgabe aus Privatbesitz)

In karg ausgestatteten, wenig anheimelnden Räumen – in Liebermanns *Geschwistern* (1876) beinahe verlieshaft anmutend, in Uhdes *Die ältere Schwester* (1885) durch Lichtregie und unbeschwertes Treiben eher heiter gestimmt – erscheinen die in Augenhöhe oder aus leichter Obersicht gesehenen kleinen Mädchen und Jungen weitgehend sich selbst überlassen.[28] Doch sind sie, so auch in Liebermanns *Geschwistern* von 1873, dem *Spielenden Kind*

KAT. 1.2 MAX LIEBERMANN · SPIELENDES KIND IN DER HAUSTÜR · 1875

in der Haustür von 1875 (Kat. 1.2), den *Spielenden Kindern* von 1876 oder Uhdes *Kind mit Puppen* von 1885,[29] Sinnbilder zufriedener Beschränkung auf das Einfache und Wesentliche und damit Ausdruck einer bescheidenen Behaglichkeit, wie sie Liebermann in den beiden Briefen »Künstlerischer Bilderschmuck für Schulen« als ideale Umgebung für Kinder ansprach.[30] Das nur momenthafte Aufmerken, mit dem der Betrachterblick pariert wird, der Verzicht auf Erwachsenenpose und gestärkte Kleidchen bringen die Ernsthaftigkeit und das ausdauernde Interesse zum Ausdruck, mit dem sich beide Maler der individuellen Situation, dem Spiel und der kindlichen Psyche annehmen.

Auch Uhde entdeckte seine Kindermotive in Holland, wohin er im Spätsommer 1882 das erste Mal reiste. Wie Liebermann wurde Uhde – wenn auch nicht so anhaltend – durch die »heimlichen Schönheiten«, den »silbernen, duftigen Sonnenschein« und die »gesunden Menschen« zu einer ganz eigenen Art von Hollandmode inspiriert, die nicht allein das Motivrepertoire, sondern auch die Palette deutlich hin zu einer hellfarbigen, lichten Malerei veränderte, die anfangs als »kreidig«, später dann vor dem Hintergrund der in der Zwischenzeit erfolgten malerischen Innovationen des Impressionismus als »dunkel und sattfarbig« angesehen wurde.[31] »Ein jeder strebsame junge Mann pilgerte nach Holland«, schrieb Liebermann nicht ohne Selbstironie im Rückblick des Jahres 1901, »er brachte den Holzschuh und die weiße Haube und die lange Tonpfeife von dort mit; das holländische Fenster mit den kleinen Scheiben im Lot wurde Mode.«[32] Während Uhdes Aufenthalt in Zandvoort war eine ganze Anzahl von Kinderstudien entstanden, die er im Winter 1882/83 im Münchner Atelier in dem großen, breitformatigen Bild *Der Leierkastenmann kommt* (Abb. 4) wieder aufgriff.[33]
An der Zaunpforte eines bescheidenen Hinterhofes, den Uhde im September 1882 in einer ansprechenden malerischen Studie, den *Fischerkindern in Zandvoort,* skizziert hatte,[34] erscheint im Hintergrund kaum erkennbar ein fahrender Musikant, dem die kleinen Holländerinnen aufgeregt entgegeneilen. Interesse weckt hier weniger der vagabundierende Alte, der in der Genremalerei sonst ein beliebtes Sujet ist, als vielmehr die ausgesprochen disparaten, wenngleich nicht übermäßig forciert vorgetragenen Reaktionen der jungen Mädchen. Angefangen bei der jungen Strickerin und den anderen beiden Mädchen im Vordergrund, schon im erwachseneren Alter und voller Nachsicht für die helle kindliche Aufregung in ihrem Rücken, führt der Blick entlang laufender und springender Kinder in die Tiefe, und wie sooft kann sich der Betrachter nur mit kleinen Ereignissen im Rahmen des überaus Alltäglichen bescheiden. Auch die von Uhde vordergründig eingestreuten Details – ein aufgescheuchtes Huhn, ein umgefallener Blumentopf, Kartoffelschalen auf dem Boden – enthüllen keine Sensationen und verbergen kein Geheimnis. Wie in den Bildern des befreundeten Berliner Kollegen, der den *Leierkastenmann* erwarb, ist nicht mehr zu sehen und zu finden als das Sichtbare – und doch auch nicht weniger. Dass ihm die »Kindergesellschaft zur Hauptsache« werde, schrieb Uhde anlässlich der Entstehung der *Fischerkinder in Zandvoort* an seine Frau und enthüllte ein Anliegen, das in vielen seiner Arbeiten und auch in Liebermanns Kinderbildern zum Tragen kommt.[35] Möglicherweise ist es die Grundlage für die Bildqualität der vielen heute sehr geschätzten, zum Teil fast porträthaften Darstellungen, die seinerzeit als Studien für große Gemäldefassungen entstanden, wie beispielsweise Uhdes *Kinderstudie* von 1884 (Kat. 1.6), und die erst im Zuge der Anerkennung impressionistischer Kunst in Deutschland in den neunziger Jahren des 19. Jahrhunderts bei Uhde wie bei Liebermann zunehmend als selbstständige, wenngleich den Charakter der Studie nicht leugnende Bildschöpfungen ausgewiesen sind. Das Interesse am Motiv tritt dann allerdings wieder hinter den Erkundungen der malerischen Eigenschaften von Licht, Luft und Atmosphäre zurück, wie Uhdes spätes Bildnis *Zweier Mädchen* (Kat. 1.9), Liebermanns *Gehendes Mädchen* von 1897 (Kat. 1.3) oder die fast seriell anmutenden Darstellungen kleiner Grüppchen von Schulkindern belegen, zu denen beispielsweise der *Schulgang in Laren* von 1898 (Kat. 1.4) zu rechnen ist.

4 Fritz von Uhde · *Der Leierkastenmann kommt* · 1882/83
Hamburger Kunsthalle

KAT. 1.3 MAX LIEBERMANN · GEHENDES MÄDCHEN · 1897

KAT. I.4 MAX LIEBERMANN · SCHULGANG IN LAREN, KOMPOSITIONSSTUDIE · 1898

KAT. I.6 FRITZ VON UHDE KINDERSTUDIE · 1884
(ABB. S. 20)

MIT DEN FINGERN IM DRECK: KINDERSPIELPLÄTZE

Liebermann kam möglicherweise in Paris, wo er sich von 1873 bis 1878 aufhielt, auf die Idee zu seinen Stadtgärten und Kinderspielplätzen. Der frühere, laut Hancke jedoch unzutreffende Titel des ersten und sehr kleinen Gemäldes dieser Serie, *Im Tuilerien-Garten,* mag dafür ein Indiz sein, entstanden ist es allerdings 1879 in München.[36] Die mit der Rezeption des französischen Impressionismus in Zusammenhang zu bringenden Sonnenflecken zeigen sich jedenfalls hier und auf anderen ähnlichen Bildern dieser Zeit und zeugen von einer neuen Auffassung von der Erscheinungsform des Lichts.[37] Werke wie der sehr pastose, auch als Studie bezeichnete und Liebermanns spätere Virtuosität der knappen, skizzenhaften Schilderung bereits ankündigende *Kinderspielplatz im Tiergarten* (1882) stießen denn auch im ohnehin wohlgesonneneren Frankreich auf Liebhaber und Käufer.[38] In diesem Motivkreis erscheint der *Münchner Biergarten* von 1884 (Abb. 5) wiederum als im Detail ausgefeilte, gewissenhaft komponierte und vollendete Fassung, doch hat Liebermann das Thema noch lange weiterverfolgt.[39] Dabei ist eine gewisse Vorliebe für das Motiv des auf der Erde spielenden Kindes nicht zu übersehen, dem Liebermann auch eine Einzelstudie gewidmet hat[40] und das in einem der für den *Münchner Biergarten* angeführten Vorbilder, in Edouard Manets Gemälde *Musik im Tuileriengarten* von 1862 (Abb. 6), unmissverständlich vorformuliert ist.[41] Das Bild des französischen Malers scheint nicht nur für das Thema allgemein, sondern auch für diese in relativ unbeteiligter Umgebung Sand schaufelnden kleinen Mädchen prägend gewesen zu sein. Deren blütenweiße, duftige Sonntagstracht mit bauschigen Bandschleifen – bei Manet deutlich überdimensioniert – kontrastiert zu der ganz und gar nicht mädchenhaften Tätigkeit. So erfährt der Gegensatz zwischen zugedachter Rolle und kindgemäßem Spiel eine eindringliche Zuspitzung und verleiht der Schilderung sympathische Lebensnähe, Echtheit und Frische. Wie so oft bei den französischen Impressionisten entsteht vor den Augen des Betrachters – die Amme, die braun gelockte Kleine und die sonnenschirmbewehrte junge Frau in unsere Betrachtung einbezogen – eine in den Bildvordergrund gerückte »weibliche Welt« und zudem ein schattiges Refugium unbekümmerter, durch keine Konvention eingeschränkte, tastende Entdeckerfreude.[42]

5 Max Liebermann · *Münchner Biergarten* · 1884
Bayerische Staatsgemäldesammlungen, Neue Pinakothek, München

6 Edouard Manet · *Musik im Tuileriengarten* · 1862
The National Gallery, London

Beispiele für Kinderbilder, die auf je eigene Art einen paradiesischen Natur- und Urzustand ins Gedächtnis rufen, sind die heiteren Idyllen Hans Thomas – wie der *Kinderreigen* von 1872 oder die brutales, ungebremstes Kräftemessen demonstrierenden *Balgenden Buben,* die jeweils von Thoma und Hans Trübner im selben Jahr in Ateliergemeinschaft gemalt wurden.[43] »Ja so Kinder«, schrieb Thoma, »die gehen gerade auf die Sache los und in unserer Zeit der Verworrenheit ist es garnicht so paradox, von ihnen zu lernen.«[44] Die gemeinsamen Wurzeln für solche Motive der Ursprünglichkeit und künstlerische Auffassungen, die auf ganz unterschiedliche Weise zurück

7 Gustave Courbet · *Pierre-Joseph Proudhon im Jahre 1853* · 1865
Musée du Petit Palais, Paris

8 Fritz von Uhde · *Kinderstube* · 1889
Hamburger Kunsthalle

zu den Anfängen, zur Einfachheit streben, liegen wiederum bei den Franzosen. Schon Courbets *Atelier* (1855), das berühmte Programmbild realistischer Kunst, zeigt zwei Kinder: Das eine liegt zu Füßen des Freundes Champfleury auf dem Boden und kritzelt, das andere blickt neben der nackten Frau auf die Leinwand des Malers.[45] Werner Hofmann sah hier – in Weib, Kind und Künstler – »die Welt des Einfachen und Wahren« verkörpert: »drei Metaphern der Ursprünglichkeit«.[46] Courbets Überzeugung lautet, die realistische Kunst habe »die nackte Wirklichkeit aus einer Perspektive kindlicher Unschuld darzustellen«,[47] was sich auch im Vergleich mit Courbets 1865 entstandenem, postumem Familienporträt *Pierre-Joseph Proudhon im Jahre 1853* (Abb. 7) erschließen mag. Hier malte er neben dem Philosophen seine beiden Töchter, deren eine, auf der Erde Spielende als Sinnbild des fruchtbar-schöpferischen Ursprungs einerseits und des tastenden Besitzergreifens andererseits eine umfassende Deutung erfahren hat.[48] Im kindlichen Unterfangen, so darf man vielleicht zusammenfassen, entdeckt der Künstler des 19. Jahrhunderts die Möglichkeit unkonventioneller, spontaner Formfindung.

»AUS VERLIEBTER FREUDE« – TÖCHTERBILDER UND PORTRÄTS

Bedingt durch die Geburt seiner Töchter, fand Uhde die Motive für seine Kinderbilder innerhalb der eigenen vier Wände. In Form malerischer Momentaufnahmen und bildlicher Notizen schilderte er kontinuierlich das kindliche Treiben und rasche Heranwachsen der nur ein Jahr auseinander liegenden Anna (1881–1970) und Amalie (1882–1959) sowie der jüngsten Tochter Sophie (1886–1956), deren Geburt die Mutter nur um fünf Tage überlebte. Die zunächst und aufgrund des Erfolges seiner religiösen Malerei lediglich als private Studien, später dann als eigenständige Schöpfungen entstandenen Bildnisse sind bis ins Erwachsenenalter der drei Mädchen Ausdruck häuslicher Idylle und sympathischer Zwanglosigkeit. Man könne »an diesen Familienbildern so recht eigentlich seine [Uhdes] ganze malerische Entwicklung von fast zwanzig Jahren verfolgen«, meinte Fritz von Ostini und stellte den experimentellen Charakter der Töchterbilder heraus.[49] So sind womöglich auch die ausgesprochen unterschiedlichen Kompositionen der kurz hintereinander gemalten Kinderstuben Uhdes zu beurteilen. Der Blick in das Spielzimmer zeigt in der ersten *Kinderstube* von 1889 (Abb. 8) eine von jedem didaktischen Anspruch, der den wenigen zum Vergleich heranziehbaren Darstellungen von Kinderzimmern bisweilen innewohnt, ungetrübte »fröhliche Unordnung in Möbeln und Spielzeug«.[50] Der Versuch, Detailtreue mit Bewegung, Spontaneität und Pleinairatmosphäre zu vereinen, entsprach nicht den Sehgewohnheiten und verlangte dem Publikum seinerzeit einiges ab. Die vom wilden Toben mit der Puppe völlig erhitzte und zerzauste Sophie strahlt den Betrachter so ausgelassen an, als wäre er der überraschend ins Zimmer getretene Vater. Das »Derblebendige«,[51] Linkische und Ungelenke der rotwangigen Kleinen und manchmal auch der anderen Töchter in den Bildnissen unterscheidet seine Gemälde nicht nur von der porzellanenen Dressiertheit konventioneller Kinderpor-

KAT. 1.9 FRITZ VON UHDE · ZWEI MÄDCHEN · 1909

träts, sondern kündet auch von einem ungewöhnlichen und modernen Erziehungsideal, das sich anscheinend bestens bewährte. Uhde führte dies in den Bildnissen der trotz des Verlustes der Mutter zu ansehnlichen jungen Damen herangewachsenen Mädchen nicht ohne Stolz und Selbstbewusstsein vor. Auch die anderen Kinderstuben, das streng komponierte und koloristisch meisterhafte *Bilderbuch* von 1889 (Kat. 1.7) und die Freilichtbilder aus dem Garten des Landhauses in Percha am Starnberger See, das Uhde 1894 erwarb, zeigen die Töchter bei der Handarbeit, den Schulaufgaben oder vertieft in die Lektüre – zum Teil wie Schnappschüsse inmitten einer Bewegung oder beim Spiel mit dem Hund beobachtet.

Als eines der frühesten Kinderporträts Liebermanns kann – obwohl die Dargestellte anonym bleibt – das 1877 entstandene *Kleine Mädchen mit der Blume* (Abb. 9) gelten. Vor einem räumlich kaum differenzierten Hintergrund sitzt ein kleines Mädchen mit Lätzchen und weißer Haube. Die Schuhsohlen dem Betrachter entgegengestreckt, blickt es mit stoischer, freundlicher Eindringlichkeit aus dem Bild heraus und vermag doch nicht den Eindruck zu vermitteln, dass es sich dessen bewusst ist, betrachtet und porträtiert zu werden. Das kreidige Braun im Hintergrund korreliert mit dem stumpfen Grau des Kleides, das in breiten Pinselflächen virtuos hingestrichen ist. Einziger koloristischer Akzent ist die gelbe Blume. Die Pastosität der Farbe im Bereich des Gesichtes vermeidet jeden Anflug idealisierender Glätte und Verniedlichung. Bei näherer Betrachtung fällt auf, dass die Figur mit der Kennerschaft eines Betrachters rechnet, der Velázquez' Porträt eines *Zwerges, auf dem Boden sitzend* (um 1645) – vermutlich der spanische Hofnarr Don Sebastián de Morra – vor Augen hat.[52] Der spanische Maler, den Liebermann wie viele Künstler im 19. Jahrhundert bewunderte und verehrte, galt als Wegbereiter realistischer Malerei und als Vorläufer des reinen Sehens. Vermutlich inspiriert von der feinfühligen, aber unbestechlichen Darstellungsweise, mit der Velázquez die Narren am spanischen Hof Philipps IV. im Porträt festhielt, bewahrt das Bildnis Liebermanns, zwischen Typus und Individualität der Figur schwankend, gleichermaßen den Charakter des Genrehaften und Unsentimentalen. Die Einfachheit des Stils, die auch Velázquez verkörperte, geht einher mit einer »unverfälschten« Auffassung vom Wesen der Dinge.

Doch Liebermanns Porträtkunst, von Hancke als »Prüfstein seines Wesens« bezeichnet, hatte auch im familiären Bereich seinen Ursprung. Im Unterschied zu anderen, von Hancke zum Teil kritisch bewerteten Porträts erscheinen die Familienbildnisse als »eine Klasse für sich«. Lieber-

9 Max Liebermann · *Das kleine Mädchen mit der Blume* · 1877
Kunsthandel Wolfgang Werner, Bremen

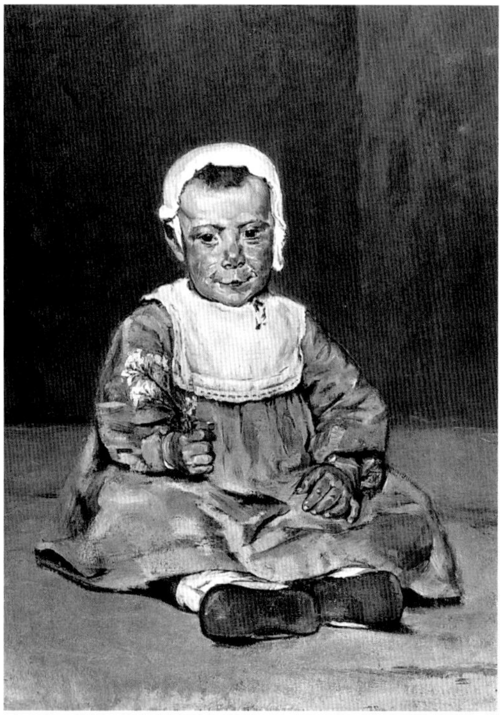

10 Max Liebermann · *Kind an der Truhe* · 1888
Privatbesitz, USA

mann füllte wie Uhde Blatt um Blatt mit Zeichnungen, Pastellen und Skizzen seiner Frau, der Tochter und Enkelin. Auch hier sind die privaten Bildnisse Ausdruck persönlicher Zuneigung und Bindung, die, wie Hancke fand, »alles, was an Wärme und Zärtlichkeit in ihm liegt, zu absorbieren« scheinen.[53] Das 1888 als Geburtstagsgeschenk entstandene Porträt seiner dreijährigen Tochter, *Kind an der Truhe* (Abb. 10), ist, wie selbst der in Bezug auf die Bildnisse generell wohl ein wenig zu strenge Hancke anerkennen muss, »wie mit einem einzigen liebevollen Blicke umfaßt«.[54] Das kleine Mädchen steht an einer großen Truhe, darauf ihre Puppe und ein kleines Kochgeschirr, und rührt in einem Töpfchen. Das improvisierte Spiel, die darin an den Tag gelegte Fantasie und die selbstvergessene Versunkenheit der kleinen Käthe werden durch das Überdimensionierte der vage formulierten Umgebung gesteigert. Diese Unbestimmtheit ist gleichzeitig Anspielung auf das noch Unbekannte und Bruchstückhafte der kindlichen Lebens- und Erfahrungswelt. Liebermanns Komposition erinnert entfernt an Edgar Degas' Bildnis *Hortense Valpinçon enfant* von 1871/72 (Abb. 11), das in der ersten Impressionistenausstellung 1874 gezeigt wurde, als Liebermann in Paris wohnte. Degas wählte allerdings ein Breitformat, zeigte aber sein Modell auch in einem Raum ohne Tiefe. Die flächig-abstrakten Ambitionen werden bei dem Franzosen noch durch eine Anzahl verschiedener textiler Dekore verstärkt. Wie zum Ausgehen ist Hortense mit einem Wolltuch um die kleinen Schultern und einem Strohhütchen ausstaffiert. In der rechten Hand hält sie einen geviertelten Apfel und blickt dem Betrachter über die Schulter entgegen. Angeblich erhielt Hortense den Apfel zur Belohnung für ihr gutes Betragen während der Malsitzungen, aber Charles Moffet verwies auf die implizite Anspielung, die dem ikonografisch versierten Degas nicht zufällig unterlaufen sein wird und die den Zustand der Unschuld ebenso wie das nahende Erwachsenwerden unterstreicht.[55] In Liebermanns ganzfigurigem Porträt des kleinen holländischen Mädchens *Eva,* im Sommer 1882 in Zweelo in der Provinz Drente entstanden, in dem Liebermann mit besonderem koloristischem Geschick den farbigen Nuancen nachspürt, scheint hingegen der Aspekt erwachender Weiblichkeit trotz des angebissenen Apfels nicht von Bedeutung.[56] Mit fremdelndem Blick und in verlegener Haltung, den Fuß linkisch abgeknickt, posiert die Kleine eher unfreiwillig. Der Kontrast zum Bildtitel ist Indiz für eine jeder symbolischen Überhöhung abholde, das Motiv auf seine sichtbaren Eigenschaften reduzierende Malerei, und man fühlt sich fast an Liebermanns Worte über Degas erinnert, er sei »erbarmungslos wie die Natur« und fürchte »weniger den Zynismus als das Sentiment«.[57] Die prononcierte Nüchternheit jedenfalls gegenüber dem Bildgegenstand erscheint so in einem kaum größer denkbaren Kontrast zu den großäugigen Bildnissen der nymphchenhaft frühreifen Kindfrauen von Auguste Renoir.[58] Nach der Jahrhundertwende finden wir aber auch bei Liebermann unter den unzähligen Gemälden, die er ab 1917 im Garten seines Landhauses am Wannsee malte, Bilder und Porträts seiner Tochter und dann seiner Enkelin, zum Beispiel *Enkelin beim Schreiben* von 1923 (Abb. 12), die alle, wie Max Friedländer berichtet, »aus verliebter Freude« entstanden.[59]

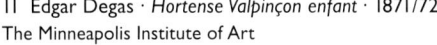

11 Edgar Degas · *Hortense Valpinçon enfant* · 1871/72
The Minneapolis Institute of Art

12 Max Liebermann · *Enkelin beim Schreiben* · 1923
Staatliches Museum Schwerin

KAT. 1.5 MAX LIEBERMANN · ENKELIN UND KINDERFRAU AUF DER GARTENBANK – 2. STUDIE · 1919

ANMERKUNGEN

1 Ellen Key, *Barnets århundrade*, 2 Bde., Stockholm 1900; Deutsch: *Das Jahrhundert des Kindes*, Berlin 1902. Rilkes Rezension in: Rainer Maria Rilke und Ellen Key, *Briefwechsel*, hrsg. von Theodore Fiedler, Frankfurt am Main und Leipzig 1993, S. 249–255.

2 Michael-Sebastian Honig, »Sozialgeschichte der Kindheit im 20. Jahrhundert«, in: Manfred Narkefka und Bernhard Nauck (Hrsg.), *Handbuch der Kindheitsforschung*, Neuwied 1993, S. 207–218.

3 *Briefwechsel* (wie Anm. 1), S. 254.

4 Max Liebermann, »Über Kunstschulen. Eine Denkschrift«, in: *Die Phantasie in der Malerei. Schriften und Reden*, hrsg. von Günter Busch, Frankfurt am Main 1978, S. 154–156.

5 Ders., »Künstlerischer Bilderschmuck für Schulen. Zwei Briefe (1897 und 1898)«, in: *Die Phantasie in der Malerei* (wie Anm. 4), S. 151–153.

6 Ders., »Über Kunstschulen«, in: *Die Phantasie in der Malerei* (wie Anm. 4), S. 155 f.

7 Werner Hofmann, »Die Kunst des Verlernens«, in: *Kinderzeichnungen und die Kunst des 20. Jahrhunderts*, hrsg. von Jonathan Fineberg, Stuttgart 1995, S. 135–145.

8 Matthias Eberle, *Max Liebermann. Werkverzeichnis der Gemälde und Ölstudien*, München 1995 (Bd. 1: 1865–1899), München 1996 (Bd. 2: 1900–1935), 1871/2 und 1869/1; vgl. auch Detlef Hoffmann, »›Man wird sagen, dass dies recht bürgerlich sei‹. Bemerkungen zu einigen Bildern von Johann Conrad Seekatz«, in: *Darmstadt in der Zeit des Barock und Rokoko*, Ausst.-Kat. Mathildenhöhe Darmstadt, Darmstadt 1980, S. 245–265.

9 Matthias Eberle 1995 (wie Anm. 8), 1872/7 und 1874/18.

10 Detlef Hoffmann 1980 (wie Anm. 8), S. 249.

11 Hans Rosenhagen, *Fritz von Uhde* (Klassiker der Kunst in Gesamtausgaben, 12), Stuttgart und Leipzig 1908, S. 94.

12 Karl Neumann, »Zum Wandel der Kindheit vom Ausgang des Mittelalters bis an die Schwelle des 20. Jahrhunderts«, in: Manfred Narkefka und Bernhard Nauck 1993 (wie Anm. 2), S. 191–205; Ingrid Peikert, »Zur Geschichte der Kindheit im 18. und 19. Jahrhundert«, in: Heinz Reif (Hrsg.), *Die Familie in der Geschichte*, Göttingen 1982, S. 114–136.

13 Glasgow Museums, Art Gallery and Museum, Kelvingrove, und The National Gallery of Scotland, Edinburgh. »Das wird Niemand mehr ähneln«, schrieb Uhde am 11. September 1882 über die ersten Kinderbilder an seine Gattin, »vielleicht noch am Meisten Bastien-Lepage, doch farbiger und lichtvoller« (zit. nach *Fritz von Uhde. Vom Realismus zum Impressionismus*, Ausst.-Kat. Kunsthalle Bremen und Museum der bildenden Künste Leipzig, Ostfildern-Ruit 1998, S. 60).

14 Vgl. Stefan Pucks, »Talentiert, aber schmutzig. Max Liebermanns Frühwerk im Spiegel der deutschen Kunstkritik«, in: *Max Liebermann. Der Realist und die Phantasie*, Ausst.-Kat. Hamburger Kunsthalle, Städelsches Kunstinstitut, Frankfurt am Main, und Museum der bildenden Künste Leipzig, Hamburg 1997, S. 58–63; ders., »Der ›Poet unter den Freilichtmalern‹ – Die Rezeption Fritz von Uhdes bei Kritikern, Sammlern und Museen«, in: *Fritz von Uhde* (wie Anm. 13), S. 32–37.

15 Bettina Brand-Claussen, »Uhdes Christusbilder – Eine Erfolgsgeschichte«, in: *Fritz von Uhde* (wie Anm. 13), S. 21–31.

16 Hans Rosenhagen 1908 (wie Anm. 11), S. 50; Fritz von Ostini, *Uhde* (Künstler-Monographien, 61), hrsg. von Hermann Knackfuß, Bielefeld und Leipzig 1902, S. 32.

17 Bettina Brand-Claussen 1998 (wie Anm. 15) sowie Kat.-Nr. 15 f.

18 Fritz von Ostini 1902 (wie Anm. 16), S. 9 f.

19 Matthias Eberle 1995 (wie Anm. 8), 1879/3; vgl. Katrin Boskamp, *Studien zum Frühwerk von Max Liebermann*, Hildesheim, Zürich und New York 1994, S. 75–115, sowie die knappe Zusammenfassung: »Der zwölfjährige Jesus im Tempel. Ein Bild zwischen Kritik und Anerkennung«, in: *Max Liebermann* (wie Anm. 14), S. 105–113.

20 Bettina Brand-Claussen 1998 (wie Anm. 15), S. 23, 29; Karl Neumann 1993 (wie Anm. 12), S. 198 ff.

21 Fritz von Ostini 1902 (wie Anm. 16), S. 10.

22 Uhdes religiöse Malerei wird als ein Endpunkt der christlichen Kunst gesehen von Eberhard Roters, *Malerei des 19. Jahrhunderts*, Bd. 2, Köln 1998, S. 319 ff.

23 Zu Uhdes Kinderbildern vgl. Dorothee Hansen, »Vom Wesen des Kindes zum Wesen der Malerei«, in: *Fritz von Uhde* (wie Anm. 13), S. 8–20.

24 Matthias Eberle 1995 (wie Anm. 8), 1875/12–1875/17.

25 Erich Hancke, *Max Liebermann. Sein Leben und seine Werke*, Berlin 1914, S. 97 f.

26 Matthias Eberle 1995 (wie Anm. 8), 1880/1; Erich Hancke 1914 (wie Anm. 25), S. 98.

27 Erich Hancke 1914 (wie Anm. 25), S. 155.

28 Matthias Eberle 1995 (wie Anm. 8), 1876/3; Hans Rosenhagen 1908 (wie Anm. 11), S. 59.

29 Matthias Eberle 1995 (wie Anm. 8), 1873/2 und 1876/5; Hans Rosenhagen 1908 (wie Anm. 11), S. 58.

30 Max Liebermann, »Über Kunstschulen. Eine Denkschrift« (wie Anm. 5).

31 Fritz von Ostini 1902 (wie Anm. 16), S. 25 f.

32 Max Liebermann, »Jozef Israëls«, in: *Die Phantasie in der Malerei* (wie Anm. 4), S. 77.

33 Hans Rosenhagen 1908 (wie Anm. 11), S. 37.

34 Ebenda, S. 36.

35 Brief Uhdes vom 9. September 1882, zit. nach *Fritz von Uhde* (wie Anm. 13), S. 59.

36 So etwa in: *Die Kunst für Alle*, 16, 1901, S. 160; Erich Hancke 1914 (wie Anm. 25), S. 158; Matthias Eberle 1995 (wie Anm. 8), 1879/19.

37 Vgl. hierzu die Übersicht von Andreas Kreul, »Graue Natur in bunter Theorie. Notizen zum persönlichen Impressionismus Max Liebermanns«, in: *»Nichts trügt weniger als der Schein«. Max Liebermann der deutsche Impressionist*, Ausst.-Kat. Kunsthalle Bremen, München 1995, S. 96–102.

38 Gemeint ist der Kinderspielplatz, den Léon Maître erwarb, siehe Matthias Eberle 1995 (wie Anm. 8), 1882/2; vgl. hierzu Stefan Pucks, »›Caviar für's Volk?‹ Max Liebermanns Förderer und Sammler in Deutschland um 1900«, in: *»Nichts trügt weniger als der Schein«* (wie Anm. 37), S. 44–49; Erich Hancke 1914 (wie Anm. 25), S. 174.

39 Matthias Eberle 1995 (wie Anm. 8), 1884/1.

40 *Spielendes Kind (Studie zum »Münchner Biergarten«)*, 1883, Verbleib unbekannt; Matthias Eberle 1995 (wie Anm. 8), 1883/8.

41 Christian Lenz, *Max Liebermann. »Münchner Biergarten«*, München 1986, S. 78 ff.

42 Werner Hofmann, *Das irdische Paradies. Motive und Ideen des 19. Jahrhunderts*, München 1974, S. 217; Françoise Cachin, »Musik im Tuileriengarten«, in: *Manet 1832–1883*, Ausst.-Kat. Réunion des Musées Nationaux, Paris, und The Metropolitan Museum of Art, New York; Deutsch: Berlin 1984, S. 123.

43 Hans Thoma, *Balgende Buben*, 1872, und *Kinderreigen*, 1872, beide Staatliche Kunsthalle Karlsruhe; Hans Trübner, *Balgende Buben*, 1872, Niedersächsische Landesgalerie Hannover.

44 Eberhard Ruhmer, »München und seine Bedeutung für Hans Thoma«, in: *Hans Thoma. Lebensbilder*, Ausst.-Kat. Augustinermuseum Freiburg im Breisgau, Königstein im Taunus 1989, S. 49.

45 Gustave Courbet, *Das Atelier*, 1855, Musée du Louvre, Paris.

46 Werner Hofmann 1974 (wie Anm. 42), S. 15; ders. (wie Anm. 7), S. 141.

47 Jonathan Fineberg, »›Es war der Briefträger ...‹«, in: ders., *Mit dem Auge des Kindes. Kinderzeichnung und moderne Kunst*, hrsg. von Helmut Friedel und Josef Helfenstein, Ausst.-Kat. Lenbachhaus, Kunstbau, München, und Kunstmuseum Bern, Stuttgart 1995, S. 18 ff.

48 Peter-Klaus Schuster, »Der kritische Zeitgenosse«, in: *Courbet und Deutschland*, Ausst.-Kat. Hamburger Kunsthalle und Städelsches Kunstinstitut, Frankfurt am

Main, Köln 1978, S. 263–267; Werner Hofmann 1995 (wie Anm. 7), S. 142.

49 Fritz von Ostini 1902 (wie Anm. 16), S. 106.

50 Hans Rosenhagen 1908 (wie Anm. 11), S. 97; Fritz von Ostini 1902 (wie Anm. 16), S. 105; Beispiele sind die als Illustrationen u. a. für das *Bilderbuch für Knaben und Mädchen* um 1820 entstandenen, biedermeierlichen Spiel- und Kinderzimmer, je für Jungen und Mädchen, von Johann Michael Voltz (1784–1858); vgl. auch Ingeborg Weber-Kellermann, *Die Kinderstube,* Frankfurt am Main und Leipzig 1991, sowie Philippe Ariès, *Geschichte der Kindheit,* München 1996, S. 126 ff.

51 Fritz von Ostini 1902 (wie Anm. 16), S. 104.

52 Diego Velázquez, *Zwerg, auf dem Boden sitzend (Don Sebastián de Morra),* um 1645, Museo del Prado, Madrid.

53 Erich Hancke 1914 (wie Anm. 25), S. 332.

54 Matthias Eberle 1995 (wie Anm. 8), 1888/1; Erich Hancke 1914 (wie Anm. 25), S. 340.

55 *Centenaire de l'Impressionnisme,* Ausst.-Kat. Grand Palais, Paris, Paris 1974, S. 89 f.

56 Matthias Eberle 1995 (wie Anm. 8), 1882/12.

57 Max Liebermann, »Degas«, in: *Die Phantasie in der Malerei* (wie Anm. 4), S. 73.

58 Beispiele sind *Madame Charpentier et ses enfants,* 1878, The Metropolitan Museum, New York, *Portrait de Mademoiselle Irène Cahen d'Anvers,* 1880, Stiftung Sammlung E. G. Bührle, Zürich, und *L'Après-midi des enfants à Wargemont,* 1884, Nationalgalerie, Staatliche Museen zu Berlin – Preußischer Kulturbesitz.

59 Max Friedländer, *Max Liebermann,* Berlin o. J. (1924), S. 120.

Die Kinderbildnisse Paula Modersohn-Beckers

Christa Murken

»Und sahst die Kinder so von innen her, getrieben in die Formen ihres Daseins« Rainer Maria Rilke

Seit der Renaissance sind die Epochen der Kunstgeschichte von überragenden Künstlern bestimmt worden, die ihnen einen prägenden Stempel aufgedrückt haben. Für das 20. Jahrhundert ist wohl an erster Stelle Pablo Picasso zu nennen, der in seiner unerschöpflichen Gestaltungsfülle von maßgebendem Einfluss auf die neuen Entwicklungslinien der Kunst, vor allem auf die Abschaffung der Illusion war. Zu den bedeutsamsten Künstlerpersönlichkeiten gehört zweifellos auch Paula Modersohn-Becker, die in den Jahren zwischen 1900 und 1907 ein dichtes, ihrer Zeit weit vorausgreifendes Werk vollendet hat. Im malerischen und zeichnerischen Œuvre beider die Avantgarde einleitender Künstler fällt dem Sujet des Kinderbildnisses trotz seiner Traditionsbeladenheit ein besonderer Stellenwert zu. Dabei verbinden sich tiefe menschliche Einsichten mit einer hohen, freiheitlich gesinnten Ausdruckskraft.

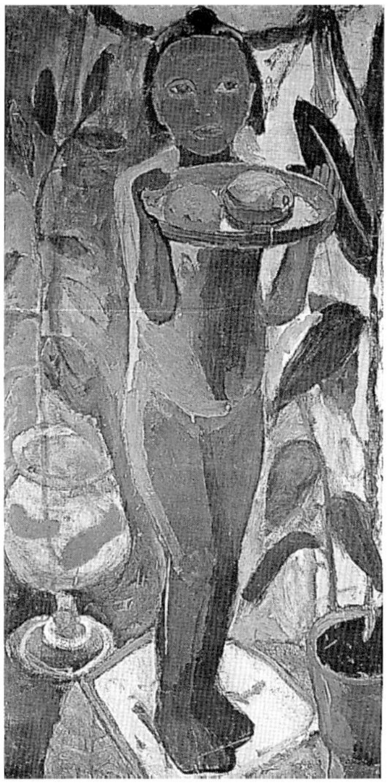

1 Paula Modersohn-Becker · *Stehender Kinderakt mit Goldfischglas* · 1906/07
Bayerische Staatsgemäldesammlungen, München

Während Picassos gemalte und gezeichnete Schilderungen von Kindern das lange Schaffen des Künstlers über alle Phasen hinweg zu dokumentieren vermögen und hierbei sämtliche Stil- und Interpretationsarten des Kinderbildnisses noch einmal zur vollen Entfaltung bringen, blieben Modersohn-Becker nur wenige Jahre, um die Kunst der Moderne mit den eindringlichsten, von einer großartigen Wesenhaftigkeit und Zeitlosigkeit getragenen Kinderbildnissen zu bereichern. Mehr noch: Diese wenigen, rastlosen Schaffensjahre zwischen den beiden spannungsvollen geografischen und kulturellen Polen Worpswede und Paris hatten genügt, um das Kinderbildnis durch die Hand der ausgerechnet im Kindbett so früh verstorbenen Malerin auf eine grundsätzliche, ja revolutionäre Weise zu verändern.[1]

Wenn die Künstlerin den traditionellen Erwartungen, wie man sie um die Jahrhundertwende an das Kinderbildnis stellte, keine Folge leistete, so fühlte sie sich in dem Bewusstsein einer Sonderstellung schon in jungen Jahren gestärkt. Wie ein Leitspruch stand über ihrem Leben und ihrem Werk, was sie einmal in Anbetracht der Arbeiten Auguste Rodins voller Bewunderung zum Ausdruck gebracht hatte: »Zu sehen, wie weit man gehen kann, ohne sich um ein Publikum zu kümmern.«[2] Doch dieses Publikum, vor allem aber die zeitgenössische Presse, reagierte gereizt bis hin zur völligen Ablehnung. Wo Modersohn-Becker bereits um 1902 die Tendenzen des Expressionismus und der Fauves vorweggenommen hatte, da konnte man die bis dahin nicht gekannte stilistische Freiheit dieser Malerei nicht anders als einen »zum Prinzip erhobenen Kult des Häßlichen« kritisieren. Ja, man sah darin bestenfalls einen »fleißigen Dilettantismus«.[3] Ganz besonders übel aber nahmen ihr die Kunstkritiker noch lange Zeit nach ihrem Tode, dass sie auch die Kinderbildnisse ihrem monumentalen, expressiv-abstrahierenden Ausdrucksstil untergeordnet hatte. So fand man 1909 in der Berliner *Volkszeitung* den Kommentar: »[...] das braune Pfötchen aber, das die Kleine auf ein helles Gefäß legt, das sie trägt, ist vollkommen in der Zeichnung verunglückt.«[4] Gemeint war hier wohl das Gemälde *Stehender Kinderakt mit Goldfischglas* aus dem Jahre 1906/07 (Abb. 1), eines der Werke, in dem sich Form und Farbe weitgehend vom Naturvorbild befreit haben und die man heute als ihre reifsten bezeichnet. Dieses farblich und formal vollkommen durchkomponierte Gemälde ist eigentlich nicht mehr als ein Kinderbildnis, sondern eher als eine Allegorie auf die paradiesische Ursprünglichkeit des Menschen aufzufassen, die durch das Kind repräsentiert wird.

Doch auch die zuvor entstandenen Kinderbildnisse, die weniger konstruiert, dafür umso menschlicher durchdrungen, ja beseelt erscheinen, gingen mit den Idealen eines noch am 19. Jahrhundert orientierten, kunstbeflissenen

2 Paula Modersohn-Becker · *Kinderwagen mit rotem Kissen und Mädchen* · um 1904
Privatbesitz

Bildungsbürgertums nicht konform. Gerade von einer auf dem Lande wirkenden Künstlerin hätte man eher eine genrehafte Milieuschilderung im Sinne einer Verherrlichung der bäuerlichen Scholle erwartet, die das Sentiment oder die Anklage nicht scheut. Doch nichts lag der jungen, von klaren Zielvorstellungen getragenen Künstlerin ferner, als sich dem Aufblühen der Heimatkunst um die Jahrhundertwende anzuschließen und in die Klage über das entbehrungsreiche Leben der dort Ansässigen einzustimmen. Das heißt jedoch nicht, dass sie die einfachen, hart arbeitenden Menschen teilnahmslos beobachtet hätte. Ganz im Gegenteil vertiefte gerade diese junge Malerin sich mit einem fast humanitären Pathos in das Schicksalhafte, Ausgelieferte und Ursprüngliche ihres Daseins. Sie erkannte in diesen einfachen Menschen das ganze Drama des von höheren Naturgesetzen bestimmten menschlichen Lebens in seinem Werden und Verfall. Und so wird sich die intellektuell veranlagte Künstlerin die »Frage nach dem Sinn von Sein« (Martin Heidegger) gerade in Anbetracht der besonders hilflosen Kinder gestellt haben. In dem ihnen eigenen frühen Ernst und ihrer Schwere, in ihrem Entrücktsein in eine unergründbare Welt vermögen sie den Betrachter heute mehr denn je zu berühren. Mit ihrem »forschenden, warmen Blick«, wie es der Künstlerkollege Heinrich Vogeler klug beobachtet hat, erfasste die junge Malerin die kleinen Menschenwesen nicht nur in ihrer äußeren Erscheinung, sondern sie versuchte, tief in ihre kindliche Seele vorzudringen.[5]

Ihr ganzes künstlerisches Wollen ging dahin, das Denken und Fühlen der Kinder als etwas Ernsthaftes, Einmaliges zu erfassen. Wo der Bremer Kunstkritiker Arthur Fitger anlässlich Paula Beckers Ausstellungsbeteiligung 1899 in der Bremer Kunsthalle in den Bildern nur eine »unqualifizierte Leistung« sehen konnte, da vermochte Rainer Maria Rilke zehn Jahre später in seinem »Requiem an eine Freundin« in kongenialer Einsicht den einfühlsamen Blick der jungen Malerin auf die Kinder mit den Worten zu erfassen: »Und sahst die Kinder so von innen her, getrieben in die Formen ihres Daseins.«[6] Wenngleich der Dichter auch zu Lebzeiten eher ihre anmutige Gestalt, ihr Temperament und ihren ausgezeichneten Kunstverstand als ihre Malerei selbst beachtet hatte, so erkannte er doch zweifellos als Erster, mit welch intuitiver und zugleich intellektueller Kraft Modersohn-Becker im Rahmen ihrer Menschenbildnisse gerade die im Tiefsten so schwer sich offenbarende Welt der Kinder darzustellen vermochte.[7] Die sich im Wesen dieser jungen Künstlerin vereinigenden Züge von Neugierde, Intellekt und Gefühlsintensität, die sich gerade in den Kinderbildnissen so verdichtet finden, waren offensichtlich beiden, sowohl Vogeler als auch Rilke, nicht entgangen.

Mit Kindern verband man in dieser Zeit Frohsinn, Unbefangenheit und bewegtes Spiel, eine Vorstellung, der die Kunst seit der Romantik in lebhaften, heiteren Kinderbildern weitgehend nachgekommen war. Den Kinderbildnissen der jungen Worpsweder Malerin dagegen ist dieser romantische, idealisierende Schleier gänzlich genommen. Hier begegnet man vielmehr unbeholfenen, passiven und in sich gekehrten Kindern, deren kärgliche Existenz wenig Hoffnung auf Entfaltung und auf eine bessere Zukunft verheißen ließ. Doch bei aller Ungelenkheit und Bedürfnislosigkeit haftet diesen Kindern eine berührende eigene Persönlichkeit an, verbindet sich in ihnen gleichsam das Schillersche Ideal von »Anmut und Würde«. Hinter jedem kleinen Gesicht, hinter jeder Geste verbirgt sich ein Geheimnis, offenbart sich jener Reiz des Rätselhaften, Neuen und Beginnenden, wie er nur Kindern eigen ist, bevor er sich mit fortschreitender Reife und mit den Erfahrungen des Lebens wieder verliert. Gerade aus diesen tiefen Einsichten in das Ursprüngliche, Unberührte des kindlichen Daseins, das keiner Einmischung bedarf und dem nichts mehr hinzuzufügen ist, resultiert Modersohn-Beckers Intensität des Ausdrucks. Erst Jahrzehnte nach ihrem Tod vermochte der inzwischen am Fauvismus, Expressionismus und Kubismus geschulte Kunstbetrachter zu erkennen, dass die Größe der Kinderbildnisse dieser Malerin gerade in der konzentrierten Wesenhaftigkeit der Aussage liegt.

Man kann die ausgesprochen mutige künstlerische Haltung Modersohn-Beckers, wie sie in ihren Kinderdarstellungen ganz besonders zutage tritt, erst gebührend bewerten, wenn man ihre Bildnisse mit denen zeitgenössischer Künstler vergleicht. Dabei sei vor allem an Künstler wie Hans Thoma, Johann Ferdinand Waldmüller, Fritz von Uhde, Isaac Israels oder auch Max Liebermann erinnert, um nur einige zu nennen. Aus einem ganz anderen gesellschaftlichen und künstlerischen Verständnis heraus hatten diese Maler trotz realistisch-kritischer Einblendungen die Konvention des Gefälligen und Genrehaften im Kinderbildnis beibehalten. Am Vorabend der industriellen Revolution sollte das erbauliche Kinderbildnis in erster Linie eine heile bürgerliche Welt dokumentieren, und nur zögernd hatten sich in der zweiten Hälfte des 19. Jahrhunderts im Zuge der neuen realistischen Tendenzen Ansätze zu einer wahrheitsgetreuen Schilderung der Kinder herausgebildet. Es war dem 20. Jahrhundert vorbehalten, den Wandel vom Idealen zur Realität, von der Illusion zur Wahrheit zu vollziehen. Die von Modersohn-Becker eingeleitete radikale Abkehr von der beschönigenden Idylle – und damit auch von dem Geborgenen, Gesunden und Schönen – sollte im letzten Drittel des vergangenen Jahrhunderts eine kompromisslose, fast zynische Steigerung erfahren.[8]

Maßgeblich für diesen sich nach und nach abzeichnenden Wandel, wie er sich nicht nur in den Kinderbildnissen, sondern auch in der übrigen Menschendarstellung manifestierte, waren die mit dem Aufkommen des Kapitalismus verbundenen gesellschaftlichen und politischen Umwälzungen, die eine neue Betrachtungsweise der Welt und des menschlichen Daseins heraufbeschworen. Die Menschen sahen sich nicht nur mit der Schwäche des *Ancien régime* konfrontiert, sondern neben dem aufkommenden Kapitalismus auch mit naturwissenschaftlichen Erkenntnissen und philosophischen Strömungen. Zur gleichen Zeit entdeckte Sigmund Freud die Schichten des Unbewussten, womit er dem Bilderreich der Seele die Tore öffnete. Das bisherige natur- und gottbezogene Weltbild wurde mehr und mehr infrage gestellt. Nicht von ungefähr verschlang die junge Paula skeptisch-pessimistische Werke wie etwa *Zarathustra* von Friedrich Nietzsche.

Die Naturschwärmerei der Worpsweder, die Modersohn-Becker nur in ihrer frühesten Zeit teilte, bedeutete letztlich eine sich den Neuerungen verweigernde Gegenbewegung. Fern aller Zivilisation beschwörte sie ein weltflüchtiges Natur- und Kunstverständnis herauf. Nach anfänglicher Begeisterung registrierte die hellwach den

3 Paula Modersohn-Becker · *Mädchen mit Katze im Birkenwald* · um 1904
Paula Modersohn-Becker Museum, Bremen

Zeitgeist beobachtende junge Paula Becker als eine der Ersten innerhalb des Künstlerkreises, dass diese Beschaulichkeit und aufgesetzte Volkstümlichkeit die Kunst der Worpsweder zum Stagnieren brachte und letztlich einen Eskapismus vor den Anforderungen der Zeit bedeutete. Dies war eine Einsicht, aus der sie für eine Frau ihrer Zeit ungewöhnliche Konsequenzen zog: In aller Stille und für alle unvorbereitet, brach sie in der Silvesternacht des Jahres 1900 zum ersten Mal nach Paris auf und vollzog damit gleichsam einen symbolischen Schritt in das Zeitalter der Moderne.

Mit 24 Jahren aus der Provinz kommend, vertrat sie mit ihrer unabhängigen Auffassung von Malerei bereits eine kaum den Kinderschuhen entwachsene Künstlergeneration, die sich nicht mehr dem Auftrag eines Fürsten oder eines Bildungsbürgertums verpflichtet fand und einen subjektiven Wahrheits- und Schönheitsbegriff verfolgen konnte. Unter diesem Aspekt erscheint es aufschlussreich, wenn die Künstlerin in einem Brief an Otto Modersohn vom 19. Februar 1901 reflektierte: »Und die malerische Idee des Bildes um einen Menschen und an eine menschliche Gestalt hängen. Ja, das scheint auch mir ein Traum.« Deutlich tat sie hiermit kund, dass die Autonomie des Bildes für sie bereits einen wichtigeren Stellenwert einnahm als das Motiv selbst. Für die sich hier abzeichnende Freiheit des Denkens und für die Unabhängigkeit der Anschauung spricht auch ihre künstlerische

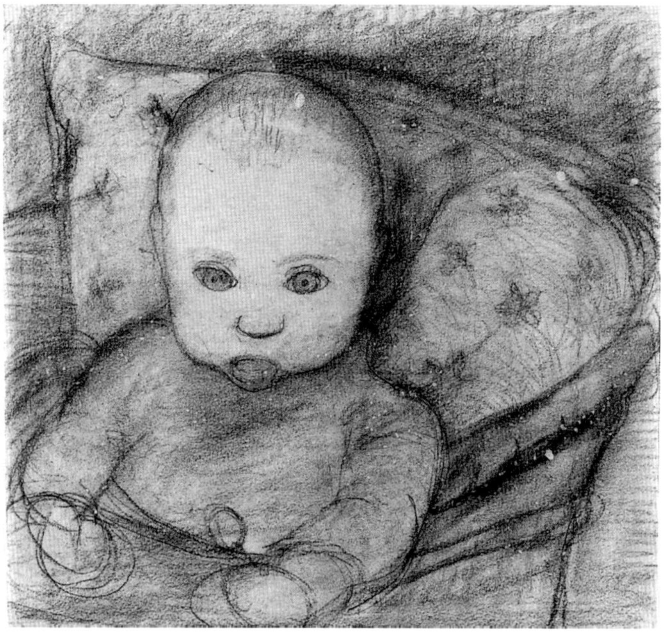

4 Paula Modersohn-Becker · *Säugling in der Wiege* · um 1903
Kunsthalle Bremen, Kupferstichkabinett

Hinwendung zu den Randfiguren der Worpsweder Bevölkerung, vor allem zu den schwachen, vom Leben benachteiligten Kindern. »Rücksichtslos und geradeausmalend«, wie Rilke dies wiederum treffend ausgedrückt hat, scheute sich diese von ihrem eigenen Können stets überzeugte Malerin auch nicht, behinderte, kranke oder geistig zurückgebliebene Kinder als Modelle zu wählen, um sie in ihrer melancholischen Versponnenheit zu malen.[9]

Schon in ihren frühen, noch ganz im akademischen Sinne realistisch erfassten Zeichnungen und Gemälden von Kindern fällt die Vorliebe der Malerin für absonderliche Formen von Körpern und Gesichtern auf, die dem Schönheitsideal der Jahrhundertwende mit ihrer allgemeinen Lebenslust zuwiderliefen. So findet man Kinder mit mongoloiden Gesichtszügen, mit fliehendem Kinn, mit verkrümmtem Rückgrat, mit blinden Augen oder »blödem« Blick. Nicht zuletzt diese Hinwendung zu den bescheidenen, von der Natur und den Verhältnissen benachteiligten Kindern, mit der sie sich über Tabus in der damaligen Kunst hinwegsetzte, versperrte ihr zu Lebzeiten den Weg zur Anerkennung. Sicherlich war dies auch ein wesentlicher Stein des Anstoßes für die Machthaber des Dritten Reiches, der dazu führte, ihre Werke als »entartet« zu diffamieren (vgl. Abb. 4, 5).

Dass Paula Modersohn-Becker sich nicht gerne von Konventionen eingrenzen ließ und früh ihre Unabhängigkeit verteidigte, hatte sich schon früh abgezeichnet. Ihren Eltern und später ihrem Ehemann Otto Modersohn hat sie damit so manches Kopfzerbrechen verursacht. So schrieb Letzterer, der ihre Kunst sonst hoch schätzte, dem aber auch an der Anerkennung der Kollegen sehr gelegen war, am 26. September 1903 halb bekümmert, halb verärgert in sein Tagebuch: »Paula haßt das Konventionelle und fällt nun in den Fehler, alles lieber eckig, häßlich, bizarr, hölzern zu machen. Die Farbe ist famos – aber die Form? Der Ausdruck! Hände wie Löffel, Nasen wie Kolben, Münder wie Wunden, Ausdruck wie Cretins. Sie ladet sich zuviel auf. Zwei Köpfe, vier Hände auf kleinster Fläche, unter dem thut sie es nicht und dazu Kinder. Rat kann man ihr schwer erteilen, wie meistens.«

Doch die junge Paula war schon immer anders gewesen, als man es von ihr erwartet hatte. Im Jahre 1876 als drittes von sieben Kindern in Dresden geboren, wuchs sie seit 1888 in Bremen in gutbürgerlichen, vom Wilhelminischen Zeitgeist geprägten Verhältnissen auf. So musste sie sich der Vorstellung ihrer Generation fügen, dass sich ein junges Mädchen den Erwartungen der Eltern und später denjenigen des Mannes zu unterwerfen hatte. Nur ungern kam sie dem Willen des Vaters – eines rechtschaffenen Beamten – nach, eine Ausbildung als Lehrerin zu absolvieren, um anschließend umso nachdrücklicher eine weitere Ausbildung an einer Berliner Malerinnenschule zu fordern. Als sie sich 1898 in dem kleinen, nahe bei Bremen gelegenen, verträumten Moordorf Worpswede niederließ, glaubte sie zunächst, all das zu finden, was ihrem Wesen und ihrem künstlerischen Ziel entsprach: Natur und Freiheit, »biblisch einfache« Menschen und vor allem einen Maler wie Otto Modersohn, dessen Streben ihr vorbildlich erschien. Der von Birken, Wiesen und Moorkanälen durchzogene Landstrich kam aber auch ihrem Bedürfnis nach irrationalen Erfahrungen und mystischem Erleben entgegen, eine Neigung, die sie auch dann noch in ihre Malerei einfließen ließ, als diese längst von der französischen Moderne geprägten war. In der ärmlichen bäuerlichen Bevölkerung, vor allem in den »runenhaften« sich schon der Erde zuneigenden alten Menschen und in den sich zum Himmel reckenden Kindern, die sie gerne den schlanken, biegsamen Birkenstämmen zuordnete, fand sie ewig gültige, von ihr mystisch-pantheistisch empfundene Naturgesetze verdichtet.

Als sie im Mai des Jahres 1901 den elf Jahre älteren, bereits anerkannten Maler Otto Modersohn heiratete, übernahm sie die Fürsorge seiner dreijährigen Tochter, die erst vor einem Jahr die Mutter verloren hatte. Umgeben von einer eigenen kleinen Familie und die besten Bedingungen für ihre Malerei vorfindend, empfand sie ihr Leben

KAT. 2.1 PAULA MODERSOHN-BECKER · KNABE AM WEG UNTER BIRKEN · 1900

KAT. 2.2 PAULA MODERSOHN-BECKER · KINDER MIT LATERNEN · 1901

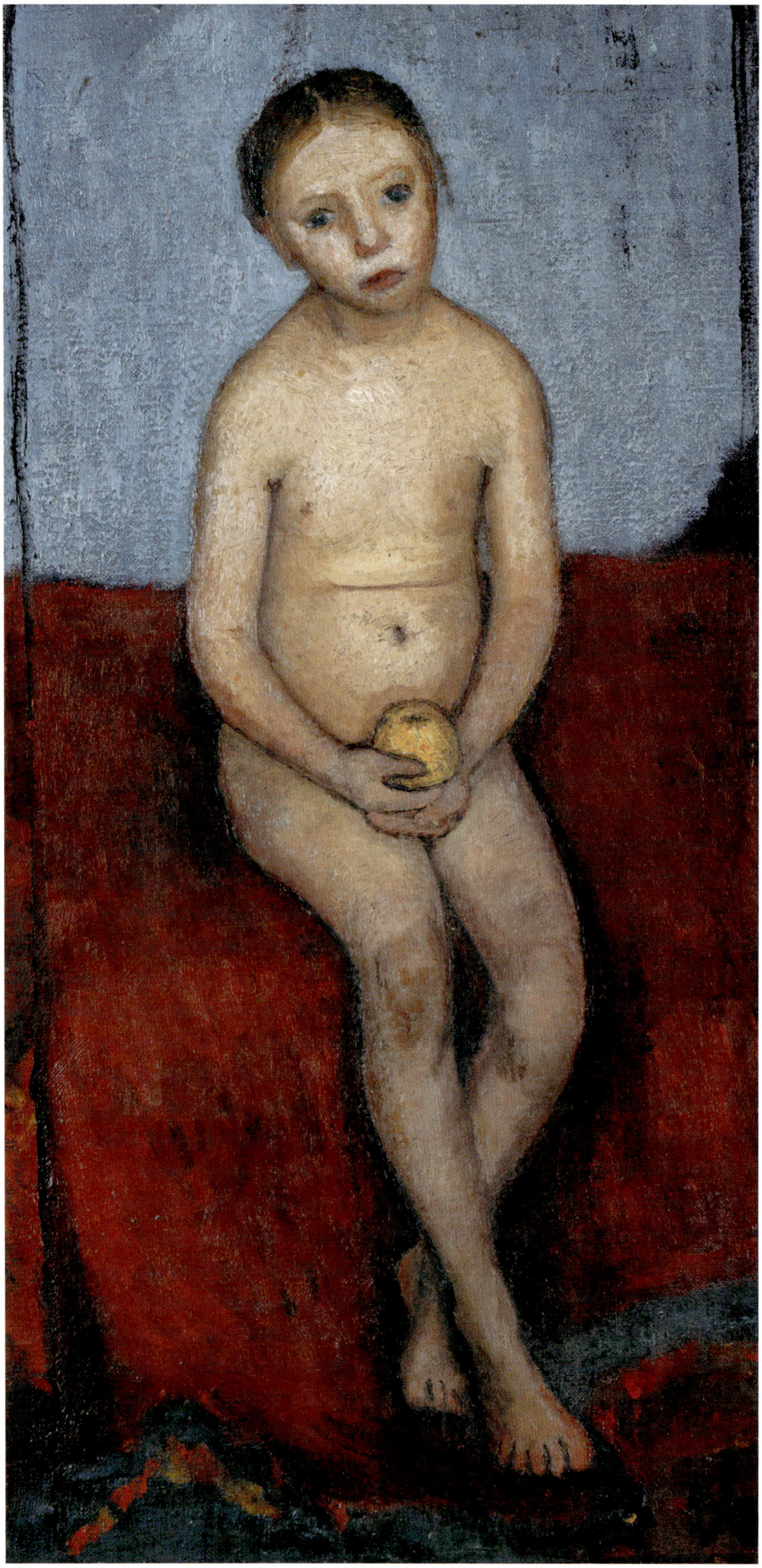

KAT. 2.9 PAULA MODERSOHN-BECKER · NACKTES MÄDCHEN MIT APFEL · 1906

in den ersten Jahren ihrer Ehe als ein Fest. Doch bei allem anfänglichen Jubel, den sie nicht müde wurde in Wort und Bild zu bekunden, zeichnete sich rasch ab, was für eine einzelgängerische, eigenwillige Person sich hinter der anmutigen und temperamentvollen Erscheinung dieser jungen Frau verbarg. Sie selbst hatte allerdings früh registriert, wie dies aus einem Brief vom 21. September 1899 an die Schwester Milly hervorgeht, »daß alle Menschen sich an mir erschrecken«. Dieses Anderssein muss sie schon als Kind empfunden und in eine selbst gewählte Isolation getrieben haben. So findet man im März des Jahres 1902 die Eintragung in ihr Tagebuch: »Ich lebe im letzten Sinne wohl ebenso einsam als in meiner Kindheit.« Diese Einsamkeit, das Auf-sich-Verwiesen-Sein hat sie offensichtlich auch beim Anblick der ihrem Schicksal in besonderem Maße ausgelieferten Kinder von Worpswede empfunden.

Doch nicht nur Paula Beckers Wesen allein war von einer besonderen nervösen Unruhe getragen. Hier war sie auch ein Kind ihrer Zeit. Denn die Epoche, von der sie geprägt wurde, zeichnete sich allgemein durch starke politische, gesellschaftliche und geistige Brüche aus, die sich wiederum in einer gärenden Umbruchstimmung unter den Künstlern bemerkbar machten. Sich von den Wertvorstellungen des 19. Jahrhunderts und damit auch von dem Traditionalismus der preußischen Kunstakademie distanzierend, fanden einige Künstler eine Lösung in der formal-linearen, dekorativen Ausdruckskunst des Jugendstils. Andere, wie die Worpsweder Impressionisten und Realisten, wandten sich einer neoromantischen Naturmalerei zu. Nur eine kleine, damals heftig umstrittene Gruppe von Künstlern sah im französischen Impressionismus die Zukunft der modernen Malerei.[10] Paula Modersohn-Becker, hellwach, ehrgeizig und allem Neuen gegenüber aufgeschlossen, vereinigte in ihrem Werk nicht nur all diese Strömungen zu etwas ganz Neuem, Eigenem, sondern sie integrierte in ihre von Anfang an zur großen, farbstarken Komposition neigenden Malerei bereits die ersten sich in Paris abzeichnenden Tendenzen einer expressiven Ausdruckskunst. Damit gelang es ihr früh, den Impressionismus zu überwinden.

Dass sie bei aller Fortschrittlichkeit stets einem ausgeprägten Traditionsdenken verpflichtet blieb, lässt sich nicht zuletzt an ihren Kinderbildnissen ablesen. »Ich fühle eine innere Verwandtschaft von der Antike zur Gotik, hauptsächlich die frühe Antike, und von der Gotik zu meinem Formempfinden«, so ihr Tagebucheintrag vom

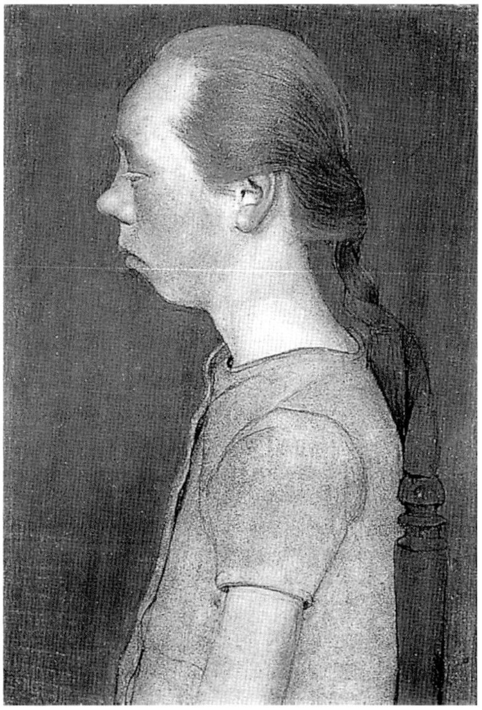

5 Paula Modersohn-Becker · *Sitzendes Mädchen im Profil nach links* · um 1899
Paula Modersohn-Becker-Stiftung (Leihgabe aus Privatbesitz), Bremen

25. Februar 1903. Gerade ein Gemälde wie *Nacktes Mädchen mit Apfel* aus dem Jahre 1906 (Kat. 2.9) dokumentiert in seiner Nähe zu Cranach, Dürer und Holbein, wie eindrucksvoll sie es verstanden hat, die großen Verbindungslinien von der vergangenen Kunst bis zur unmittelbaren Moderne für ihre Malerei zu verarbeiten. Schon in jungen Jahren hatte sie im damaligen Berliner Kaiser-Friedrich-Museum neben den genannten Künstlern unter vielen anderen auch Ingres, Courbet und Mantegna schätzen gelernt – romanische Künstler, von denen sie sich wegen deren Formstärke besonders angezogen fühlte. In Paris schließlich war sie seit 1900 nicht nur zu einer unermüdlichen Besucherin des Louvre und zahlreicher anderer Museen, sondern auch avantgardistischer Galerien geworden. Dieses in vielen Skizzen festgehaltene Studium alter und neuer Kunst verhalf ihr zu einem sicheren Formempfinden und war mit ausschlaggebend, dass sie, die unermüdlich Lernende, in kaum mehr als sieben Jahren die Spanne von der bürgerlich-akademischen Salonkunst bis zur beginnenden Abstraktion des Expressionismus und zu ersten kubistischen Ansätzen durchmessen konnte.

Als Otto Modersohn, Heinrich Vogeler, Rudolf Alexander Schröder und später auch Rainer Maria Rilke als die Intellektuellsten des Kreises das hinterlassene Werk Modersohn-Beckers in dem kleinen Atelier beim Bauern Brünjes sichteten, da waren sie überrascht von dem, was dort in aller Stille und vor ihren Augen verborgen geschaffen worden war. Weder sie noch Carl Vinnen, Hans Overbeck, Hans am Ende oder Paulas früherer Lehrer Fritz Mackensen hätten je geahnt, dass ausgerechnet dieses streitbare junge »Malweib«, wie man die an Akademien noch nicht zugelassenen Malerinnen damals etwas verächtlich bezeichnete, nicht nur als die Größte der Künstlerkolonie hervorgehen, sondern dass sie Kunstgeschichte schreiben sollte.[11] Auch zahlenmäßig war Modersohn-Beckers Werk weitaus umfangreicher ausgefallen, als man dies in Anbetracht der kurzen Schaffensjahre für möglich gehalten hätte: Es umfasst nach dem jüngsten Stand der Forschung 747 Gemälde, über 1 000 Zeichnungen und 13 Radierungen. Zählt man zu den Kinderbildnissen auch die, die Mutter und Kind zeigen, so lassen sich im Werk dieser Malerin an die 100 Gemälde zum Thema »Kind« nachweisen.

Mit welch raschen Zügen Modersohn-Becker sich von der naturlyrischen Malerei der Worpsweder entfernte, lässt sich nicht zuletzt anhand des für alle Schaffensphasen nachweisbaren Kinderbildnisses ablesen, einem nach wie vor beliebten Motiv, das sich mit den formalistischen Bestrebungen der Avantgarde allerdings nur schwer vereinbaren ließ. Ganz entscheidend für die künstlerische Entfaltung der jungen, ehrgeizigen Malerin und damit auch für das Sujet des Kindes war die Begegnung mit Künstlern wie Paul Cézanne, Vincent van Gogh, Paul Gauguin, Henri Matisse und neben vielen anderen wahrscheinlich auch dem jungen Pablo Picasso – Künstler, die »wie ein Gewitter« auf sie wirkten. »Die paar französischen Großen sind ganz ohne Konventionen. Sie wagen naiv zu sehen, man kann kolossal von ihnen lernen«, schrieb sie am 11. Mai 1900 begeistert aus Paris an die Eltern. Deutlich schlägt sich der Einfluss der französischen Kunst vor allem in ihren späten Kinderbildern nieder. So sind Gemälde wie *Kinderakt mit Storch* von 1907, *Stehender Kinderakt mit Goldfischglas* von 1906/07 (Abb. 1) oder die monumental erfasste, archaisch wirkende *Liegende Mutter mit Kind II* von 1906 (Abb. 6) ohne die Schulung an der Malerei Gauguins und der Nabis kaum denkbar. Diesen hier deutlich werdenden Fremdeinfluss hatte sie durchaus selbst erkannt, was sie rückblickend dazu veranlasste, sich von den als »zu kühl und zu einsam und leer« empfundenen Bildern zu distanzieren.[12]

Mit solchen menschlich und künstlerisch dichten, symbolstarken Darstellungen, in denen sich *Abstraktion und Einfühlung* (Wilhelm Worringer, 1908) vereinen, hatte sich die junge Malerin von der noch weitgehend ideologisch geprägten, milieugebundenen Kinderbildnismalerei der übrigen Worpsweder Maler weit entfernt.

Die Großzügigkeit der Anschauung machte sich schon um die Jahre 1902/03 deutlich bemerkbar, als sie noch mit ihrem Mann Otto Modersohn vor dem gleichen Motiv »gemeinsam strebte«. Wo dieser als der »stärkste Poet« (Heinrich Vogeler) unter den Worpsweder Malern das geschaute Kind stimmungsvoll und malerisch behutsam in Szene setzte, da erfasste sie die kleinen Modelle groß, nah und wesenhaft, indem sie diese wie mit einem Objektiv ausschnitthaft heranholte. Doch während sich neben den Landschaften auch die Kinderbilder ihres Mannes gut verkaufen ließen, da musste sie mit absolutem Unverständnis seitens der Malerkollegen und der Presse rechnen, die allenfalls ihre Stillleben zu akzeptieren bereit waren. Sie nahm es gelassen und nutzte die Sicherheit, die Modersohn ihr bot, um ihren eigenen Weg umso unabhängiger und nachdrücklicher zu verfolgen.

Paula Modersohns intuitiver Zugang zur Wesensart und zur Welt der Kinder erstaunt insofern, als sie selbst neben der kleinen Stieftochter kein eigenes Kind hatte erleben können. Doch schon früh bekundete sie ihre Anteilnahme am Geschick der Kinder ihrer bäuerlichen Umgebung. Sie beobachtete die Mütter mit ihren Kleinkindern, gleich ob in den Bauernkaten oder draußen auf dem Feld in kurzen Pausen der Ruhe. Und sie ging ins Armenhaus, um dort die kleinen Waisen zu zeichnen und zu malen oder sie als Modelle in die freie Natur zu versetzen. Es berührte sie, wenn sie beobachtete, wie diese

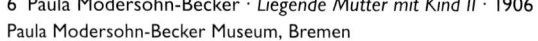

6 Paula Modersohn-Becker · *Liegende Mutter mit Kind II* · 1906
Paula Modersohn-Becker Museum, Bremen

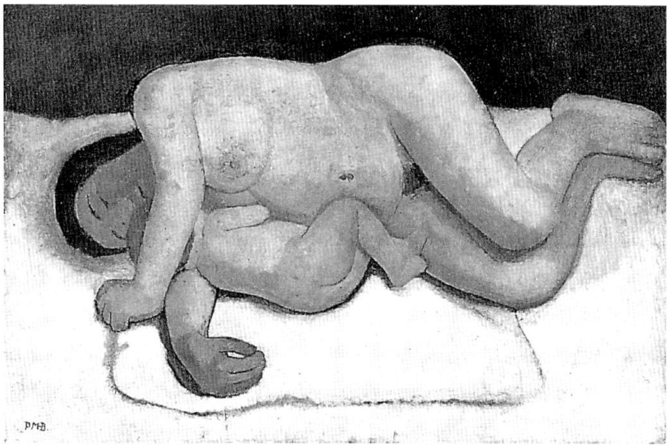

KAT. 2.7 PAULA MODERSOHN-BECKER · KOPF EINES MÄDCHENS · UM 1905

kleinen Menschen, die selbst noch der Fürsorge bedurften, schon in die Verantwortung für ihre jüngeren Geschwister genommen wurden und mit wie wenig sie sich zufrieden geben konnten. Deshalb muss es ihr, ihren eigenen und fremden Aufzeichnungen zufolge, Freude gemacht haben, sich mit diesen Kindern zu unterhalten und sie zu beschenken. Dass sie zugleich über ein ausgeprägtes psychologisches Einfühlungsvermögen verfügte, geht aus vielen ihrer Beschreibungen über die Kinder Worpswedes hervor. So beschrieb sie ihrer Mutter am 18. September 1898 in einem Brief ein kleines fünfjähriges Mädchen, »[...] das seine Mutter ungefähr zu Tode prügelte und das jetzt zur Erholung die Armenhausgänse hüten darf. Nun hat sich das Persönchen in ein Gewebe von Traum und Märchen gehüllt und hält liebliche Zwiesprache mit ihrer weißen Schar.«

Früh äußerte sie als junge Ehefrau auch den Wunsch nach einem eigenen Kind, der ihr lange nicht erfüllt blieb und der sie »ordentlich neidisch auf all das zappelnde Wesen« (11. April 1905) blicken ließ. Doch mit der Vertiefung in ihre Kunst, die keine Kompromisse zuließ, entfernte sie sich auch immer mehr von ihrem Mann und damit von der Vorstellung eines gemeinsamen Kindes. Unmissverständlich teilte sie ihm dies im Mai 1906 in einem Brief aus Paris mit. Wie zum Abschied malte sie

7 Paula Modersohn-Becker · *Kind auf rotgewürfeltem Kissen* · um 1904
Paula Modersohn-Becker Museum, Bremen

sich im gleichen Monat an ihrem sechsten Hochzeitstag im Halbakt als Schwangere, ein für ihre Zeit außergewöhnlich mutiges Unterfangen, das einmal mehr ihre innere Freiheit dokumentiert. Der im fernen Worpswede weilende Ehemann dachte allerdings nicht daran, sie aufzugeben. Ende Oktober des gleichen Jahres folgte er ihr gegen ihren Willen in die französische Metropole. Während dieses mit kurzen Unterbrechnungen bis zum Frühjahr 1907 dauernden gemeinsamen Aufenthaltes gelang es ihm, sie wieder für sich zu gewinnen. Nachdem sich die nunmehr Dreißigjährige im März 1907 denn doch noch Mutter werden fühlte, muss sie nach den Äußerungen Otto Modersohns in den folgenden Monaten ausgeglichener und weicher als je zuvor gewesen sein. Allerdings kann man ihren Briefen und Tagebüchern entnehmen, dass sich in diese hoffnungsfrohe Zeit auch ein bekümmerter Zug mischte. Denn die Kunst bedeutete ihr nach wie vor alles, und diese ging ihr nunmehr schwerer von der Hand. Modersohn hatte wohl gar nicht so Unrecht gehabt, als er im Jahre 1902 in sein Tagebuch schrieb: »Das muß das Schwerste für ein Frauenzimmer sein: geistig hoch, intelligent und doch ganz Weib.«

Es spricht für den überragenden künstlerischen Stellenwert, den die Kinderbildnisse im Werk der Künstlerin einnehmen, dass diese sich in verschiedene stilistische und motivische Entwicklungsstufen einteilen lassen. So findet man in der frühen Phase die eher studienhaft aufgefassten Zeichnungen und Gemälde von ganzfigurigen, oftmals nackten Kindern, in denen Modersohn-Becker ihre ernsthafte Beschäftigung mit dem kindlichen Körper und zugleich ihr Interesse an physiognomischen Besonderheiten bekundete. Schon hier bewies sie bei aller akademischen Naturtreue deutlich ihre Neigung zur klaren großen Form, die alles Nebensächliche, alles Unwesentliche meidet. Eine eigene Gruppe bilden die reizvollen Darstellungen der kleinen Stieftochter Elsbeth. Im Gegensatz zu den meist gedrückt wirkenden, reglos verharrenden Bauernkindern, denen alle Bewegungsfreude genommen zu sein scheint, wurde dieses kleine Mädchen zwischen drei und sechs Jahren in hellen, zarten Farben als traumverlorenes, heiter in seine kleine Welt versponnenes Kind dargestellt. Auch die wenigen Bildnisse von Kindern aus dem Freundes- und Verwandtenkreis weisen nicht jene Momente der Schwere und der Erdgebundenheit auf, die die bäuerlichen Buben und Mädchen charakterisiert. Es sind Kinder, die – wie Vogelers Tochter Mieke oder Paulas jüngere Schwester Herma – aus

8 Paula Modersohn-Becker · *Brustbild Elsbeth mit Blütenkranz* · um 1901
Privatbesitz

9 Paula Modersohn-Becker · *Das blinde Schwesterchen* · um 1903
Museum Ludwig, Köln

behüteten, der Künstlerin vertrauten Verhältnissen stammen (Abb. 8). Diese Kinder sind weniger vertieft in die Wolken, die Pflanzen und die Tiere, sondern sie blicken offener und bewusster in die Welt. Mit wenigen Attributen, etwa einer Kette, einer Blume oder einem Gefäß versehen, heben sich die überwiegend im Porträt oder als Halbfigur wiedergegebenen Kinder zumeist klar und monumental von einem hellen Hintergrund ab, der nur hier und dort von einer angedeuteten Landschaft unterbrochen wird.

Zweifellos gehören die Porträts einzelner Kinder und Geschwister sowie die szenisch erfassten Kindergruppen aus dem Worpsweder Milieu zu den intensivsten Gemälden nicht nur ihres Werkes, sondern auch ihrer Zeit. Von der Schwerfälligkeit, Unbeholfenheit und rührenden Naivität dieser Kinder, denen keinerlei Bildung zugestanden wurde und aus deren kleinen Gesichtern dennoch die Weisheit der unverbildeten Kreatur spricht, hat sie sich offensichtlich ganz besonders angezogen gefühlt. Dabei ging es ihr nie – wie dies etwa bei Käthe Kollwitz, Max Liebermann oder Edvard Munch der Fall war – um psycho-soziale Milieustudien, sondern um die schlichte Existenz des menschlichen Daseins. Dennoch waren gerade ihr, mehr als den anderen Worpsweder Malern, die an dieser von Armut und harter Arbeit gekennzeichneten Bevölkerung im Grunde vorbeilebten, die beengenden Verhältnisse der Kinder Worpswedes nicht verborgen geblieben. Ludwig Roselius, nach ihrem Tod ein großer Bewunderer und Mäzen ihrer Malerei, formulierte später, dass diese Kinder »aus Inzucht entstanden in der Enge des Moordorfes gewachsen, durch mangelnde Zivilisation, Hygiene und Erziehung fast kretinhaft wirken«.[13] Doch was die Malerin in den unbewusst in den Tag lebenden Kindern in erster Linie sah und im Bilde wiederzugeben versuchte, war deren Ausgeliefertheit an die Naturgesetze und an die Verhältnisse, das sie die Grundfrage nach dem Sinn des menschlichen Daseins reflektieren ließ.

Das Auffallendste an Modersohn-Beckers Kinderbildnissen ist der melancholische Ernst, mit dem sie die kleinen, scheuen Gestalten charakterisiert. Wiederum war es der Lyriker und große Menschenkenner Rainer Maria Rilke, der als Zeitzeuge mit Worten beschreiben konnte, was die Künstlerin im Bilde erfasste: »Das Lächeln der Mütter geht nicht auf die Söhne über, weil die Mütter nie gelächelt haben. [...] Das Herz liegt gedrückt in diesen Körpern und kann sich nicht entfalten.«[14] Aus heutiger Sicht ist kaum noch zu ermessen, wie mutig die junge Malerin den gewohnten Blick des Künstlers auf das Kind vor allem dort unterlief, wo sie auch das kranke und tölpelhafte Kind für bildwürdig erklärte.[15] Beispielhaft für diese unerschrockene Haltung sind die mehrfach in ihrem Werk anzutreffenden Skizzen und Gemälde eines Säuglings mit deutlich mongoloiden Zügen (Abb. 4). Schließlich beeindruckt unter diesem Aspekt auch die klare, unsentimentale Aussage des Gemäldes *Das blinde Schwesterchen,* um 1903 (Abb. 9). Rührend legt das ältere, gesunde Mädchen in schicksalhafter Verbundenheit den Arm um die passiv verharrende, hilflose Schwester. Ihre wach das Geschehen

KAT. 2.6 PAULA MODERSOHN-BECKER · MÄDCHEN MIT ZIEGE ZWISCHEN BIRKENSTÄMMEN · 1904

KAT. 2.4 PAULA MODERSOHN-BECKER · JUNGE MIT ZIEGE · UM 1902

KAT. 2.3 PAULA MODERSOHN-BECKER · ZWEI KINDER IN DER SONNE AM WIESENZAUN STEHEND · 1902

beobachtenden Augen bieten einen eindringlichen Kontrast zu der stumpfen Blicklosigkeit der Schwester.

Diese Momente der Fürsorge und des Beschützens begegnen uns als ein durchgehender Grundzug immer wieder in den Kinderbildnissen Paula Modersohn-Beckers. Einerlei, ob sich Mutter und Kind ganz nah sind oder ob sich Geschwister einander zuwenden, ob der Körper des Säuglings sich in ein Kissen schmiegt, ob die Knaben und Mädchen sich an Bäume lehnen oder ob sie Tiere fest an sich gedrückt halten – stets begegnen wir der Geste des Umschließens, des Festhaltens und des Umarmens. Selbst die Stämme der Bäume scheinen sich fürsorglich nach den Kindern zu biegen, und ihre Kronen werden zu einem schützenden Dach. Wichtigstes Gestaltungsmoment ist hierbei neben der sich an Naturtöne anlehnenden Farbe stets die Linie, die, wie sie selbst schon 1898 erkannt hatte, »zur genauen Beobachtung zwingt«.

Gerade im Hinblick auf die besondere Hilflosigkeit des Säuglings und auf die Schutzbedürftigkeit des kleinen oder des behinderten Kindes erhält die bewahrende und umschließende Geste eine besondere Bedeutung. Typisch für Modersohn-Beckers Bildwelt sind auch die Rund- und Ovalmotive, die man in Form von Perlenketten, Kugeln oder Schalen, in den Blüten und Früchten oder in der Haltung der Hände antrifft. Es sind einen Kreis oder ein Mandala beschreibende Formen, die in der Psychologie als Symbole der Ganzheit und des harmonischen Selbst gelten.[16] Über die Charakterisierung der einzelnen Motive hinaus verweisen diese Rundungen und zur Geschlossenheit tendierenden Formen auch auf das persönliche Bedürfnis der Malerin nach einem ganzheitlichen, harmonischen Weltempfinden. Zugleich greift sie dabei ein Stilprinzip auf, das man im Rahmen des Jugendstils und des Symbolismus auch bei anderen Künstlern findet: zum Beispiel bei Edvard Munch, Maurice Denis oder schließlich bei Paul Gauguin und den Nabis.

Dieses Erfassen der Welt und der Menschen in Archetypen kommt besonders eindringlich bei den späten, zum Symbol verdichteten Mutter-Kind-Darstellungen zum Ausdruck und weist jede Nähe zum Sentimentalen weit von sich. Offenbarten sich in den früheren Gemälden die Bäuerinnen noch als stolze, verlegen lächelnde oder trostlos blickende Mütter, deren Intimität mit den Kindern von der Unentrinnbarkeit und Wiederholbarkeit dieser engen biologischen Symbiose spricht, so erscheinen die Frauen mit ihrem Kind auf den späteren Bildern eher wie Muttergottheiten. Auf dem Gemälde *Liegende Mutter mit Kind II* von 1906 (Abb. 6) lagert die Mutter in ihrer Schwere und Nacktheit wie Urgestein eng neben dem schutzbedürftigen Säugling auf dem Boden. In der Harmonie der formalen plastischen Durchdringung und in der psychologischen Einfühlung erfasste die Künstlerin dieses elementare Geschehen auf eine animalische und zugleich mystisch-irrationale Weise.

10 Paula Modersohn-Becker · *Sitzendes Mädchen mit verschränkten Armen* · um 1903
Privatbesitz

In Paula Modersohn-Beckers Bildwelt sind die Kinder aller Altersstufen erfasst, denen sie in Worpswede begegnet ist oder die sie sich in Paris zum Modell nahm. Man findet den Säugling in der Wiege, im dicken Federkissen oder im schlichten Kastenbett. Hier liegt er vereinnahmend an der Brust der Mutter, dort sitzt er schon aufrecht im Gras und umgreift mit plumpen Händen eine Blume. Sie malte Kinder, die, von ihrer Umgebung sonst kaum wahrgenommen, ernst und scheu zu der Künstlerin blicken, von der sie sich plötzlich in den Mittelpunkt gestellt finden. Andere wieder erscheinen traumverloren und völlig losgelöst von der Situation des Modellstehens. Zu den reizvollsten Bildern zählen diejenigen, auf denen die Kinder in die Natur integriert sind, wo sie allein oder zu mehreren zwischen Bäumen schreiten oder sitzen, zärtlich ein Tier als Spielgefährten in ihren Armen halten oder wo sie mit Hühnern, Ziegen und Geschwistern ihr eigenes geheimnisvolles Reich hüten. Es sind in den Tag hineinlebende, beseelte kleine Kreaturen, die eins sind mit den Bäumen, den Tieren und der Erde (Abb. 3).[17]

KAT. 2.8 PAULA MODERSOHN-BECKER · ZWEI SITZENDE KINDERAKTE · 1906

Im Laufe ihrer raschen Entwicklung löste sich die Künstlerin in wenigen Jahren immer mehr vom realen Vorbild. Umso wichtiger wurde ihr die Farbe, die sie in weichen, der Sinnlichkeit und Erdverbundenheit der Kinder entgegenkommenden Tonabstufungen in mehrfachen Schichten pastos auftrug. »Wenn bei der Größe der Form, die ich anstrebe noch dieses Wesenhafte dazukäme […]« – diese Vorstellung, die sie als wichtigstes Ziel für ihre Malerei am 1. Dezember 1902 in ihr Tagebuch notiert hatte, sollte sie schon um das Jahr 1903 in Gemälden wie dem *Sitzenden Mädchen mit verschränkten Armen* erreichen (Abb. 10). Immer mehr gelang es ihr in den folgenden vier Jahren, ihre Bildwelt auf eine vom Naturvorbild befreite, zeitlose menschliche Ebene zu rücken. Neben den Kinderbildnissen trifft dies auch auf ihre Selbstbildnisse sowie auf die Porträts von Bauern, Alten und Armenhäuslern zu.

Ihre Kräfte zielsicher bündelnd, hatte Modersohn-Becker in ihrem letzten Lebensjahr eine künstlerische Stufe erlangt, wie sie nur die Verinnerlichung der Worpsweder Natur und die Auseinandersetzung mit den französischen Nachimpressionisten bringen konnte. Vergleicht man die frühen, noch atmosphärisch lockeren und intimen Kinderbildnisse mit den späten, etwa dem Gemälde *Zwei sitzende Kinderakte* von 1906 oder dem *Stehenden Kinderakt mit Goldfischglas* von 1906/07, so wird man nicht zuletzt in Anbetracht der Nacktheit der Kinder gewahr, dass sich die Künstlerin nun vollkommen vom vorgegebenen Milieu und von der Individualität des Modells gelöst hat (Abb. 1, Kat. 2.8). Offen bekennt sie sich zur Autonomie des Bildes und zur Vorherrschaft ihres persönlichen Weltbildes, in dem das Kind als Inbegriff der Ursprünglichkeit und als Symbol für die Fülle des Lebens einen zentralen Platz einnimmt. Diese Reduzierung der Darstellung auf die existenzielle, zeitlos gültige Wesenhaftigkeit, die Betonung der Anmut, aber auch der besonderen Schutzbedürftigkeit der Kinder, »die doch ganz unter sinnlicher Leitung stehen« (Friedrich von Schiller),[18] machen die eigentliche Größe der Kinderbilder Paula Modersohn-Beckers aus.

ANMERKUNGEN

Die Zitate von Paula Modersohn-Becker und Otto Modersohn wurden entnommen aus: *Paula Modersohn-Becker in Briefen und Tagebüchern*, hrsg. von Günther Busch und Liselotte von Reinken, Frankfurt 1979; sowie Marina Bohlmann-Modersohn, *Paula Modersohn-Becker. Eine Biographie mit Briefen*, Berlin 1995.

1 Vgl. Christa Murken, *Paula Modersohn-Becker – Kinderbildnisse*, 5. Aufl., München 1989.

2 In einem Brief vom 3. März 1903 aus Paris an Otto Modersohn unter dem starken Eindruck, den die aquarellierten Zeichnungen Rodins auf sie gemacht hatten.

3 Zeitungskritik im *Reichsboten*, Berlin, 25. Mai 1909; Oskar Anwandt, in: *Deutsche Tageszeitung*, Berlin, 22. Mai 1909.

4 *Volkszeitung*, Berlin, 8. Mai 1909, monogrammiert mit »R-th«.

5 Heinrich Vogeler, in: *Paula Modersohn-Becker. Ein Buch der Freundschaft*, hrsg. von Rolf Hetsch, Berlin 1932, S. 29.

6 Rilkes *Requiem an eine Freundin* wurde 1909 im Insel-Verlag, Leipzig, veröffentlicht. In seiner 1903 erschienenen Worpsweder Monografie hatte er die Malerin allerdings noch mit keinem Wort erwähnt (vgl. Anm. 14).

7 Im gleichen Jahr (1928), als Paula Becker nach Worpswede übersiedelte, war Rilke dort erstmals zu Gast bei Heinrich Vogeler. Nach weiteren kurzen Aufenthalten in Worpswede ließ er sich 1901 nach seiner Heirat mit der Bildhauerin Clara Westhoff im nahe gelegenen Westerwede nieder. Oft weilten der Dichter und die Malerin zur gleichen Zeit in Paris.

8 Vgl. *Kinder des 20. Jahrhunderts*, hrsg. von Christa Murken, Klaus Weschenfelder und Brigitte Schad, Ausst.-Kat. Galerie der Stadt Aschaffenburg und Mittelrhein-Museum, Koblenz, Köln 2000.

9 Am 16. Januar 1906 schrieb Rilke an den Baron Karl von der Heydt: »Das Merkwürdigste war, Modersohns Frau an einer ganz eigenen Entwicklung ihrer Malerei zu finden, rücksichtslos und geradeausmalend, Dinge, die sehr worpswedisch sind und die doch noch nie einer sehen und malen konnte.«

10 Vgl. *Deutsche und französische Kunst. Eine Auseinandersetzung deutscher Künstler, Galerieleiter, Sammler und Schriftsteller*, München o. J. (1911). Anlass zu dieser heiß entbrannten Debatte war u. a. der Ankauf der Bremer Kunsthalle von Vincent van Goghs *Mohnfeld* im Jahre 1911 gewesen.

11 Noch 1925 hatte der Kunsthistoriker Richard Hamann in seinem Buch *Die deutsche Malerei vom Rokoko bis zum Expressionismus*, 2. Aufl., Leipzig und Berlin 1925, S. 466, geschrieben: »Man sollte niemandem die Freude an diesen Bildern vergällen, wie man überhaupt gegen gute Familienkunst nachsichtig sein sollte. Nur Weltgeschichte sollte man nicht mit ihnen machen wollen.«

12 Vgl. Christa Murken, »Der französische Einfluß im Werk von Paula Modersohn-Becker«, in: *Die Kunst*, 87, 1975, S. 145–153.

13 Ludwig Roselius in seiner Rede zur Einweihung des Paula Becker-Modersohn-Hauses am 2. Juli 1927, in: Walter Müller-Wulckow, *Das Paula Becker-Modersohn-Haus. Führer und Plan*, Bremen 1930, S. 13.

14 Rainer Maria Rilke, *Worpswede. Fritz Mackensen, Otto Modersohn, Fritz Overbeck, Hans am Ende, Heinrich Vogeler*, Bielefeld und Leipzig 1903, S. 16.

15 Vgl. Axel Hinrich Murken und Christa Murken, »Kinder, Alte, Kranke und Sieche. Symbole menschlicher Hinfälligkeit und Größe. Medizinisches im Werk von Paula Modersohn-Becker«, in: *Deutsches Ärzteblatt*, 71, 1974, S. 1433–1437.

16 Vgl. Aniela Jaffée, »Das Symbol des Runden in der Kunst«, in: C. G. Jung, *Der Mensch und seine Symbole*, Olten 1968, S. 240 ff.

17 Gerade der unbewusste bzw. vorbewusste Seinszustand der Kinder scheint die Künstlerin besonders interessiert zu haben. So schrieb sie am 15. Januar 1999 an ihre Tante Marie Hill: »Daß man einmal Kind war, gar nichts dachte, lebte, ruhig lebte [...].«

18 »[...] und wo findet man mehr Anmut als bei Kindern, die doch ganz unter sinnlicher Leitung stehen?« Zit. nach Friedrich von Schiller, *Über Anmut und Würde*, Sämtliche Werke in sechs Bänden, Bd. 5: Philosophische Schriften, Essen o. J. (1984), S. 205.

Fränzi und die Kindmodelle der Brücke

Gerd Presler

Zu allen Zeiten wurden Kinder gemalt, oftmals und immer wieder als Putti, nicht differenziert nach Geschlecht, nicht unterschieden in weiblich und männlich. Das heranwachsende nackte Mädchen, in dem die Frau schlummert, auf Leinwand und Papier zu bannen, das wagte man erst um die Wende zum 20. Jahrhundert. Edvard Munch beispielsweise hat unter dem Titel *Pubertät* in zwei Fassungen 1893 und 1894 den Akt eines Mädchens dargestellt, das scheu und wie erstarrt auf der Bettkante sitzt und hinter dem ein bedrohlich wirkender Schatten auftaucht. Einfühlsam versetzt Munch sich in die Psyche des jungen Mädchens und verweist damit auf die erwachende Sexualität und die vielfältige Problematik des Erwachsenwerdens. Seine literarische Parallele findet dieses Interesse in den Pubertätsdramen der Jahrhundertwende: von Max Halbes Stück *Jugend* aus dem Jahr 1893 bis zu Frank Wedekinds »Kindertragödie« *Frühlings Erwachen,* die – 1891 bereits als Buch erschienen – 1906 uraufgeführt wurde.

Es waren schließlich vor allem die von Munch beeinflussten Maler der Brücke, die dieses von Tabus umstellte Thema aufnahmen. Schon 1905 stand ihnen während der »Viertelstundenakte« die fünfzehnjährige Isabella, »quicklebendig und schönstgebaut«,[1] Modell. Kein Kindmodell spielte für die drei Maler Ernst Ludwig Kirchner, Erich Heckel und Max Pechstein jedoch eine so große Rolle wie *Fränzi.* Seither ging die Forschung davon aus, dass sie zwölf Jahre alt war, als sie zur Brücke stieß. Bis 1996 kannte man nicht einmal ihren Nachnamen. Dann wurden in Kirchners Skizzenbüchern biografisch und kunsthistorisch relevante Aufzeichnungen gefunden und mit deren Hilfe weitere Quellen, Unterlagen, staatliche und kirchliche Registrierungen.[2] Nun hatte es Sinn zu fragen: Wer ist Fränzi? Und auch: Welchen Part spielten sie und andere junge Modelle in der Gestaltung neuer künstlerischer Formen bei jenem Aufbruch in die Moderne, der sich mit der Künstlergemeinschaft Brücke verbindet?

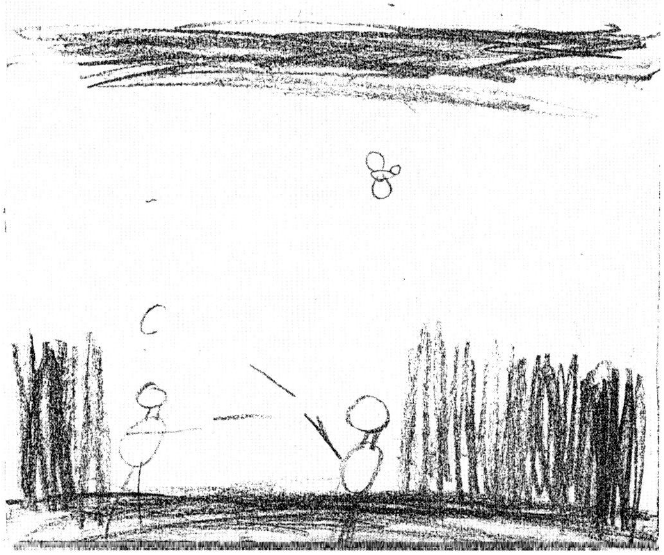

SPURENSUCHE IN SACHEN FRÄNZI

Ganz unerwartet finden sich in einem frühen Skizzenbuch Kirchners[3] von 1909 drei Bleistiftzeichnungen, die nicht von der Hand des Künstlers stammen (Abb. 1–3). Es sind Kinderzeichnungen. Von 1900 bis zu seinem Tode am

1–3 Lina Franziska Fehrmann · Drei Skizzen von Motiven an den Moritzburger Teichen · 1909
E. L. Kirchner Stiftung (Kirchner Museum Davos)

KAT. 3.9 MAX PECHSTEIN · ARTISTIN (MARCELLA) · 1910

15. Juni 1938 hat Kirchner in 180 Wachstuch- und Papierheften mehr als 11 000 Skizzen geschaffen – und nur diese drei gehen nicht auf ihn zurück. Wem hat der eigensinnige, empfindliche Maler erlaubt, sein Terrain zu betreten? Wem überließ er für Augenblicke sein geheiligtes Papier? Der Kreis derer, die in Frage kommen, engt sich sehr schnell ein. Auf den 52 weiteren Seiten des Skizzenbuches zeichnete Kirchner nicht weniger als 28-mal dasselbe Modell: ein sehr junges Mädchen, ein Kind, oft in einer Hängematte, wie sie die Brücke-Maler mit sich führten, wenn sie an den Moritzburger Teichen nördlich von Dresden arbeiteten. Blatt 13[4] (Abb. 4) zeigt es mit bloßem kindlichem Oberkörper, Beine und Hüften eingehüllt in eine blau-rot gestreifte Decke. Kirchner hat die aquarellierte Skizze nicht signiert, betitelt und datiert. Auch sonst findet sich im Skizzenbuch kein Hinweis auf den Namen des Modells oder eine Datierung. Ein weiteres, bildmäßig ausgeführtes Aquarell, das das Sujet und alle farblichen Vorgaben der Skizze aufnimmt – vermutlich am gleichen Tag unter gleichen Bedingungen entstanden –, zeigt das junge Mädchen als *Liegende mit rotem Rock* mit ebenderselben blau-rot gestreiften Decke (Abb. 5). Aber auch diese Arbeit Kirchners ist nicht betitelt und datiert. Der Name des Kindmodells und der Sommer des Jahres, aus dem die Arbeit stammt, können auch aus diesem grafischen Blatt nicht ermittelt werden.

Nun ist bekannt, dass Kirchner seine Sommer an den Moritzburger Teichen nicht allein, sondern zusammen mit seinen Malerfreunden verbrachte.[5] Max Pechstein hat diese Exkursionen sehr anschaulich geschildert: »[...] vereinbarte ich mit Heckel und Kirchner, daß wir zu dritt an den Seen um Moritzburg nahe Dresden arbeiten wollten. Die Landschaft kannten wir schon längst, und wir wußten, daß dort die Möglichkeit bestand, in freier Natur Akt zu malen. [... Und so] zogen wir Malersleute frühmorgens mit unseren Geräten schwer bepackt los, hinter uns die Modelle mit Taschen voller Fressalien und Getränke. [...] Bei jedem von uns entstanden viele Skizzen, Zeichnungen und Bilder.«[6]

4 Ernst Ludwig Kirchner · *Fränzi mit blau-rotgestreifter Decke* · 1909
E. L. Kirchner Stiftung (Kirchner Museum Davos)

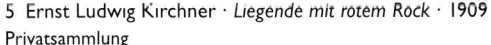

5 Ernst Ludwig Kirchner · *Liegende mit rotem Rock* · 1909
Privatsammlung

6 Erich Heckel · *Fränzi mit Decke* · 1909
Privatsammlung

KAT. 3.6 ERNST LUDWIG KIRCHNER · BADENDE AN DEN MORITZBURGER TEICHEN (LINKS FRÄNZI) · 1909/1910

Demnach ist es möglich, bei einem anderen Brücke-Maler Antwort zu erhalten auf jene Fragen, die sich anhand der beiden Arbeiten Kirchners nicht klären lassen: Wer ist das Kindmodell? Wann entstanden Skizze und Aquarell? Und tatsächlich hat Erich Heckel ein ähnliches Aquarell gemalt: An den Moritzburger Teichen sitzt ein sehr junges Mädchen mit entblößtem Oberkörper, Beine und Hüften eingehüllt in eine blau-rot gestreifte Decke (Abb. 6). Heckel signierte die Arbeit unten rechts und fügte das Datum »09« hinzu. Seine Freundin, die Tänzerin Siddi Riha, die er 1910 kennen lernte und 1915 heiratete, hat unten links hinzugefügt: »Fränzi mit Decke«.[7] Bis in zeichnerische Details hinein, vor allem auch in der Farbgestaltung, ist dieses Werk identisch mit dem Aquarell *Liegende mit rotem Rock* von Ernst Ludwig Kirchner. Dafür gibt es nur eine Erklärung: Beide Künstler haben dieselbe Szene, dasselbe Modell, dieselbe Situation erlebt und gezeichnet. »Die gemeinsame Arbeit am gemeinsamen Sujet ging offenbar so weit, daß [... sie] die Farben desselben Aquarellkastens benutzten.«[8]

Wegen dieser Parallelität des Arbeitsvorganges ist als Ergebnis festzuhalten: Bei dem im Skizzenbuch 13 gezeichneten und aquarellierten Modell handelt es sich, gesichert durch die Titelangabe von Siddi Heckel, um ein Mädchen mit Namen »Fränzi«. Kirchner benutzte – nachgewiesen in der Datierung Erich Heckels – das Skizzenbuch 13 im Jahre 1909. Auch die drei Kinderzeichnungen entstanden in diesem Jahr. Sie sind Fränzi zuzuschreiben, der Kirchner erlaubte, sein Skizzenbuch zu benutzen.

Wer nun ist Fränzi? Bis vor kurzem galt sie als »Tochter einer Artistenwitwe«,[9] die im Alter von zwölf Jahren zur Brücke gekommen sei und eine ältere Schwester mit dem Namen Marzella gehabt habe. Diese in der Kirchner- und Brücke-Literatur seit Jahrzehnten wiederholten Angaben[10] haben sich als unrichtig erwiesen. Klärung erfolgte, als 1995 in einem Skizzenbuchtext Kirchners authentisches Material zu Fränzi gefunden wurde.[11] Dort ist von der Hand Kirchners ihr Nachname mit »Fehrmann« angegeben.[12] Weitere Recherchen sicherten, dass »Fränzi« mit den Namen Lina Franziska am 11. Oktober 1900 als vierzehntes und letztes Kind der Putzwarenhändlerin Alma Lina Clementine, geborene Pazi, und ihres Ehemannes Oskar Emil Fehrmann in Dresden, Am See 36, geboren wurde.[13] Eine ältere Schwester mit Namen Marzella gibt es nicht.

Daraus folgt: Fränzi war, als ihr Ernst Ludwig Kirchner 1909 einen Bleistift und drei Seiten seines Skizzenbuches zur Verfügung stellte, acht drei viertel Jahre alt.

Ihre unbefangene Kindlichkeit und der von kulturellen Normen und wohl auch von schulischem Unterricht unbeeinflusste, ungeübte Umgang mit dem »Motiv« – das sich auch in einer Zeichnung Kirchners (Kat. 3.6) und in einem Aquarell Max Pechsteins[14] findet – rufen geradezu nach einem Vergleich mit den Forschungsergebnissen der Entwicklungspsychologie. Dieser Versuch soll hier aber nicht unternommen werden.[15]

Mit Fränzi erfuhr das Interesse der Brücke-Maler an der Gestaltung des nackten, weiblichen Menschen an der Schwelle zum Erwachsenwerden einen nachhaltigen Impuls. Was mit dem fünfzehnjährigen Modell Isabella – »ein bezauberndes junges Mädchen, fast noch ein Kind« –[16] um 1905/06 begonnen hatte, intensivierte sich nun. Schon bald kamen weitere junge Mädchen hinzu. Erich Heckel berichtet auf einer Postkarte an Dr. Rosa Schapire, abgestempelt am 18. Februar 1910, von »zwei Schwestern, die ich neulich entdeckte«.[17] Wenige Tage später, Ende März/Anfang April, erwähnt Kirchner in einem Brief an Erich Heckel den Atelierbesuch eines etwa zwölfjährigen Mädchens mit Namen Marzella,[18] das ihre zwölfjährige Freundin und deren fünfzehnjährige Schwester mitgebracht habe.[19] Max Pechstein erinnerte sich 1945/46 an zwei Töchter der »Frau eines verstorbenen Artisten«, die er für die Malaufenthalte mit Kirchner und Heckel an den Moritzburger Teichen im Sommer 1910 engagierte. Beide Mädchen müssen sehr jung gewesen sein, denn »hin und wieder erschien die Mutter, um als ängstliches Huhn sich zu überzeugen, dass ihren auf dem Teich des Lebens schwimmenden Entenküken nichts Böses widerfahren sei«.[20]

In diesen schriftlichen Aufzeichnungen werden also insgesamt sieben Mädchen im Alter bis zirka fünfzehn Jahren erwähnt, die den Brücke-Malern als Modelle zur Verfügung standen.[21]

DER SCHÖPFERISCHE IMPULS, DER VON DEN KINDMODELLEN AUSGING

Was hat die Brücke-Maler an dem Kindmodell Fränzi und den jungen Modellen fasziniert, dass sie sie so häufig skizzierten, zeichneten und malten? In einem kürzlich erschienenen Aufsatz äußert Joachim Heusinger von Waldegg: »Im Kindlichen wird [...] ein Zustand unreflektierten, spontanen Lebensvollzugs gesucht, wobei sich erotische Faszination – ungeachtet gesellschaftlicher Tabugrenzen – bemerkbar macht.«[22] Dieser erotische Aspekt lässt den Betrachter nicht ganz unbefangen auf die Kinderakt-

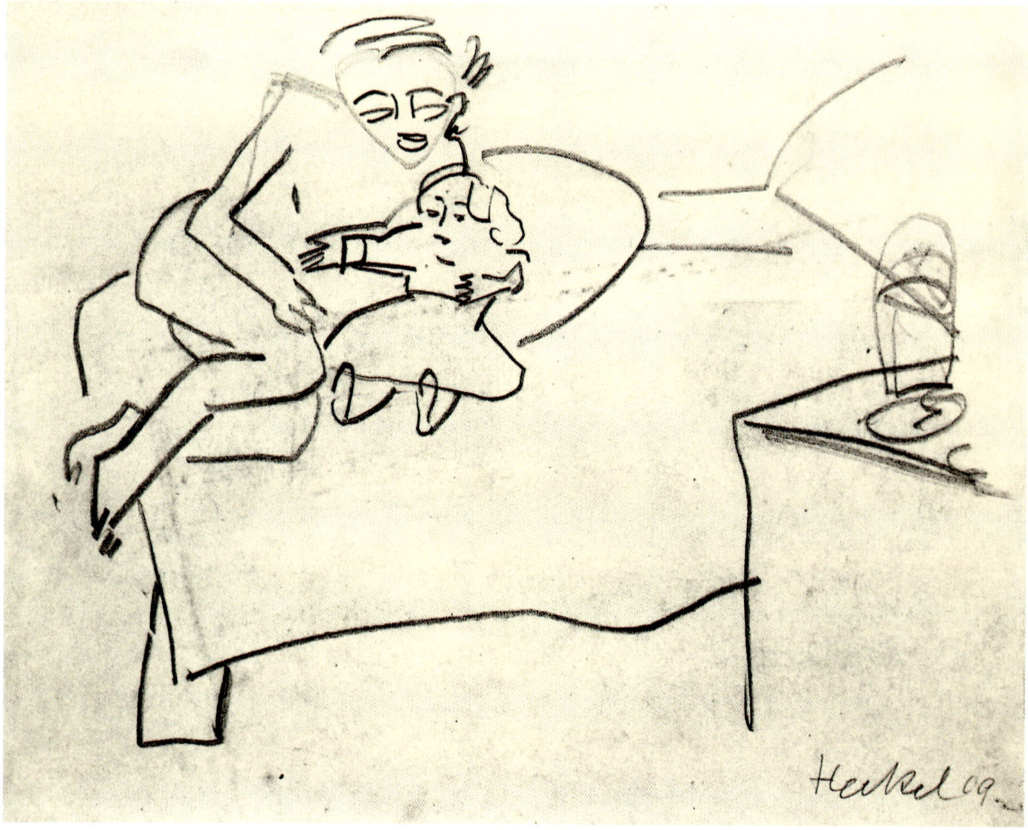
Heckel 09.

KAT. 3.7 ERNST LUDWIG KIRCHNER · LIEGENDE FRÄNZI IM GESPRÄCH MIT ERICH HECKEL · 1910

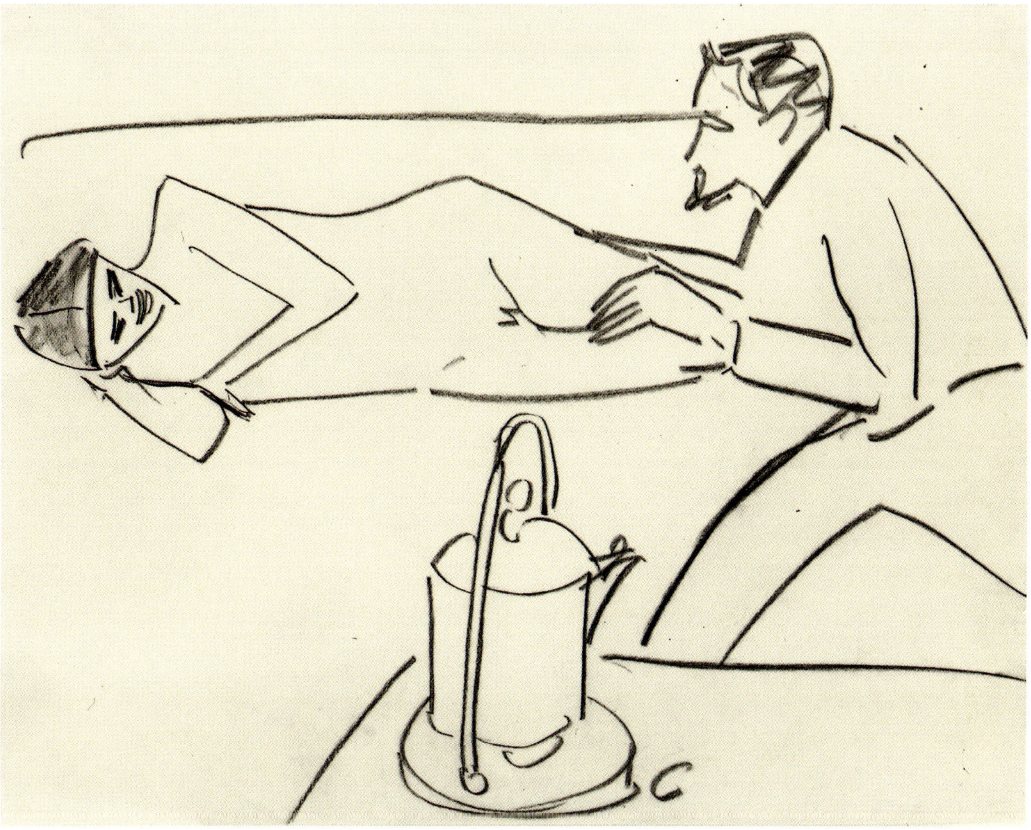

KAT. 3.3 ERICH HECKEL · FRÄNZI LIEGEND · 1910

KAT. 3.2 ERICH HECKEL · STEHENDES KIND · 1910

7 Ernst Ludwig Kirchner · *Atelierszene (Akt und Fränzi auf Rollschuhen)* · 1909/10
Sammlung Ruth und Jacob Kainen,
National Gallery of Art, Washington, USA

darstellungen der Brücke-Künstler blicken. Die damalige wie die heutige Moral reagiert sensibel auf dieses Thema.

Darüber hinaus verweist jedoch Heusinger von Waldegg auf das vorrangige Interesse der Brücke-Maler an ihren Modellen: »Der schöpferische Anstoß, der von den Modellen [...] ausgeht, dokumentiert sich in ihrem ikonografischen und bildkünstlerischen Beitrag zur Brücke-Kunst; charakteristische Bewegungsmotive kindlich ursprünglicher Bewegungsfreude, wie Bogenschießen oder Puppenspielen, und schlanke Körperformen [...].«[23] Einige Seiten später ergänzt er: »Der kindliche Akt mit eckiger Zeichnung [steht] für stärkere Unmittelbarkeit in Ausdruck und farbiger Behandlung.«[24]

Damit sind entscheidende Punkte angesprochen. In der Tat geht es, mit Blick auf die Kindmodelle, um Bewegung und Form. Die Brücke-Maler, allen voran Ernst Ludwig Kirchner, erschließen neue Möglichkeiten der Aktmalerei. Sie entdecken nicht nur die Frau. Sie entdecken auch die im Kind schlummernde, im Mädchen allmählich erwachende Frau. Das ermöglicht, das erfordert geradezu ein Umdenken – das ruft nach neuen Mitteln der Darstellung.

Kennzeichen der Brücke-Malerei insgesamt ist, dass in ihr die fest gefügte Ordnung des dreidimensionalen, euklidischen Weltbildes abgelöst wird von einem dynamischen, prozesshaften Weltverständnis. Situationen werden nicht deterministisch fixiert. Es geht um die bildnerische Erfassung eines länger dauernden Vorgangs, um die Gestaltung von Ereignissen in gedehnter Zeit. Kirchner brachte es 1929/30 auf den Punkt: »Meine Malerei ist eine Malerei der Bewegung.«[25] Für die Aktmalerei bedeutete das: Die Modelle posieren nicht starr und unbeweglich. Sie laufen herum, spielen mit dem Ball, balancieren, schleudern den Bumerang, schießen mit dem Bogen, baden und schwimmen, werfen mit Schilf, nehmen ein Musikinstrument zur Hand. Leopold Reidemeister konstatierte: »[Die] Modelle kamen den künstlerischen Absichten der Maler, den Menschen in schneller, ständig wechselnder Bewegung darzustellen, in schönster Form entgegen.«[26]

Der Künstler selbst beteiligt sich an dem wirbelnden Geschehen: In einer frühen Zeichnung tanzt Kirchner nackt. So gibt er seiner inneren Freude Ausdruck, ein neues Atelier gefunden zu haben.[27] Bei anderer Gelegenheit skizziert er Fränzi, wie sie nackt auf Rollschuhen fährt (Abb. 7).

Für diese neue Auffassung vom Bild mussten neue Darstellungsmittel gefunden werden. Wenn Kirchner 1909 einen *Liegenden nackten Mann mit einem Kind auf dem Rücken* (Kat. 3.5) zeichnet, dann ist die Szene voller Dynamik und Bewegung, ein ausgedehntes Spiel. Das Geschehen wird in der »Geschmeidigkeit der Linie und [... im] Raffinement der Farben«[28] eingefangen.

Was die Brücke-Maler anzog: Kinder und Mädchen in diesem Alter besitzen eine feine, harmonische Motorik. Sie verfügen (noch) über eine »kindlich ursprüngliche Bewegungsfreude«[29] ohne gekünstelte Gesten und Posen. In den Körperformen grazil und schlank, mit glatter, reiner Haut, leben sie gewissermaßen unversehrt und unbeschädigt wie im Paradies, aus dem sie die Pubertät vertreiben wird. Das Leben dieser Kinder und Mädchen scheint eine einzige Bewegung zu sein – äußerlich und innerlich.

Äußerlich: Spiel, Tanz, Intensität aller Lebensbezüge. Innerlich: Die Entwicklung vom Kind zur Frau schreitet in jedem Augenblick voran. Kein anderer Lebensabschnitt ist so geprägt von dramatischer Veränderung. Nichts ist abgeschlossen. Alles schwingt. Kein Moment, in dem sich nicht irgendetwas wandelt. Maler wie Kirchner und seine Freunde haben das empfunden und sind dem künstlerisch nachgegangen.[30] Sie wandten sich von der statischen Bildauffassung der akademischen Aktmalerei mit erwachsenen Modellen ab. Für das, was sie gestalten wollten, gab es dort keine Sprache, kein Vokabular, keine Form. Kirchner

KAT. 3.8 ERNST LUDWIG KIRCHNER · FRÄNZI, SICH WASCHEND · 1910

»erfand [...] das Studium der Bewegung im Gegensatz zum üblichen akademischen Studium des ruhenden Modells«.[31] So schreibt er selbst unter seinem Pseudonym L. de Marsalle. Er blickt zurück bis in das Jahr 1905 und erklärt: Angeregt von einer Skizze Rembrandts, »versuchte ich [...] frei nach dem Leben zu zeichnen und kam so zu etwas ganz Neuem, dem Studium der Bewegung, das meine ganze Arbeit [...] begleitet, und aus dem ich meine eigene Formensprache erhielt«.[32] Weil die Brücke-Revolutionäre Bewegung als gestaltete Zeit, als Ereignis von Dauer verstanden, konnten sie zu den malerischen Mitteln gelangen, die das einfingen. Für Kirchner fasste Max Huggler später zusammen: »Von bewegten Körpern, besonders dem nackten Frauenkörper aus, erfand und entwickelte Kirchner den ihm eigenen Stil, als dessen Wesentlichstes man die höchstmögliche Umformung und Vereinfachung der Natur, dass sie immer noch erkennbare und anschauliche Wirklichkeit bleibt, beschreiben muss.«[33] Präziser gefasst heißt das: Es mussten die »knappsten und treffendsten Abkürzungformeln«[34] gefunden werden (Abb. 8). Der Umrisszeichnung fehlt jede Genauigkeit im Detail. Die Niederschrift verläuft nahezu synchron zum Ereignis. Und: Die Zeichnung verzichtet auf die statische Raumgestaltung durch Perspektive. Die Komposition entsteht in der Fläche; sie komprimiert nicht die räumliche Situierung, sondern die zeitliche Abfolge eines Ereignisses zur »Hieroglyphe«. Diese ist »die klare, grosse, nicht primitive Form [...] in der Fläche«.[35] Sie streift die Abstraktion, bleibt gerade darin am Geschehen orientiert.

Ein Beispiel kann das verdeutlichen: die in Kreide und Gouache ausgeführte Zeichnung *Fränzi, sich waschend* (Kat. 3.8). Ohne Binnenzeichnung ermöglicht die Linie eine großzügige Flächenbildung. Eine perspektivisch geordnete Raumgestaltung ist allenfalls angedeutet; Linien und Schraffuren dienen eher der Flächenorganisation. Das gilt auch für die flächig aufgefasste Wasserkanne. Sie betont kompositorische Akzente. Es ist leicht vorstellbar, dass Fränzi so lange zum Waschen benötigte wie Kirchner, um das Geschehen in seinem Ablauf zeichnerisch zu verdichten. Das zeitliche Nacheinander der Bewegungen fließt zusammen: Fränzi wäscht sich, die Knie leicht gebeugt, mit der rechten Hand den linken Arm. Kirchners Skizze bündelt Ereignisse, komprimiert Zeit.

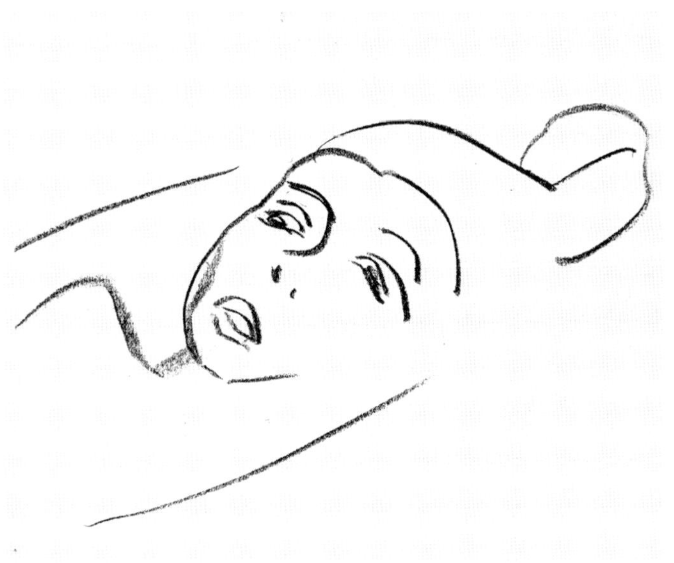

8 Ernst Ludwig Kirchner · *Fränzi in der Hängematte, liegend* · 1909
E. L. Kirchner Stiftung (Kirchner Museum Davos)

Die Begegnung mit den kindlich-jugendlichen weiblichen Brücke-Modellen war für Ernst Ludwig Kirchner, Erich Heckel und Max Pechstein ein besonderes, künstlerisches Ereignis. »An der Stilentwicklung [...] hatten [...] ihre neuen Modelle Anteil, junge pubertierende Mädchen. [...] Sie müssen einerseits eine besondere Ausstrahlung auf die Maler ausgeübt haben, andererseits sahen sie in ihnen das Ursprüngliche verkörpert.«[36] Magdalena M. Moeller schreibt: »Eine Ursprünglichkeit, die der Zivilisation verlorengegangen ist, manifestiert sich hier.«[37]

Festzuhalten ist: Die in den Kindmodellen angelegte äußere und innere Bewegung führte die Künstler zu einer neuen Auffassung von der Fläche. Auf ihr vollzog sich nun die Organisation der bildnerischen Elemente.

Im Zusammenspiel von Künstler und Modell hatte sich etwas geändert seit den Tagen der klassisch-akademischen Aktmalerei. Aus der »unmittelbaren und unverfälschten«[38] Begegnung der Brücke-Maler Heckel, Kirchner und Pechstein mit den Kindmodellen – vor allem mit Fränzi – sind damals formal und inhaltlich relevante bildnerische Entwicklungen hervorgegangen. Sie haben das Spektrum dessen, was der »Akt, die Grundlage aller bildenden Kunst«,[39] umfasst, erheblich ausgeweitet.

KAT. 3.4 ERICH HECKEL · KINDER AUF DER BANK · 1910

ANMERKUNGEN

1 Fritz Bleyl, »Erinnerungen«, in: Hans Wentzel, *Bildnisse der Brücke-Künstler voneinander,* Stuttgart 1961, S. 26.

2 Hier haben die Nachforschungen des Juristen Dr. Klaus Albers viel bis dahin Unbekanntes zutage gefördert.

3 Vgl. Gerd Presler, *Ernst Ludwig Kirchner. Die Skizzenbücher. »Ekstase des ersten Sehens«,* Monografie und Werkverzeichnis, Kirchner Verein Davos, Karlsruhe 1996, S. 207, Presler Skb 13/6, 7v, 8.

4 Vgl. auch Presler Skb 13/9, 12.

5 Dazu: Max Pechstein, *Erinnerungen,* Wiesbaden 1960, S. 41 f.

6 Ebenda.

7 Siddi Riha, so ihr Künstlername, wurde geboren als Milda Frieda Georgi. Sie hat Fränzi gekannt.

8 *Ernst Ludwig Kirchner. Die Skizzenbücher* (wie Anm. 3), S. 27.

9 Der Irrtum entstand durch die Zuordnung einer Angabe Pechsteins in seinen *Erinnerungen,* Wiesbaden 1960, S. 42, zu einer Postkartennotiz Heckels vom 18. Februar 1910 (an die in Hamburg lebende Kunsthistorikerin Dr. Rosa Schapire), beide ohne Namensangabe. Wer diese sicher intelligente, gleichwohl falsche Kombination verursacht hatte, ist nicht mehr nachweisbar. Der Irrtum wurde übernommen und durch fleißige kunsthistorische Fragestellungen zur Entwicklung von Bildideen salonfähig geschrieben. Auf weiteres historisches Quellenstudium wurde verzichtet. Man überließ diese schwierige Arbeit dem Außenseiter Bernd Hünlich, Radebeul.

10 Schon 1960 Hans Bolliger: »Zwei Arbeiterkinder aus Dresden-Friedrichstadt, die etwa 12jährige Fränzi und ihre um 2 Jahre ältere Schwester Marzella wurden die Lieblingsmodelle Kirchners und der Brücke-Künstler«, in: *Ernst Ludwig Kirchner,* hrsg. vom Kunstverein der Rheinlande und Westfalen, 2. Aufl., Düsseldorf 1960, o. S.; Leopold Reidemeister spricht 1970 von der »erst dreizehnjährigen Fränzi«, ohne anzugeben, woher er diese Altersangabe hat, in: *Künstler der »Brücke« an den Moritzburger Seen,* Ausst.-Kat. Brücke-Museum Berlin, 1970, S. 20. 1999 wiederholte Joachim Heusinger von Waldegg in einem ansonsten aufschlussreichen Text unverständlicherweise (siehe Anm. 22, dort S. 13, 23) alte Fehler, indem er Fränzi und Marzella weiterhin als »Schwestern« bezeichnet, die »1910« zur Brücke kamen.

11 Näheres in: *Ernst Ludwig Kirchner. Die Skizzenbücher* (wie Anm. 3), S. 88 f., 406, Presler Skb 38/47, 48. Dort ist der gesamte Text erstmals übertragen und abgedruckt.

12 »12. Febr. [1926] Ich war heute bei Fehrmann [...] Kl. Plauensche Gasse 60 [...]. Die Fränzi hat 2 uneheliche Mädchen [...].«

13 Taufregister der Annenkirche Dresden unter der Reg.-Nr. 502, nach schriftlich vorliegender Auskunft des Ev.-Luth. Kirchenverbandes Dresden, Kirchenbuchamt, vom 15. Oktober 1998. Eine ältere Schwester Marzella ist nicht registriert.

14 Max Pechstein, *Badende (Moritzburg),* monogrammiert und datiert »1910«. Siehe auch die Federzeichnung in: Max Pechstein 1960 (wie Anm. 5), S. 43. Vgl. gelbe Decke mit schwarzen Streifen, die auch in Heckels Aquarell von 1909, *Fränzi mit Decke,* zu sehen ist.

15 Dazu: Hans-Günther Richter, »Ernst Ludwig Kirchner und die Kinderzeichnung«, in: *Ernst Ludwig Kirchner. Leben ist Bewegung,* hrsg. von Brigitte Schad, Aschaffenburg 1999, S. 24 ff., vor allem S. 26 f.

16 Fritz Bleyl, »Erinnerungen«, in: *Kunst in Hessen und am Mittelrhein,* Schriften der Hessischen Museen, Darmstadt 1968, S. 91–99.

17 Gerd Presler, *»Brücke« an Dr. Rosa Schapire,* Städtische Kunsthalle Mannheim, Mannheim 1990, S. 136.

18 *Sitzende nackte Marzella,* Postkarte Kirchners vom 30. Juni 1910 an Erich Heckel, Abb. in: Annemarie Dube-Heynig, *Ernst Ludwig Kirchner. Postkarten und Briefe an Erich Heckel,* hrsg. von Roman Norbert Ketterer unter Mitwirkung von Wolfgang Henze, Köln 1984, Nr. 53, S. 148.

19 Als Faksimile abgedruckt in: Annemarie Dube-Heynig 1984 (wie Anm. 18), Nr. 31, S. 82–85, hier S. 83.

20 Max Pechstein 1960 (wie Anm. 5), S. 42 f. Hier mit Federzeichnung, die im Vordergrund vermutlich die beiden Mädchen zeigt.

21 Einige haben ihren Namen auf Postkarten Kirchners an Heckel vom 3. und 12. Mai sowie vom 20. Juni 1910 niedergeschrieben. Siehe Annemarie Dube-Heynig 1984 (wie Anm. 18), Nr. 34 f., 50. Näheres bei Evmarie Schmitt, »Von Kulturmenschen und Naturkindern«, in: *Künstler der Brücke in Moritzburg. Malerei, Zeichnung, Graphik, Plastik von Heckel, Kirchner, Pechstein, Bleyl,* Moritzburg 1995, S. 48.

22 Joachim Heusinger von Waldegg, »Modelle und Modellstudium: Medienreflexion am Beispiel ›Fränzi‹ und ›Marcella‹«, in: *Ernst Ludwig Kirchner. Aquarelle und Zeichnungen. Die Sammlung Karlheinz Gabler,* München 1999, S. 13 ff., hier S. 18.

23 Ebenda, S. 13.

24 Ebenda, S. 25.

25 Presler Skb 156/Uv.

26 Leopold Reidemeister, *Der französische Fauvismus und der deutsche Frühexpressionismus,* Paris und München 1966, S. 22.

27 Annemarie Dube-Heynig 1984 (wie Anm. 18), Nr. 14, S. 36.

28 Gunther Thiem, *Ernst Ludwig Kirchner in der Graphischen Sammlung der Staatsgalerie Stuttgart,* Stuttgart 1980, S. 21.

29 Joachim Heusinger von Waldegg 1999 (wie Anm. 22), S. 13.

30 Siehe Annemarie Dube-Heynig 1984 (wie Anm. 18), S. 239: »Kirchner bevorzugte [...] in dieser Zeit [...] jugendliche Modelle, deren spröde Formen seinem Stilwillen von 1910 besonders entgegenkamen.«

31 L. de Marsalle (Pseudonym für Kirchner), *Ernst Ludwig Kirchner,* Ausst.-Kat. Kunsthalle Bern, Bern 1933, S. 14 f.

32 Ernst Ludwig Kirchner, »Anfänge und Ziel«, in: *Kronik van hedendaagske Kunst en Kultuur,* 1935, Heft 1, S. 5 f.

33 Max Huggler, »Vorwort«, in: L. de Marsalle 1933 (wie Anm. 30), S. 11.

34 Claus Zoege von Manteuffel, in: *Ernst Ludwig Kirchner. Zeichnungen und Pastelle,* hrsg. von Roman Norbert Ketterer, Stuttgart 1979, Text zu Nr. 12.

35 Ernst Ludwig Kirchner, »Ein paar Worte zur Arbeit«, in: *Kronik van hedendaagske Kunst en Kultuur,* 1937, Heft 10, S. 306.

36 Evmarie Schmitt 1995 (wie Anm. 21), S. 18.

37 Magdalena M. Moeller, *Kirchner 1910. Fränzi ante una silla tallada,* Contextos de la Colección Permanente, 2, Fundación Colección Thyssen-Bornemisza, Madrid 1996, S. 21 ff.

38 Siehe das Programm der Brücke von 1906, Annemarie Dube und Wolf-Dieter Dube, *E. L. Kirchner. Das graphische Werk,* Münchner Forschungen zur Kunstgeschichte, 1967, H 696.

39 *»Brücke«-Chronik* von 1913, Abb. in: Roman Norbert Ketterer, *Legenden am Auktionspult. Die Wiederentdeckung des deutschen Expressionismus,* hrsg. und wissenschaftlich begleitet von Gerd Presler, München 1999, S. 211.

Aus einer engen Welt
Kinderbildnisse der Neuen Sachlichkeit

Kirsten Claudia Voigt

»Das himmlische Kind« nannte Doris Krystof 1995 einen Aufsatz, der sich mit »Aufstieg und Absturz eines Motivs im 20. Jahrhundert« beschäftigte.[1] Darin heißt es: »Was im 18. Jahrhundert mit Rousseau begann und ausgeprägt in der deutschen Romantik zutage trat – die Entdeckung des Kindes als Individuum –, entwickelte sich im 20. Jahrhundert zu einem unverbrüchlichen Wert. Für seine nun erlangte Autonomie und Sonderstellung zahlte das Kind jedoch einen hohen Preis: Einmal als eigenständiges Wesen entdeckt, wurde es schnell zum Symbol für Reinheit, Echtheit und Ursprünglichkeit. Es diente als Garant für Wahrheit, verkörperte unverdorbene Naivität und Unschuld, und indem ihm all die Eigenschaften aufgebürdet wurden, die der erwachsene Mensch in seinem Lebenszusammenhang vermißt, wurde Kindheit zum Ideal stilisiert. Natürlich haben solche Strategien der Erhöhung den Blick auf die reale, ungeschönte Individualität des Kindes erheblich eingeschränkt. Erst in den 60er/70er Jahren des 20. Jahrhunderts wurde im Anschluß an Ariès von der Richtung der ›Antipädagogik‹ (Ekkehard von Braunmühl) Kritik an dem romantischen Konzept von Kindheit laut.«[2] Krystof stellt zutreffend fest, dass das »Motiv des romantisierend beschworenen Kindes« in der Kunst »noch vor der Mitte des Jahrhunderts ausstirbt«,[3] benennt jedoch weder den Zeitpunkt, zu dem das Heile-Welt-Klischee erstmals konterkariert wurde, noch die Künstler, die neue Sichtweisen vermittelten.

Tatsächlich reicht die Tradition der Darstellung proletarischer Kinder bis ins 17. Jahrhundert zurück. Während Bartolomé Esteban Murillos *Bettlerkinder* noch selig verspielt ihr Elend ignorieren, zeigt Goya Kinder schon als Gezüchtigte oder als zu Tode Geängstigte, die den Schrecken des Krieges miterleben. In William Hogarths *Gin Lane* (1751) werden Kinder als Opfer des haltlosen Lebenswandels ihrer Eltern vorgeführt, die früh Alkohol eingeflößt bekommen oder aus den Armen einer unachtsamen, betrunkenen Mutter in die Tiefe stürzen. Im 19. Jahrhundert werden die Kinder der Wäscherinnen Daumiers zu Zeugen eines kräftezehrenden Existenzkampfes. Im 20. Jahrhundert reflektieren vor allem die Werke von Heinrich Zille und Käthe Kollwitz sowie die Kinderbilder der Neuen Sachlichkeit das soziale Milieu und entwickeln eine realitätsnahe Sicht auf die historische und individuelle Situation, auf Prägungen und Entfaltungsmöglichkeiten des Kindes in der modernen Gesellschaft. Nicht allein die Härte der sozialen Umstände in den Großstädten, nicht nur das Elend der Kriege, auch die Psychoanalyse, die Kindheit als sensible Phase potenziell lebenslänglich nachwirkender Traumatisierungen und Frustrationen zu begreifen lehrte, führen in die Sicht auf diesen Lebensabschnitt desillusionierende Aspekte ein.

Eine Vielzahl von Intentionen und formalen Strategien kennzeichnet – entsprechend der großen Anzahl der an verschiedenen Orten arbeitenden Künstler – die Bildnismalerei der Neuen Sachlichkeit. Veristische Sozialkritik, klassizistische Idealisierung und Allegorisierung, psychologisierende Individualisierung und stilisierende Typisierung existieren nebeneinander. Das Thema Kindheit wird gerade in diesen Bildern der zwanziger Jahre mit besonderer Schärfe »irdisch«, gewissermaßen »von unten« behandelt, nüchtern bis schonungslos beobachtet, analysiert und präsentiert.[4] Kinder nehmen in dieser zumeist großstädtisch geprägten, zunehmend sich verhärtenden und verengenden Welt ökonomischer und ideologischer Konflikte keine Sonderrolle ein. Auch sie sind den Entfremdungsmechanismen, der Pauperisierung als Opfer ausgesetzt. Andererseits finden sich auch sehr private Kinderporträts, die das Paradies der Kindheit restituieren.

SOZIALES UND PRIVATES, TYPEN UND CHARAKTERE

Die Bildnismalerei der Neuen Sachlichkeit ist zumindest »doppelgesichtig«. Sie umfasst sowohl Werke, die primär den avantgardistischen Prinzipien bildautonomer Formalisierung Rechnung tragen und die Figur durch typisierende

1 Otto Dix · *Arbeiterjunge* · 1920
Galerie der Stadt Stuttgart

KAT. 4.5 OTTO DIX · URSUS MIT KREISEL · 1928

KAT. 4.6 CONRAD FELIXMÜLLER · LUCA IM PAPIERHUT · 1926

Stilisierung oder Abstraktion in einen streng durchkomponierten Bildorganismus integrieren, als auch individualisierende und psychologisierende autonome Porträts. Neben jene Bildnisse, die anonyme Figuren als Repräsentanten sozialer Schichten, Altersklassen, Berufs- oder Randgruppen vorführen, treten Auftragsporträts oder Gemälde privaten Charakters, die Individuen zeigen, zumal wenn die Dargestellten Freunde oder Mitglieder der Familie des Künstlers sind.

Pointiert verdeutlicht das Œuvre von Otto Dix die Variationsbreite der Sicht auf Kindheit. Dix malt Anfang der zwanziger Jahre veristisch die hilflos in eine elende Welt geborenen, allein gelassenen und früh verbitterten Kinder der modernen Großstädte – wie etwa den *Arbeiterjungen* von 1920 (Abb. 1), den Säugling in *Frau mit Kind* (1921) oder später den *Streichholzhändler* (1926). Daneben entstehen Bilder, in denen die Tristesse und Langeweile des Familienlebens und die lieblosen Dressurakte kleinbürgerlicher Erziehung zum Thema gemacht werden – wie in *Mädchen am Sonntag* (1920) oder im *Sonntagsspaziergang* (1922). Seine eigenen Kinder, etwa *Ursus mit Kreisel* von 1928 (Kat. 4.5), porträtiert Dix jedoch im unbeschwerten Glück. Auch wenn der Blick des Künstlers scharf bleibt, das Leben hat ihm neue Sujets zugespielt. Freilich dokumentieren die gewichtigen, nicht beschönigenden Gemälde *Neugeborenes Kind auf Händen (Ursus)* und *Neugeborener mit Nabelschnur auf Tuch (Ursus)* aus dem

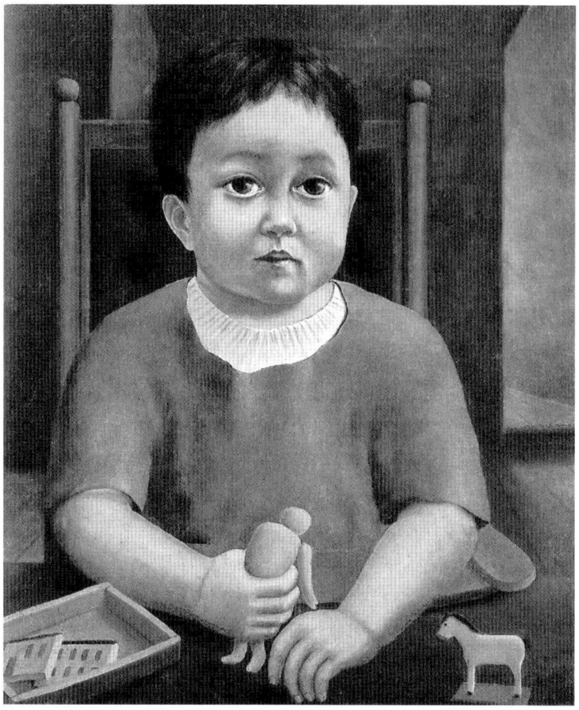

3 Georg Schrimpf · *Spielendes Kind* · 1923
Privatbesitz

Jahr 1927 die prinzipielle existenzielle Hilflosigkeit, mit der jedes menschliche Dasein beginnt, und die mit der Individuation verbundene Einsamkeit, die schon im Moment des Abnabelns zur Seinsbedingung wird. Dennoch sind diese Werke Dokumente des hoffnungsvollen Beginns, der Freude über das neue Leben. Mit den Bildern von seinen eigenen Kindern hat sich Dix' Interesse von soziologischen auf ontologische Fragen hin erweitert.

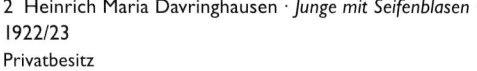

2 Heinrich Maria Davringhausen · *Junge mit Seifenblasen* · 1922/23
Privatbesitz

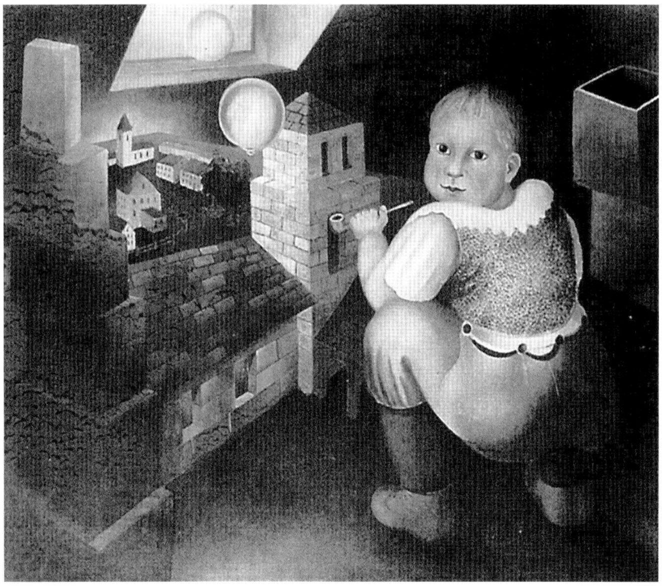

Weniger tiefgründig, jedoch programmatisch relevant für die kühle Metaphorik der Malerei der Neuen Sachlichkeit, behandelt Heinrich Maria Davringhausen 1922/23 in *Junge mit Seifenblasen* (Abb. 2) das Thema Kindheit. Dieses Bild und auch Georg Schrimpfs Gemälde *Spielendes Kind* von 1923 (Abb. 3) zeigen keine Individuen, sondern anonyme »Prototypen«. Das Hauptinteresse beider Künstler liegt in diesen Werken auf der Darstellung des kindlichen, eines verdinglichten Bezugs zur Wirklichkeit. Davringhausen setzt der massiven, aber auch labilen und beengenden Spielzeugwelt, die er hier raumpsychologisch bedeutsam aus leeren Kisten, scharfkantigen Würfeln und hohen Wänden konstruiert, im Symbol der Seifenblase ein Anderes, den Vorschein von Traum, Flucht und Vergänglichkeit, das heißt eine poetische Metapher des Transzendierens entgegen.[5] Die Figuren in beiden Bildern sind stark schematisiert. Davringhausens schon etwas größerer Junge mit rundem Kopf und vollen roten Wangen hockt breitbeinig im Bildvordergrund vor seinen festungsartigen Bauten und einer kleineren Stadtland-

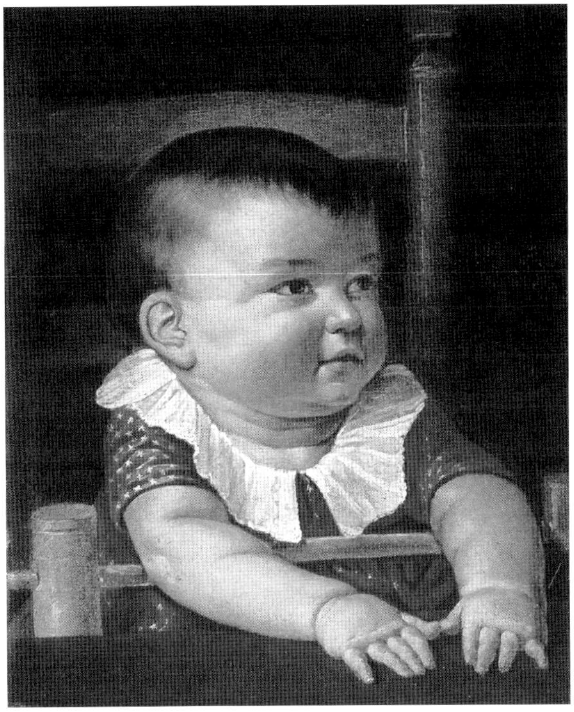

4 Philipp Otto Runge · *Bildnis Otto Sigismund im Klappstuhl* · 1805
Hamburger Kunsthalle

schaft im Hintergrund der Dachkammer. Er kehrt dem Betrachter zu drei Vierteln den Rücken zu, wendet den Kopf fast unnatürlich weit zurück und blickt über seine linke Schulter aus dem Bild heraus, nicht etwa um mit dem Betrachter Kontakt aufzunehmen, sondern um einer der beiden Seifenblasen nachzuschauen. Die andere Seifenblase hat sich in Richtung des hellen Fensters über den Turmbau hinweg bewegt. Haltung und Anatomie des Kindes sind naiv aufgefasst; die Figur wirkt wie aus schematischen anatomischen Einzelteilen zusammengesetzt. Davringhausens während des Ersten Weltkriegs vollzogene Wendung zum »Infantilismus«, der für die Kunst des 20. Jahrhunderts weit reichende Konsequenzen zeitigte, und seine Auseinandersetzung mit der Kunst Henri Rousseaus klingen hier nochmals an.

Tendenzen der strikten Vereinfachung bestimmen auch die Figurauffassung Schrimpfs, die nicht nur Einflüsse von Giorgio de Chirico und Carlo Carrà amalgamiert.[6] Dem überreich ausgestatteten Spielzimmer Davringhausens mit seinen verschiedenen dynamisch fluchtenden Diagonalen begegnet bei Schrimpf ein schlichtes Minimalinventar von Accessoires in einem perspektivisch unstimmigen, trist grauen, engen Kastenraum, von dem aus sich lediglich am rechten Bildrand ein kalter Ausgang öffnet. Schrimpfs spielendes Kind in seinem mattblauen Hemdchen sitzt artig und aufrecht auf seinem Kinderstuhl. Von Vertikalen und der Horizontalen der Lehne statisch hinterfangen, wirkt es wie eingeklemmt und mit etwas aus der Frontalität gewendetem Kopf wie im Tagtraum erstarrt. Mit dem *Spielenden Kind* von 1923 zitiert Schrimpf offenkundig Philipp Otto Runges *Bildnis Otto Sigismund im Klappstuhl* aus dem Jahr 1805 (Abb. 4); drei Jahre später wird sich Schrimpf in *Drei Kinder* wiederum mit einer Arbeit Runges – einem der berühmtesten Kinderbilder der neueren Kunstgeschichte, den *Hülsenbeckschen Kindern* (1805) – auseinander setzen. Bei Schrimpf jedoch bleibt von Runges Analyse kindlich sinnlicher Wahrnehmung und der temperamentvollen oder rationalen Selbstexpression nicht viel übrig. Schrimpfs versteinerte Kinder sind in diesen beiden Bildern Teil einer melancholisch verhärteten Welt, aus der Natur weitgehend verdrängt ist. Sie büßen gegenüber ihren romantischen Vorbildern, etwa im Vergleich mit dem Söhnchen Runges, das den lebhaften Blick gerade auf eine Bewegung im Raum zu richten scheint, einiges an Vitalität und sensitiver Präsenz ein. Schrimpfs *Spielendes Kind* hält eine kleine schmuck- und gesichtslose Puppe fest in seiner Rechten, während seine Linke leer auf der Tischplatte ruht. Die Puppe wirkt ähnlich eingezwängt und leblos wie das Kind hinter der Schranke seines Stuhles. Eine vergleichbare Analogisierung von Kind und Puppe findet sich in einer Art Gegenbild zu Schrimpfs Gemälde, in Otto Dix' *Nelly mit Puppe II* aus dem Jahr 1929 (Abb. 5). Kind und Puppe machen hier einen äußerst lebendigen Eindruck. Scheinbar öffnet die Puppe den Mund und hebt

5 Otto Dix · *Nelly mit Puppe II* · 1929
Galerie der Stadt Stuttgart

KAT. 4.2 ADOLF DIETRICH · KIND AUF LEITERWAGEN · 1921

KAT. 4.3 ADOLF DIETRICH · KNABE MIT APFEL AUF OFENBANK · 1925

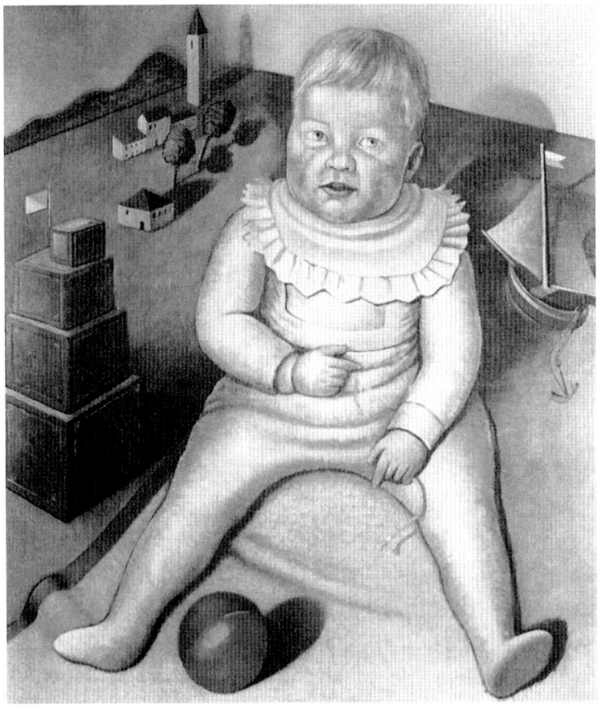

6 Heinrich Maria Davringhausen · *Meine Tochter Renate* · 1930
Privatbesitz

sogar den linken Arm wie selbstständig. Lediglich ihre glanzloseren Augen verweisen auf ihre Leblosigkeit. Nelly drückt die Puppe in inniger Umarmung an sich, in einer Geste zärtlicher Zuwendung, die – vielleicht noch mehr als vom Aspekt der Imitation mütterlicher Fürsorge – von der engen emotionalen Bindung des Kindes an diesen Gegenstand zeugt, auch von der Begabung, das Unbelebte in der Fantasie zum Leben zu erwecken.

Aber auch bei Schrimpf und Davringhausen finden sich individuelle Porträts der eigenen Kinder. Schrimpf malt 1925 ein *Kinderbildnis,* das die Züge seines Sohnes Peter sehr genau trifft. Liebevoll hat er ihn auf eine Wiese in eine idyllische Wunschlandschaft gesetzt, in deren Mittelgrund ein Pferd grast. Wiederum monumentalisiert Schrimpf das Kind in leichter Untersicht. Davringhausen zeigt sein Kind in *Meine Tochter Renate* von 1930 (Abb. 6) in ihrem Zimmer aus der Perspektive des Erwachsenen, steil von oben. Sie blickt den Betrachter wach und heiter, aus großen blauen Augen und mit leicht geöffnetem Mund an. Der Gesichtsschnitt ist vom stilisierenden Kindchenschema durch eine charakteristische Längung des Schädels leicht abgerückt. Der Ball scheint wie zufällig gerade zwischen die Beine des Kindes gerollt. Die auf dem Boden ausgelegte weiche Decke, auf der das Mädchen sitzt, hat sich unter dessen Bewegungen leicht verschoben und schlägt Falten. Spielzeug gruppiert sich um das Kind in der Ecke des Zimmers, das Davringhausen in ein helles, kühles Licht und eine pastellzarte, pudrige Farbigkeit taucht. Im Vergleich zu dem *Jungen mit Seifenblasen* ist das Bildnis Renates weich und undramatisch. Die Figur füllt das Format fast ganz vom unteren bis zum oberen Rand aus.[7] Ihre Aufgeschlossenheit gegenüber neuen Eindrücken wird zum Thema des Werkes. Renates Welt öffnet sich in der Richtung, in die sie blickt. Hier sind die Augen des Kindes in einem traditionellen Sinn – jedoch ohne Pathos – Fenster der Seele.

Als Bild der Introversion hingegen lässt sich Paul Kälberers detailrealistisch gemaltes Porträt des kleinen *Werner Stockmayer* von 1927 (Kat. 4.11) verstehen. Die Außenwelt des Jungen spielt eine untergeordnete Rolle. Er sitzt vor einer Wand, auf der eine vermutlich geritzte Kinderzeichnung zu sehen ist. Zwei Häusergiebel mit Schornsteinen, aus denen Rauch quillt, sind rechts hinter dem Oberkörper der Halbfigur zu sehen. Die Haltung ist entspannt, die Hände hat der Junge quer über seinen Bauch in den Schoß gelegt. Sein Blick geht in die Ferne, ist leicht gesenkt und nicht frei von sinnender Melancholie. Konzentriert und ökonomisch wählt Kälberer die Farben, die er lasierend einsetzt und die sich zu einem harmonischen, trockenen Akkord aus dem satten Grün des Pullovers und der Vertikalen am rechten Bildrand, den Brauntönen von Kissen und Haaren, dem Grau der Hose und dem changierenden Beige der Wand zusammenfügen. Die Lippen und das Inkarnat des Knaben sind durch rosig warme Töne gekennzeichnet. Die Häuser auf der Kinderzeichnung erscheinen wie Archetypen der Sehnsucht nach Geborgenheit. Der einsame Ernst des Jungen, konterkariert durch die Kindlichkeit der Wandzeichnung, erzeugt eine Spannung, die Andreas Zoller so interpretiert: »Die eingeritzte oder tätowierte Zeichnung in einer sonst heilen und wohlgeordneten Welt gehört zu den wesentlichen Gestaltungselementen der Neuen Sachlichkeit. Meist eingesetzt, um die Scheinwirklichkeit der Oberfläche zu entlarven, benutzt sie Kälberer zur Charakterisierung des Jungen und seiner Kindlichkeit sowie zur Infragestellung seines gemalten Porträts, das nur das Aussehen, aber nicht die Gedankenwelt des Jungen erfassen kann. Damit nimmt Kälberer eine geistige Haltung ein, welche die Maler der Neuen Sachlichkeit auszeichnet. Ihre mehrfach gebrochene Erfahrung gibt ihnen einen Abstand zur sichtbaren Welt und zur bildnerischen Tradition, der sie befähigt, in ihren Bildern die Gegenständlichkeit zu hinterfragen. Vor allem aus diesem kritischen Abstand bezieht die ›magische‹ Bildwirkung ihre Ausdruckskraft.«[8]

KAT. 4.11 PAUL KÄLBERER · BILDNIS WERNER STOCKMAYER · 1927

KAT. 4.12 WILHELM LACHNIT · NACKTES MÄDCHEN AUF ROTEM STUHL · 1924/25

KAT. 4.8 BARTHEL GILLES · ICH UND MEIN KIND · 1931

Intensiver als Davringhausen und in etwa mit so viel väterlichem Stolz wie Dix widmete sich Conrad Felixmüller seinen Kindern im Bild. Im Jahr 1925 nennt er sich in einem gleichnamigen Doppelporträt mit seinem Sohn sogar *Der Kindermaler*. Er zeigt sich selbst hier mit verändertem, dem Kind angenähertem Blickpunkt, nämlich im Hintergrund auf einem winzigen Stuhl sitzend, an einer weit heruntergelassenen Staffelei. Auf andere Weise bringt Barthel Gilles sich und sein Kind auf gleiche Augenhöhe. In *Ich und mein Kind* von 1931 (Kat. 4.8) hält der Maler das Kleinkind auf dem Arm. Er blickt den Betrachter an, während die Tochter, selbstvergessen am Daumen lutschend, gebannt das Gemälde auf der Staffelei fixiert.

Auch in Felixmüllers Œuvre steht neben den sehr zahlreichen privaten Porträts der Familienmitglieder das Typenbild. Felixmüller, der um 1920 seine noch expressionistischen sozialkritischen Werke – wie etwa *Ruhrrevier I* (1920) oder *Industrie-Regenlandschaft* (1922) – malte, setzte sich zur selben Zeit und über Jahre hinweg lebensfroh und liebevoll mit seinen Kindern (und in den fünfziger und sechziger Jahren übrigens auch mit seinen Enkeln) auseinander. Unter anderem entstanden *Selbstbildnis mit meinem Sohn Luca* (1920), *Ich male meinen Sohn Luca* (1923), *Titus mit Herbstblumen* (1923), *Luca und Titus am Fenster* (1923), *Titus im Herbstwald* (1924), *Mein Sohn Luca* (1924), *Selbstbildnis mit Sohn Titus* (1926) und *Luca im Papierhut* (1926).

Luca im Papierhut (Kat. 4.6) zeigt den Jungen in strengem Profil und Halbfigur. Er wird nun nicht auf »Augenhöhe«, sondern von schräg oben gesehen, sodass der Parkettboden die Figur – bis auf den spitzen Papierhut – ganz hinterfängt. Dieses Parkett mit seiner ausgeprägten Struktur überzieht fast die gesamte Bildfläche in einem vielfach gebrochenen Braun. Nie ist dem »Homo erectus« der Boden näher als in Kindertagen. Er verbringt sie spielend auf der Erde, studiert den Bodenbelag, jede Kerbe in den Dielen, die Maserung des Parketts, kennt den Verlauf des Musters genau. Felixmüller holt durch die extreme Draufsicht einen essenziellen Teil kindlicher Erfahrungswelt mit ins Bild. Luca trägt einen blau-rot gemusterten Pullover, der in weichen Schwüngen das dynamische Auf und Ab des Bodenbelags aufnimmt. Er posiert – vielleicht etwas belustigt – und steht stolz still, um porträtiert zu werden. In einer zweiten Version aus demselben Jahr zeigt Felixmüller seine beiden Söhne ganzfigurig mit Papierhüten, beide im Profil einander aufrecht gegenüberstehend. Luca hat auf beiden Bildern die Arme auf den Rücken gelegt und nimmt eine stramme Haltung ein. So scharf Felixmüllers Blick sein konnte, wenn er soziale Themen bearbeitete, die Welt seiner eigenen Kinder scheint sehr wohl fröhlich romantisiert. Jenes »Glücksgefühl« wird spürbar, von dem Felixmüller im Blick auf seine Selbstporträts mit Frau sprach, das ihn auch noch im Jahr 1943 erfüllte, als er wiederum an einem Doppelporträt mit Ehefrau arbeitete, »im vollen Bewußtsein, das Glück des Lebens ist fraglich geworden: noch einmal inmitten, umgeben von den Schönheiten der Welt, der Künste, noch einmal Maler in vollen Zügen, festen Strichen, jubelnden Farben und Formen zu sein«.[9]

DIE PROLETARIERKINDER

Konträr fällt Felixmüllers Blick auf die *Kinderbewahranstalt von Klotzsche* (1924) oder den *Zeitungsjungen (AIZ)* von 1928 aus (Kat. 4.7). Die Kinderbewahranstalt ist ein im Verfall begriffener Bau hinter schwankenden Zäunen. Felixmüller malt sie noch in expressionistischer Düsternis mit grellen Akzenten, zeigt ein kleines, völlig vereinsamtes Mädchen im Mittelpunkt, das in dieser unwirtlichen Winterlandschaft die Hände tief in den Taschen vergraben hat und den Betrachter hilflos und fragend aus rot geränderten, fast glühenden Augen anstarrt.

Stilistisch verwandelt, sachlich und distanziert malt Felixmüller vier Jahre später den *Zeitungsjungen (AIZ)*, eine hagere und sensibel wirkende Figur, deren Gesichtszüge ein wenig an die seines Sohnes Luca erinnern. Mit Schirmmütze, schäbiger Jacke und der umgehängten Zeitungstasche macht er sich in der Kälte auf den Weg zu seiner Kundschaft. *Die Arbeiter Illustrierte Zeitung* hält er wie erschöpft in der Rechten. Sein Gesicht wirkt fahl, sein Blick ist gesenkt. Die rosigen Töne, die noch das freundliche *Zeitungsmädchen* von 1927 vital und lebensfroh erscheinen ließen, sind aus dem Bild gewichen, nichts lässt mehr an die glühende und von warmen Valeurs strotzende Palette denken, mit der Felixmüller 1924 *Titus im Herbstwald* expressiv porträtierte. Der Zeitungsjunge steht vor einer dunkelgrauen Hauswand, die zwei Drittel des Bildfeldes einnimmt. Links öffnet sich der Blick in eine frostige Winterlandschaft, auf einen Garten mit kahlen Bäumen, Zaun und einem Holzhäuschen. Dahinter wird eine großbürgerliche Villa sichtbar. Interessanterweise handelt es sich bei diesem Blick auf die Gärten und die gelbe Villa um dieselbe Ansicht, die Felixmüller 1927 in *Titus spielt (am Winterfenster)* (Abb. 7) und in der zweiten Version des Zeitungsjungen von der anderen Seite aus zeigt. Vor eine annähernd identische Kulisse blendet Felix-

KAT. 4.10 KARL HUBBUCH · DER VEILCHENVERKÄUFER · 1930/32

KAT. 4.15 OTTO NAGEL · WEDDINGER JUNGEN · 1928
(Abb. S. 81)

7 Conrad Felixmüller · *Titus spielt (am Winterfenster)* · 1927
Privatbesitz

müller einmal ein Bild der Kälte, ein andermal eine stille Idylle ein. Im Vordergrund des kleinen Tischleins, an dem Titus mit der Holzlokomotive spielt, breitet sogar ein Engel die Flügel aus.

Dem Zeitungsjungen hingegen wird nichts geschenkt, niemand lässt ihm Schutz angedeihen. Auf ihn, der zusammen mit der zweiten Version das letzte sozialkritische Kinderbild Felixmüllers darstellt, scheint zuzutreffen, was der Künstler 1920 unter der Überschrift *Der Prolet (Pönnecke)* über sich selbst, seine Kindheit und seine Sehnsucht, sein Milieu zu verlassen und Künstler zu werden, schrieb: »Er, der verbunden ist von Geburt an mit Maschinensaal und Fabriklärm, Stadt und Hinterhausgestank. Dessen Blick zuerst rote Karrees von Ziegelwänden menschenfressender Untiere des Stumpfsinns der Bösartigkeit und Unglücks in grauer Häuserlandschaft ewigen Kohlenrauches sah; täglich hundertdreiundzwanzig Meter hohe Schlote und ihren Qualm schluckte. [...] Die Großstadt seine Geburtsstätte. Das Mietskasernenhaus und seine Treppen – das zarte kleine Füßchen frierend seine Kindheit begann; auswuchs; Mauern und Zäune überkletterte; bis den Knaben mit dreizehn Jahren frühreif die Sehnsucht nach Süße, Schönheit und Seligkeit packte. Der Verstand und das Herz wuchsen aus der Arbeiterwohnung hinaus, träumerisch fort vom eingepferchten Leben in Küche und Schlafzimmer, zur Musik, der heimlichklingenden der Villenhäuser.«[10]

Der Ton des Bildes ist nicht jener lauter Anklage. Darin hat Heinz Spielmann Recht, der über die Arbeiten der zwanziger Jahre schreibt, Felixmüllers Bilder leugneten nicht, »daß es in der Welt wie zuvor individuelles Leid und allgemeine Nöte gibt, sie zeigen diese aber nicht in polemisch-agitierender Form, sondern deskriptiv«. Dass Felixmüller auf diese Weise der unausgesprochenen »Feststellung« zustimmt, »die ein damals beachtetes Buch eines Fotografen, von Albert Renger-Patzsch, trug: Die Welt ist schön« – diese Deutung geht für das Bild vielleicht etwas zu weit.[11]

Ein drastisches Beispiel dafür, unter welchen Existenzbedingungen Kinder in dieser Welt ihr Dasein fristen, dafür, dass »die soziale Pyramide auf den Schultern von Kindern aufbaut«, wie Gerd Presler schreibt, schuf Karl Hubbuch 1930/32 mit dem *Veilchenverkäufer* (Kat. 4.10).[12] Auf einem Sockel vor einem Schaufenster sitzt ein dürrer Junge. Seine fahlen Gesichtszüge wirken derart ausgemergelt und verhärmt, dass sein Alter schwer feststellbar ist. Seine Augen sind aufgerissen, wirken aber gleichzeitig verschleiert, wie erblindet. Die Mundwinkel sind weit heruntergezogen. Die Figur ist von einer starken Anspannung erfüllt. Der Veilchenverkäufer reckt den Kopf hoch, als lausche er gebannt. Dabei stützt er sich mit beiden Händen auf den Steinsockel, auf dem er sitzt. Neben ihm steht ein kleiner Korb mit seiner bescheidenen Ware. Er ist ein Bruder von Dix' rund zehn Jahre älterem *Arbeiterjungen* von 1920 (Abb. 1) und dem *Streichholzhändler II* (1927) oder des kleinen Jungen in Georg Scholz' Lithografie *Zeitungsträger* (1922).

Während Dix' *Arbeiterjunge* schon eindeutig aggressive Züge trägt, gehen die Interpretationen von Otto Nagels *Weddinger Jungen* aus dem Jahr 1928 (Kat. 4.15) auseinander. Adam C. Oellers meint, Nagel belasse seinen Jungen »ihre kindliche Unbekümmertheit, obwohl in ihrem ärmlichen Äußeren wieder sozialkritische Momente zum Vorschein kommen«.[13] Ursprünglich war die Welt der Jungen enger gewesen, als sie sich heute darstellt. Nagel hatte am rechten Rand noch einen weiteren Knaben postiert, den er jedoch wieder übermalte.[14] Hätte der Künstler die dritte Figur im Bild belassen, hätte sich der Eindruck einer Phalanx Gleichgesinnter, der sich auch heute ergibt, vielleicht noch verschärft. Das Bild differenziert subtil zwischen den beiden Charakteren. Der Junge im Matrosenanzug wirkt bleich, zerbrechlich und kindlicher, der andere

KAT. 4.7 CONRAD FELIXMÜLLER · ZEITUNGSJUNGE (AIZ) · 1928

8 Georg Schrimpf · *Mutter und Kind/Im Hof* · 1919
Privatbesitz

in seinem groben Mäntelchen eher stumpf und früh verhärtet. »Beide lassen Aufbegehren ahnen«, meint Wolfgang Hütt, »unmittelbar und trotzig bei dem einen, grübelnd und nachdenklich bei dem anderen. Nicht allein das Elend proletarischer Kinder ist dargestellt worden, sondern – und das ohne jede betonende Gestik – der verborgen aufkeimende, in der individuellen Psyche angelegte Wille zum Widerstand. In der Eigenart ihrer Kinder wird, anschaulich und überzeugend, die Situation einer ganzen Klasse gezeigt.«[15] Eine Dreiergruppe der Jungen hätte eine Art Front gebildet – zumal der aufmerksame Blick der Figuren in dieselbe Richtung davon zeugt, dass sie etwas beobachten, auf das eine Reaktion ansteht. Erhard Frommhold erkennt in Nagels Werk einen entscheidenden Unterschied zu anderen »proletarischen Kinderbildnissen«. Nagel »kommt ohne Milieu und Beiwerk aus, die soziale Aussage ergibt sich allein aus dem Porträt, nicht aus anklägerischen Gesten und erzählenden Attributen wie auf Bildern von Dix, Felixmüller oder Hans Grundig«.[16]

Allerdings fehlt auch den Kindern in Grundigs Gemälde *Am Stadtrand* von 1926 (Kat. 4.9) jede Aggressivität. Sie verhalten sich indifferent. In einer gewittrigen Abendstimmung zeigt Grundig eine ärmlich gekleidete Mutter mit drei Kindern. Der Vater ist in diesem Alltag abwesend. Die Figuren sind buchstäblich an den Rand der Szene gedrängt und gleichwohl nah an den Betrachter herangeholt. Dieser Blick aus der Nähe, der für neusachliche Figurenbilder konstitutiv ist, trägt erheblich zur Irritation bei. Die Distanz zwischen Betrachter und Betrachtetem schwindet und erlaubt kein Ausweichen. Die Familie in Grundigs Bild wirkt wie ausgesetzt auf einer sich in die nahezu endlose Tiefe des Raumes verlierenden breiten Straße, auf der sonst kein Mensch zu sehen ist. Kahle Bäume und eine lange Mauer säumen die Chaussee, über der ein keineswegs schmeichelnd sanftes, sondern eher an einen Brand erinnerndes Rosa liegt. Ungewiss bleibt, ob die Figuren warten oder sich ziellos bewegen. Alle blicken in unterschiedliche Richtungen, weniger gezeichnet vom Leben als vielmehr fatalistisch unbewegt und emotionslos. Das Leben geht an ihnen, denen in der Vorstadt, den Verlassenen und Vergessenen, vorbei, und es geht vorüber. Das kleine Kreuz am Hals der Mutter scheint auszuweisen, wie sie gelernt hat, all das zu ertragen – mit stiller, selbstverständlicher Demut.

MUTTER MIT KIND

Wie der Blick auf Hans Grundigs Familienbild oder Dix' *Mutter mit Kind* von 1921 zeigt, ist auch dieses Motiv nicht selbstverständlich dazu angetan, eine heile Welt vorzuführen. Kein Maler der Neuen Sachlichkeit hat das Mutter-Kind-Motiv so häufig und geradezu inbrünstig gemalt wie Georg Schrimpf. *Mutter und Kind/Im Hof* aus dem Jahr 1919 (Abb. 8) führt die Figuren noch in einer unwirtlichen großstädtischen Umgebung, einem klaustrophobisch stimmenden, umfriedeten Bezirk vor. Von fern her reicht zwar noch der Topos des Paradiesgärtleins, des geschlossenen Höfleins, in dieses arme Ambiente herein. Schrimpfs Mutter mit dem Kind auf dem Arm steht jedoch vor zwei sehr profanen Mülltonnen in ihrem steinernen Hortus conclusus.[17] Das Kind deutet auf einen Vogel, der auf der Mauerkrone sitzt und den engen Raum im nächsten Augenblick verlassen wird. Eine kleine Wiege, ein Dackel und – in fast mittelalterlicher Vereinfachung – stilisierte Bäume vervollständigen die karge Szene.

Schrimpfs Wille zur Harmonisierung lässt ihn nicht Mütter, sondern idealisierte, klassizistisch erstarrte Madonnen malen. Die Auseinandersetzung mit der Malerei des Spätmittelalters und der frühen Neuzeit, mit den Typen der Muttergottes spielt hierfür eine bedeutende Rolle. Das geradezu obsessive Interesse für das Sujet ist jedoch auch unübersehbar autobiografisch motiviert. Schrimpf selbst verlor früh den Vater. Seine Ehefrau, die Malerin Maria Uhden, starb 1918 kurz nach der Geburt des gemeinsamen Sohnes Marc, der dann bei der Schwester der Künstlerin aufwuchs. 1921 heiratete Schrimpf

KAT. 4.9 HANS GRUNDIG · AM STADTRAND · 1926

erneut, und sein zweiter Sohn, Peter, wurde 1924 geboren. Schrimpfs Mutter-Kind-Gemälde sind Sehnsuchtsbilder, in denen er versucht, Ganzheit und Geborgenheit zu imaginieren.

Mutter und Kind (Kat. 4.17) von 1923 stellt eine der stärksten Formulierungen des Themas dar, die sich von Details freimacht. Die große Mutter, im Brustbild monumentalisiert, vor einer offenen, nur noch an den Rändern sichtbaren Landschaft gegeben, hält ihren Säugling sicher auf den Händen; er schwebt gleichsam in der Horizontalen. Die Mutter wendet sich intensiv dem Kind zu, das seine Rechte zu deren Gesicht emporhebt, ohne es jedoch zu berühren. Das Kind lächelt leicht. Die Mutter blickt mit gesenkten Lidern, verinnerlicht und ernst. Schrimpf greift mit ihrem Gesichtsausdruck den latenten Schmerz der Gottesmutter im Wissen um das Zukünftige, den Hinweis auf die Pietá auf. Insofern ist dieses Bild, aus der christlichen Ikonografie abgeleitet, bestimmt durch den Verweis aufs Leiden. Schrimpfs Bild vom Glück des Kindseins oder von Mütterlichkeit bleibt fast immer symbolische Behauptung. Der Typus schafft stets – das hat Jutta Hülsewig-Johnen eingehend für den Typus der modernen Frau bei Christian Schad beschrieben – Abstand zwischen dem betrachtenden Subjekt und dem Objekt der Betrachtung. Wo physiognomische Versatzstücke, Überzeichnungen oder Stereotypen kombiniert werden, um einen Typus zu etablieren, wird der Betrachter – bei aller perspektivisch suggerierten, äußeren Nähe zum Dargestellten – in emotionaler Hinsicht auf Distanz gehalten. Es stellt sich keine empathische oder identifikatorische Nähe zum Sujet ein.[18]

10 Hanna Nagel · *Meine Kinder sehen so jüdisch aus?* · 1930
Privatbesitz

9 Otto Nagel · *Mutter mit Kind* · 1929
Nationalgalerie Berlin

Das formalistische Harmonisierungsbedürfnis überwiegt auch bei Eberhard Viegener. Er fasst das symbiotische Verhältnis zwischen *Mutter mit Kind* (Kat. 4.19) 1925 in einen streng flächenhaft geometrisierten und annähernd tektonischen Bildbau, der Stabilität und Einheit suggeriert. In Viegeners Werk ist es die sachliche Verfestigung der Form, die geradlinige Klarheit der scharf konturierten konstruktiven Kompartimente, aus denen das Bild addiert ist, die keinerlei Sentimentalität aufkommen lässt. Anders als etwa in Otto Nagels Bild *Mutter mit Kind* von 1929 (Abb. 9) oder Hanna Nagels *Meine Kinder sehen so jüdisch aus?* aus dem Jahr 1930 (Abb. 10) hat Viegeners Werk weder eine porträtierende noch eine politische Dimension. Otto Nagel zeigt ein Schicksal im Gesicht der Mutter, gleichzeitig sehr subtil die stille Trauer, die sich bereits auf das Kind übertragen hat. Hanna Nagel stellt nicht nur im Titel eine Frage, die den Keim zum fürchterlichsten Kapitel der Menschheitsgeschichte im 20. Jahrhundert birgt. Sie lässt die Mutter, die ihre drei Kleinen um sich geschart hat, und eines der drei Kinder direkt mit dem Betrachter Blickkontakt aufnehmen, einen Kontakt, der die Frage nach rassischen Merkmalen provozierend an ihn weitergibt.

KAT. 4.17 GEORG SCHRIMPF · MUTTER UND KIND · 1923

KAT. 4.19 EBERHARD VIEGENER · MUTTER MIT KIND · 1925

KAT. 4.18 EBERHARD VIEGENER · GROSSMUTTER MIT KIND · 1924

ZURÜCKGELASSEN IN DER SPIELZEUGWELT

Neben dem Porträt erfuhr vor allem auch das Stillleben in der Malerei der Neuen Sachlichkeit eine Renaissance. Ästhetisch reizvolle und symbolisch einsetzbare Gegenstände, über die sich die Welt der Kinder, die Persönlichkeit oder psychische Verfassungen charakterisieren und magische Anteile der Wirklichkeit inszenieren ließen, fanden die neusachlichen Maler in den Spielzeugkisten ihrer Kinder. Anregungen der Pittura metafisica, des Konstruktivismus und Dadaismus bildeten für diesen Sektor neusachlicher Kunst eine inspirierende Einflussgröße. De Chirico und Carrà verfremdeten durch Vereinfachung, reduzierten Figuren auf leblose Modellpuppen, verflachten Architekturen im Bild, bis sie nur noch die Dimensionen von Pappkulissen aufwiesen. Konstruktivismus und Bauhaus fanden Abkürzungen für die Figur, die sie als integralen Bestandteil einer noch zu entwerfenden und umzustrukturierenden Welt geklärter Verhältnisse auffassten. Dada begriff den Menschen, der sich selbst zum Rädchen eines todbringenden Systems gemacht hatte, als Marionette gesellschaftlicher Verhältnisse und unvollkommener Wertmaßstäbe.

Das intensive Interesse neusachlicher Künstler an der Surrogatewelt des Spielzeugs zeigt Wilhelm Schnarrenbergers Werk mit dem Titel *Kinderzimmer* von 1925 (Kat. 4.16), das im ursprünglichen, heute nur noch durch ein Foto überlieferten Zustand in Gustav Hartlaubs Ausstellung »Die neue Sachlichkeit« 1925 in der Mannheimer Kunsthalle gezeigt wurde. Damals trug es den Titel *Zwei Knaben.* Ursprünglich zeigte Schnarrenberger zwei Kinder vor einem Tisch und einer Kiste voller Spielzeug. Beide Jungen blickten den Betrachter frontal an. Der eine stand breitbeinig bildparallel am rechten Rand, der andere saß, ein Bilderbuch auf den Beinen, auf einem Stuhl. Mit zwei drastischen Schnitten verkleinerte Schnarrenberger das Bild vor 1928 auf ein Format von 56,5 mal 45,5 Zentimetern. Beide Knaben wurden entfernt, der stehende abgeschnitten, die Sitzfigur übermalt. Der Bildteil mit dem stehenden Jungen, *Peter,* ist verschollen.[19] Schnarrenberger reduzierte den Bildausschnitt der linken Seite auf das Spielzeugstillleben in Nahsicht. Wo einst ein Kind saß, steht jetzt ein leerer Stuhl, von dem nur noch die Lehne zu sehen ist. Auf dem weiß-rosa gestreiften Tischtuch hat der Maler die Utensilien umarrangiert und gegenüber der ersten Version einige Dinge hinzugefügt. Hinter dem Tisch, an den Schnarrenberger noch einen Stuhl gerückt hat, öffnet sich links ein Fenster. Hier erzeugt er eine faszinierende Spannung zwischen Innen- und Außenraum. Im Freien sind spielende Kinder auf der Straße zu sehen. Vergleicht man beide Zustände, wirkt es so, als hätte Schnarrenberger seine erstarrten Knaben befreit, als hätten sie den Innenraum verlassen dürfen, um nun auf der Straße mit anderen zu spielen. Der Statik der Spielzeugfiguren im Raum begegnet die Dynamik der tollenden Kinder draußen. Schnarrenbergers Kunstgriff scheint geradezu symptomatisch für die neusachlich positivistische Hinwendung zu den schlichten Dingen, den unscheinbaren Sachen, den harten Tatsachen. Die Gegenstände sind nicht mehr nur Attribut, sondern verselbstständigen sich, substituieren ihre Besitzer. Heinrich Maria Davringhausen sind die Bauklötzelandschaften *(Stilleben mit Ball, Stilleben mit Bauklötzen,* beide 1923) genug. In ihnen operiert er mit der statischen Tektonik, der stereometrischen Überschaubarkeit der Gegenstände. In *Junge mit Seifenblasen* schien das Kind schon nicht mehr ganz Herr seiner Bauwerke, nahm es sich wie eingepfercht aus zwischen den kühnen Turmbauten. Es scheint in den Spielzeugstillleben sogar zuweilen so, als ob sich das auktoriale Verhältnis des Kindes den Dingen gegenüber verloren hätte.

Franz Lenks Stillleben *Thomas' Spielzeug* aus dem Jahr 1935 (Kat. 4.14) etwa lässt die zurückgebliebene Puppe anrührend ausgesetzt wirken, wie achtlos abgelegt. Dies trifft auch auf die Bilder steifer Puppen von Rudolf Dischinger (Kat. 4.4) und auf Anton Räderscheids Zeichnungen zu, die um die Puppe einen weiten Raum zulassen, der Winzigkeit und Verlorensein suggeriert. Dischinger häuft die Puppen mitunter an – wie später Arman in seinem *Massacre des innocents.* In Lenks Stillleben erwecken die stilisierten Gesichtszüge, der Blick und der auf den Rand eines Wägelchens gelegte Arm der Puppe, der die Haare wild zu Berge stehen, den Eindruck, sie sei lebendig. Dass die Puppe zusammen mit dem Stoffhund, an dem sie lehnt, in eine Richtung blickt, verstärkt den Eindruck, dass es sich hier nicht um einen toten Gegenstand handelt. Susanne Thesing meint, dass Lenk den Dingen eine »scheinbar verlorene Identität« zurückgibt und den »von Tristesse umflorten« Alltagsgegenständen »sehr behutsam eine poetische Kraft« entlockt, »die trotz des scheinbar ausgehauchten Lebens in jedem von ihnen zu stecken vermag«.[20] Die Puppe und der Hund warten geradezu auf das Kind, das sie aus der Erstarrung befreien und zu neuem Leben erwecken könnte.

Bei Otto Nagel sind die Puppen – in *Lotte mit Puppe* oder *Mädchen mit Puppe* – noch rührende Attribute, Gegenstände, die vielleicht einen Rest von Freude in das Leben ihrer kleinen Besitzerinnen bringen. Sie deuten die

KAT. 4.16 WILHELM SCHNARRENBERGER · KINDERZIMMER · 1925

KAT. 4.14 FRANZ LENK · THOMAS' SPIELZEUG · 1935

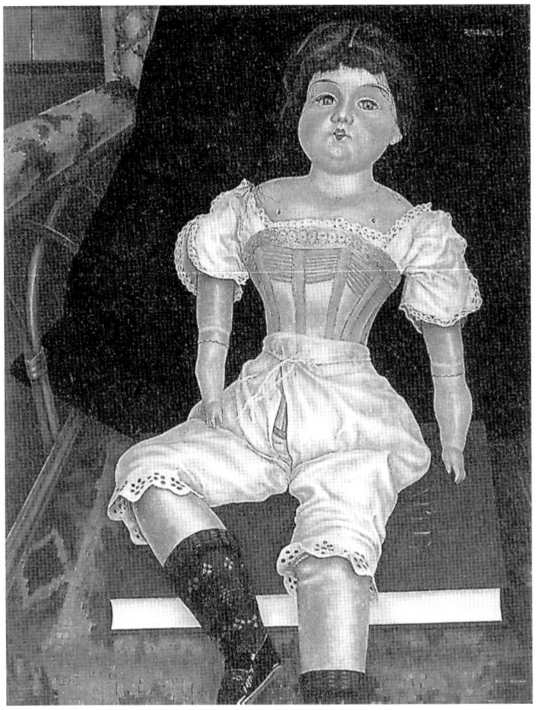

11 Rudolf Wacker · *Puppe mit Korsett* · 1929
Privatbesitz

emotionalen Bedürfnisse der Kinder an. Wo den Puppen das Gegenüber fehlt, wird ihr Dasein gänzlich trostlos. Geradezu schmerzerregend geht Peter Birkhäuser 1935 in seinem Bild *Negerditti* mit der Puppe um, deren Gliedmaßen verrenkt sind und die, wie gestürzt, leblos auf dem Gesicht liegt. Auch Rudolf Wackers *Puppe mit Korsett* von 1929 (Abb. 11) und die *Blinde Puppe* von 1932 sind keine Objekte einer harmonisch-liebevollen affektiven Bindung mehr. Sie sind achtlos Zurückgelassene oder Versehrte. »Die Kinderpuppe, entlassen aus der Schutzzone des Kinderzimmers oder des Sammlerregals«, schreibt Maria Müller, »wird zur Projektionsfläche menschlicher Befindlichkeit. Daß diese Übertragungen durchaus auch erotische Komponenten aufweisen – und das bereits beim kindlichen Spiel –, haben Hans Bellmer, Rudolf Wacker, Rudolf Dischinger u. a. eindringlich gezeigt: Die Puppe, mit weit gespreizten Beinen, lose zusammengehaltener Wäsche oder nur noch mit weißen Söckchen bekleidet, ist dem voyeuristischen Blick ausgeliefert, unfähig, sich der Projektionen, seien es Liebe oder Lust, zu erwehren.«[21]

So scheint die Gegenstandswelt in diesen Stillleben der Neuen Sachlichkeit dem bewahrenden, ordnenden oder Einheit stiftenden Zugriff entzogen. Die Dinge wirken abweisend oder abgelegt; die Puppen als Stellvertreter des Menschen werden zu Zeugen von Einsamkeit, Deformation und verlorener Unschuld, eines Ausgeliefertseins an nicht mehr sichtbare Kräfte, die mit ihnen ein sinnloses Spiel getrieben haben.

KINDLICHE GRAUSAMKEIT

Eine letzte Facette und konsequente Fortentwicklung der Sicht auf das Kind innerhalb der Neuen Sachlichkeit findet sich in den Werken von Georg Scholz und Karl Hubbuch. Allerdings sind sie keineswegs die Ersten, die das Kind restlos entzaubern, indem sie seine aggressiven Potenziale porträtieren.

Schon Francisco de Goya hat den Glauben an die friedliebende Unschuld des Kindes mit seinem Porträt von *Manuel Osorio de Zuniga* hintergründig und subtil als Täuschung enttarnt. Fred Licht schreibt über das Gemälde: »Mit abwesendem Gesichtsausdruck läßt Manuel Osorio eine zahme Elster vor drei im Dunkeln hockenden Katzen vorbeistolzieren. Der Vogel ist größter Gefahr ausgesetzt; und die Katzen werden gequält, denn sie würden bestraft, wenn sie ihrem Tötungsinstinkt folgten. Und der merkwürdige kleine Junge, der für diese Miniaturszene bösartiger Quälerei verantwortlich ist, läßt dem drohenden Drama seinen Lauf – er betont sein Unbeteiligtsein zu sehr, als daß wir ihm glauben könnten, er wüßte nicht, welch böses Spiel er treibt. Über hundert Jahre vor Freud bricht Goya mit der Vorstellung von der Unschuld der Kinder, um die jedem Kind innewohnenden latenten Ambivalenzen und die kindliche Neugier auf Tod und Schmerz zu porträtieren. Wenn überhaupt, so haben

12 Georg Scholz · *Wucherbauernfamilie (Industriebauern)* · 1920
Von der Heydt-Museum, Wuppertal

es nur wenige Künstler nach Goya gewagt, ein solch grausam böses Bild der Kindheit zu zeichnen, in dem offenkundiger Liebreiz und versteckte Hinterlist eine unheilvolle Verbindung eingehen.«[22]

Zu ihnen gehören die Künstler der Neuen Sachlichkeit mit ihrem furchtlosen Sinn für Realität. Georg Scholz malte 1920 die *Wucherbauernfamilie (Industriebauern)* (Abb. 12), ein Dreigestirn abgrundtiefer Hässlichkeit. Der Junge, der an einem Tisch steht, hält mit zwei Fingern seiner fast verkrüppelt aussehenden Hand einen Frosch am Bein fest, um ihn mit einem Strohhalm aufzublasen. In der gleichnamigen Farblithografie hat der Junge noch eine geschlossene Schädeldecke. Ein dicker Tropfen Rotz fließt ihm aus der Nase, Warzen oder Pickel verunstalten sein Gesicht. In der gemalten und collagierten Fassung ist die Schädeldecke dieses monströsen Kindes geöffnet. In ihr klebt eine Zeitungsschlagzeile mit dem Begriff »Patent-Kurzstrohzuführung«. Scholz karikiert das Kind als dämlich, hässlich, Ekel erregend und grausam, veranschaulicht seine unverhohlene, sadistische Freude durch das breite Grinsen, das zwischen dicken Lippen die schief gewachsenen, viel zu großen »Raffzähne« freigibt. Mutter und Vater, vorgeblich christlich, national und selbst von grotesker Gestalt, gebieten dem grausamen Spiel keinen Einhalt und dokumentieren damit ihre eigene Fühllosigkeit.

Dieser Karikatur von Unmenschlichkeit begegnet im Werk Karl Hubbuchs eine realitätsnahe Formulierung der Wechselwirkung zwischen Traumatisierung und wachsender Gewaltbereitschaft in dem 1934 entstandenen Bild *Kinder, die unter Steinen aufwachsen* (Abb. 13). Hubbuch malt hier in trist verwaschenen Farben eine Art Panoptikum kindlicher Deformationen und Aggressionen mit 17 Protagonisten, einer Kindergärtnerin und mehreren erwachsenen Zuschauern.[23] Wolfgang Hartmann hat dargestellt, wie sich »diese Welt der Erwachsenen – die das kindliche Geschehen hier ja auch förmlich umstellt« – in der Welt der Kinder widerspiegelt.[24] Hubbuch zeigt Kinder aus einem der Unterschichtviertel der Karlsruher Altstadt, die um einen Sandkasten versammelt sind. »Unter Steinen« heißt metaphorisch: wie Ungeziefer leben, hieß historisch, dass die Kinder in »engen Straßen und dunklen Hinterhöfen«, »ohne Licht und Sonne, umgeben von der Welt der Erwachsenen, von Armut, Zank, Prostitution und Trunksucht« aufwuchsen.[25] Vorgeführt werden verschiedene Stadien der Entstehung von Konflikten, Gier, Wehleidigkeit, Debilität und Herrschsucht, Schadenfreude, Hinterhältigkeit oder arglose Tumbheit. Die Erwachsenen sehen der Szene, auf der eine Balgerei im Gange ist und sich weitere Streitereien anbahnen, gleichgültig und hilflos zu. Hartmann hält es für möglich, dass sich in Hubbuchs Bild, in der herrischen Attitüde der zentralen Rückenfigur, sogar eine aktuelle Anspielung auf Hitlers Machtergreifung verbergen könnte.[26]

Gewiss markiert diese am meisten szenische und psychologisch analytischste aller hier behandelten Kinderdarstellungen der Neuen Sachlichkeit einen Höhe- und Endpunkt. Vom überirdischen Glanz ist nichts geblieben. Die Kinder sind nicht mehr das Versprechen auf eine bessere Zukunft. Sie sind als Produkte ihrer Umwelt entlarvt und entlarven diese als kleine Kronzeugen. Es beginnt nun eine düstere Zeit, in der Kinder ganz neu entdeckt, nämlich ideologisch manipuliert, ihr Idealismus instrumentalisiert, sie schließlich als Kanonenfutter verheizt und zum Töten gezwungen werden sollten. Es werden Kinder geboren, die nicht mehr nur unter Steinen, sondern unter Trümmern, im Bombenhagel, in Konzentrationslagern, ohne Eltern aufwachsen werden. Die Schrecken des 20. Jahrhunderts werden eine Dimension annehmen, für die sich als Synonyme Gesichter und Figuren – ob im Porträt oder als Typus – nur noch schwerlich finden lassen werden.

13 Karl Hubbuch · *Kinder, die unter Steinen aufwachsen* · 1934
Staatliche Kunsthalle Karlsruhe

ANMERKUNGEN

1 Doris Krystof, »Das himmlische Kind. Zu Aufstieg und Absturz eines Motivs im 20. Jahrhundert«, S. 237–242, in: *Picassos Welt der Kinder,* hrsg. von Werner Spies, Ausst.-Kat. Kunstsammlung Nordrhein-Westfalen, Düsseldorf, und Staatsgalerie Stuttgart, München und New York 1995.

2 Ebenda, S. 237.

3 Ebenda, S. 239.

4 So schreibt etwa Wolfgang Hütt über Otto Nagel: »Otto Nagels Gemälde ›Lotte mit Puppe‹ von 1921 bezeichnet den Übergang zu einer neuen Stufe in der Darstellung proletarischer Kinder. Was vor ihm noch niemand zeigte, vermag dieser Künstler: Er malt die Proletarierkinder aus dem Blickwinkel eines Angehörigen ihrer eigenen Klasse. Ähnliches leistete neben ihm, ebenfalls vom erstarkenden Selbstbewusstsein des revolutionären Proletariats getragen, der hallesche Maler Karl Völker. Dagegen haben Otto Dix und Conrad Felixmüller, wenn sie Not leidende Kinder zeigten, deren Züge expressiv verhärtet, den Ausdruck durch demonstrative Gesten übersteigert und zudem durch besondere Attribute motiviert. Auf solche Hilfsmittel kann Otto Nagel verzichten. Er vermag das Wesentliche zu erfassen und zu zeigen, weil er selbst eine solche Kindheit hinter sich hat«, aus: Wolfgang Hütt, *Otto Nagel,* Berlin 1976, o. S., Kat.-Nr. 12.

5 Vgl. hierzu auch Dorothea Eimert, *Heinrich Maria Davringhausen. Monographie und Werkverzeichnis,* Köln 1995, S. 62.

6 Vgl. zur Runge-Rezeption *Die zwanziger Jahre im Porträt. Porträts in Deutschland 1918–1933. Malerei, Graphik, Fotographie, Plastik,* hrsg. von Joachim Heusinger von Waldegg unter Mitarbeit von Brigitte Lohkamp und Adam C. Oellers, Ausst.-Kat. Rheinisches Landesmuseum Bonn, Bonn 1976, S. 18.

7 Dorothea Eimert stellt fest: »Alle von Davringhausen Porträtierten sind eins mit dem Raum, in dem sie plaziert sind«, in: Dorothea Eimert 1995 (wie Anm. 5), S. 63.

8 Andreas Zoller, »Zum neusachlichen Werk von Paul Kälberer«, in: *Paul Kälberer. Kunst der Neuen Sachlichkeit in Schwaben,* hrsg. von Bernhard Rüth und Andreas Zoller, Ausst.-Kat. Kunstmuseum Hohenkarpfen und Dominikanermuseum Rottweil, Rottweil 1992, S. 35–41, hier S. 38.

9 Conrad Felixmüller, *Legenden 1912–1976,* hrsg. von G. H. Herzog, Tübingen 1977, S. 100, zit. nach Christian Rathke, *Conrad Felixmüller. Gemälde, Aquarelle, Zeichnungen, Druckgraphik, Skulpturen,* Ausst.-Kat. Schleswig-Holsteinisches Landesmuseum Schloss Gottorf, Schleswig, und Staatliche Galerie Moritzburg, Halle, Schleswig 1990, S. 46 f.

10 Uwe M. Schneede, *Die zwanziger Jahre. Manifeste und Dokumente deutscher Künstler,* Köln 1979, S. 46.

11 Heinz Spielmann, »Die Dresdner Jahre 1897–1934«, in: *Conrad Felixmüller* (wie Anm. 9), S. 15–30, hier S. 21 f.

12 Gerd Presler, *Glanz und Elend der 20er Jahre. Die Malerei der Neuen Sachlichkeit,* Köln 1992, S. 70.

13 Adam C. Oellers, *Ikonographische Untersuchungen zur Bildnismalerei der Neuen Sachlichkeit,* Diss. Bonn 1978, Mayen 1983, S. 166.

14 Vgl. *Otto Nagel. Die Gemälde und Pastelle,* bearbeitet von Sibylle Schallenberg-Nagel und Götz Schallenberg, Berlin 1974.

15 Wolfgang Hütt, *Otto Nagel,* Berlin 1976, o. S., Kat.-Nr. 12.

16 Erhard Frommhold, *Otto Nagel. Zeit, Leben, Werk,* mit einem Vorwort von Walli Nagel, autobiografischen Zeugnissen und ausgewählten Aufsätzen des Künstlers, Berlin 1974, S. 137.

17 Schrimpf hat das Motiv 1923 variiert in dem Gemälde *Im Hof/Geschwister.* Hier wird hinter dem Zaun noch eine monotone Hochhausarchitektur sichtbar. Das Kind deutet auch hier nach oben, gewissermaßen über den Zaun hinweg. Der Vogel als »Hoffnungsträger«, der auf Freiheit verweist, ist jedoch nicht mehr sichtbarer Auslöser dieser Geste.

18 Jutta Hülsewig-Johnen, *Neue Sachlichkeit, Magischer Realismus,* Ausst.-Kat. Kunsthalle Bielefeld, Bielefeld 1990. Vgl. auch zu den Mutter-Kind-Bildern Schrimpfs die treffende Analyse von Hans-Jürgen Buderer, in: Hans-Jürgen Buderer, *Neue Sachlichkeit. Bilder auf der Suche nach der Wirklichkeit. Figurative Malerei der zwanziger Jahre,* hrsg. und mit einem Vorwort von Manfred Fath, Ausst.-Kat. Kunsthalle Mannheim und Ausstellungs-GmbH, München 1995.

19 Vgl. dazu Helga Walter Dressler, »Wilhelm Schnarrenberger – Malerei zwischen Poesie und Prosa«, in: *Wilhelm Schnarrenberger (1892–1966). Malerei zwischen Poesie und Prosa,* Ausst.-Kat. Prinz-Max-Palais, Karlsruhe, Städtische Galerie »Lovis-Kabinett«, Villingen-Schwenningen, Karlsruhe 1993, S. 29 f.

20 Susanne Thesing, *Franz Lenk,* Recklinghausen 1986, S. 16 f.

21 Maria Müller, »Die Kinderpuppe«, in: *Puppen, Körper, Automaten: Phantasmen der Moderne,* hrsg. von Pia Müller-Tamm und Katharina Sykora, Ausst.-Kat. Kunstsammlung Nordrhein-Westfalen, Düsseldorf, Köln 1999, o. S.

22 Fred Licht, *Goya. Beginn der modernen Malerei,* Düsseldorf 1985, S. 241.

23 Eingehend untersucht hat Wolfgang Hartmann das Werk in: Wolfgang Hartmann, *Kinder, die unter Steinen aufwachsen. Ein Beitrag zu Karl Hubbuchs Tätigkeit und Ikonographie nach 1933* (Jahrbuch der Staatlichen Kunstsammlungen in Baden-Württemberg, 20), 1983, S. 161–174.

24 Ebenda, S. 164.

25 Ebenda, S. 166.

26 Ebenda, S. 169.

Vom Bauklotz bis zum Bützelspiel
Künstlerisches Reformspielzeug des Bauhauses

Andrea Tietze

»Unser Spielzeug (Bauhaus): *Die Form* – einfach – unverwirrend klar und bestimmt – Vielfältigkeit und Reize schafft das Kind selbst durch zusammenstellen, bauen. Also – eine dauernde Entwicklung. *Die Proportion:* gefühlsmäßig festgelegt, doch möglichst harmonisch zueinander. Ein zweiter Faktor, dem Kinde innere Verwirrungen zu ersparen. *Die Farbe:* verwendet nur die Grundfarben gelb, rot, blau, eventuell noch grün, vor allen Dingen weiß zur Steigerung der Farbfröhlichkeit und damit der Freudigkeit des Kindes – ein Machtfaktor in der Erziehung [...].«[1]

Mit diesen Worten beschreibt die Bauhaus-Studentin Alma Buscher 1924 die Gestaltungsgrundsätze des am Bauhaus in Weimar und später auch in Dessau entworfenen Kinderspielzeugs, das zum einen aus den Bedürfnissen des Kindes heraus entwickelt worden war und sich gleichzeitig in seiner Farb- und Formgebung an den teils expressionistisch, teils sachlich-konstruktiv geprägten, avantgardistischen Stilprinzipien des Bauhauses orientierte.

Diesem künstlerischen Beschäftigungsbereich, dem sich nicht nur Bauhaus-Studenten, sondern auch Gesellen und Meister zugewandt haben, ist im Kontext der kaum mehr überschaubaren einschlägigen Literatur zum Phänomen Bauhaus erstaunlicherweise meist nur am Rande Beachtung geschenkt worden. Und das, obgleich einige dieser in den eigenen Werkstätten des Bauhauses produzierten Spielsachen nachweislich zu den erfolgreichsten Bauhaus-Erzeugnissen zählten.

Bevor die als Spielzeuggestalter tätigen Bauhaus-Künstler mit ihren teils bis heute noch als stilprägend geltenden Spielzeugentwürfen vorgestellt werden, sind vorab die kulturhistorischen Hintergründe zu skizzieren, die zu Beginn des 20. Jahrhunderts dazu geführt haben, dass sich Kunstgewerbler und ebenso namhafte bildende Künstler mit Fragen der Spielzeuggestaltung beschäftigt haben.

KÜNSTLERISCHES REFORMSPIELZEUG – EIN KULTURHISTORISCHES PHÄNOMEN

Mit den eingangs zitierten Anforderungen an kindgerechtes, möglichst einfach gestaltetes Spielzeug, das die Fantasie und schöpferische Eigenständigkeit des Kindes anregen und fördern sollte, griff man am Bauhaus reformpädagogische Gedanken auf, die bereits von Pädagogen der Aufklärung und der Romantik wie Jean-Jacques Rousseau (1712–1778) und Friedrich Fröbel (1782–1852) formuliert worden waren. Mit der Erkenntnis, dass die Kindheit eine eigengesetzliche Entwicklungsphase des Menschen darstellt, maß man erstmals auch dem Spielzeug als Erziehungs- und Bildungsmittel eine wichtige Bedeutung bei und plädierte für möglichst einfaches und solides Spielzeug. Diesen Forderungen war man jedoch im Verlauf des 19. Jahrhunderts, bedingt durch die stetig fortschreitende Industrialisierung, kaum gefolgt. In Reaktion auf die immer aufwändiger gestalteten und technisch perfektionierten Produkte der Spielwarenindustrie wurden im Zuge der allgemeinen Kulturkritik und der Reformbestrebungen seit der Mitte des 19. Jahrhunderts zunehmend kritische Stimmen laut, die sich gegen das den Markt beherrschende, extrem naturalistisch gestaltete und massenhaft produzierte Industriespielzeug richteten. So kommentiert der Pädagoge August W. Grube 1855 die vorherrschende Situation wie folgt: »Unsere Industrie hat schädlich auf die Spiellust der Kinder gewirkt, indem sie den Spielapparat verhundertfacht, die Spielsachen verkünstelt und dergestalt herausgeputzt hat, dass sie nicht mehr Mittel für die Kinderphantasie, sondern an sich schon Gegenstand des materiellen Genusses sind.«[2] Einen entscheidenden Beitrag zur Reform des Kinderspielzeugs leistete die Kunsterziehungsbewegung, die im Jahre 1901 mit dem ersten Kunsterziehungstag in Dresden ihren Höhepunkt fand.[3] Führende Vertreter dieser reformpädagogischen Bewegung – von denen an erster Stelle Konrad Lange zu nennen ist – riefen dazu auf, die schöpferischen Kräfte des Kindes zu fördern, da man darin eine Voraussetzung für die Überwindung der bestehenden Kunst- und Kulturkrise sah.[4] Mit diesem neuen Erziehungsziel verband sich gleichzeitig auch der Anspruch, angemessenes Spielzeug zu schaffen, wobei als wesentliches Kriterium hervorgehoben wurde, dass es nach Grundsätzen »des Einfachen und Natürlichen, des Echten und Wahren«[5] kreiert werden müsse. Nur dadurch sei es dazu geeignet, die Fantasie des Kindes anzuregen und seine technischen Fertigkeiten zu fördern, worin man eine Grundbedingung für die künstlerische Betätigung des Kindes sah. Des Weiteren wurde gefordert, dass die Spielzeugprodukte von namhaften Künstlern entworfen und angefertigt werden, da ihre ästhetische Gestaltung gleichzeitig auch die Schulung des Geschmacks fördern sollte. Diese von den Vertretern der Kunsterziehungsbewegung formulierten Prinzipien kindgerecht gestalteten Spielzeugs wurden nicht nur in pädagogischen Zeitschriften und Publikationen thematisiert, sondern ebenfalls in renommierten zeitgenössischen Publikationsorganen des Deutschen Kunstgewerbes, wodurch die Problematik auf breiter Ebene in das Bewusstsein der Öffentlichkeit drang.

Bald schon wurde erkannt, dass die theoretischen Auseinandersetzungen allein nicht ausreichten, sondern dass maßgebliche Veränderungen in der Praxis folgen mussten. Neben Industriefachschulen, mit deren Einrichtung man bereits im letzten Drittel des 19. Jahrhunderts von staatlicher Seite aus den Versuch unternommen hatte, eine Verbesserung des künstlerischen Niveaus der Holzspielwarenindustrie zu erzielen, wurde künstlerisch gestaltetes Spielzeug zu Beginn des 20. Jahrhunderts zunehmend in kunstgewerblichen Werkstätten hergestellt. Ausgangspunkt für die Produktion künstlerischen Reformspielzeugs wurde Dresden, wo 1902 die Dresdner Werkstätten für Handwerkskunst und die Werkstätten für deutschen Hausrat Theophil Müller das erste Reformspielzeug nach Entwürfen renommierter Künstler auf den Markt brachten.[6]

Wesentlich vorangetrieben wurde diese Entwicklung seit Beginn des 20. Jahrhunderts durch staatlich subventionierte Wettbewerbe und Preisausschreiben, durch die man versuchte, die gestalterische Tätigkeit von Künstlern und Kunstgewerblern anzuregen. Den Auftakt hierzu bildete das 1903 vom Bayerischen Gewerbemuseum in Nürnberg initiierte Preisausschreiben,[7] bei dessen öffentlicher Ausschreibung folgende Anforderungen gestellt wurden: »[…] Entwürfe zu charakteristischen Holzspielsachen, welche geeignet sind, im Sinne der kunsterzieherischen Bestrebungen unserer Tage anregend und fördernd auf den Geschmack und die Phantasie der Kinder einzuwirken.«[8]

Hervorzuheben sind an dieser Stelle auch die reformerischen Bemühungen um künstlerisch gestaltetes Spielzeug, die kurz nach 1900 von Wien ausgingen. Dort setzten sich insbesondere Mitglieder der Wiener Secession und der Wiener Werkstätte, unter anderen auch namhafte Künstler wie Koloman Moser, Josef Hoffmann und Carl Otto Czeschka, mit der Gestaltung modernen, kindgemäßen Spielzeugs auseinander und entwickelten gemeinsam mit Schülern der Kunstgewerbeschule neue Prototypen.[9]

Ausgesprochen wichtig für die weitere Entwicklung der Spielzeuggestaltung wurden die Aufnahme und Verbreitung der Ideen künstlerisch gestalteter Spielzeugobjekte nach 1920 durch verschiedene Kunstgewerbeschulen. Als praxisorientierte Kunstinstitutionen, die über eine fundierte handwerkliche Ausbildung verfügten, übten sie auf die Zukunft des Spielzeugdesigns einen entscheidenden Einfluss aus, da sie sich in den zwanziger Jahren als Ausbildungsstätten für professionelle Spielzeuggestalter herausbildeten. So wurden an der Staatlichen Akademie für Kunstgewerbe in Dresden sowie an den Kunstgewerbeschulen Berlin-Charlottenburg, Hamburg, Nürnberg, Stuttgart und Wien eigene Fachklassen für die Gestaltung von Spielzeug eingerichtet, in denen neue Spielzeugtypen entwickelt wurden, die sich durch einen einfachen, auf stilisierte Formen reduzierten Gestaltungsstil auszeichneten.[10]

In dieser historischen Entwicklungslinie steht auch die Produktion von Kinderspielzeug am Staatlichen Bauhaus, das 1919 durch die Vereinigung der Großherzoglich Sächsischen Hochschule für bildende Kunst mit der Großherzoglich Sächsischen Kunstgewerbeschule zustande gekommen war und von der Idee einer Synthese von künstlerischer und industrieller Produktion getragen wurde. Jedoch vollzog sich hier die Beschäftigung mit Fragen der Spielzeuggestaltung nicht im Rahmen eines speziell konzipierten, einheitlichen Ausbildungs- oder Unterrichtskonzeptes, sondern Künstler wie Margaretha Reichardt, Ludwig Hirschfeld-Mack, Eberhard Schrammen, Oskar Schlemmer, Lyonel Feininger – und nicht zu vergessen die bereits eingangs erwähnte Alma Buscher, die sich am intensivsten mit der Gestaltung von Kinderspielzeug beschäftigt hat – wurden während ihrer Schaffenszeit am Bauhaus durch sehr unterschiedliche Voraussetzungen und Einflüsse zur Entwicklung neuer Spielzeugformen angeregt.

SPIELZEUGGESTALTER AM BAUHAUS

ALMA SIEDHOFF-BUSCHER (1899–1944)

Alma Buscher nahm zum Sommersemester 1922, nach einer dreijährigen Ausbildung an der Reimann-Kunstschule in Berlin,[11] ihr Studium am Bauhaus in Weimar auf,[12] wo sie gemäß der offiziellen Satzungen des Meisterrats ihre Ausbildung mit dem obligatorischen Vorkurs begann. Dieser wurde von 1919 bis 1923 von dem Maler und Kunstpädagogen Johannes Itten (1888–1967) geleitet, dessen erzieherisches Denken entscheidend durch die progressiven Ideen der Reformpädagogik, insbesondere jenen der Kunsterziehungsbewegung, beeinflusst war.[13] Ittens Unterrichtskonzept, das die Erweckung der schöpferischen Kräfte der angehenden Gestalter zum Ziel hatte, setzte sich aus mehreren Übungen zusammen.[14] Von besonderer Bedeutung für Alma Buschers künftige künstlerische Entwicklung war dabei seine Formen-, Farb- und Kontrastlehre. Die Formenlehre ging von den Grundformen Kreis,

Quadrat und Dreieck aus, wobei jeder Form eigene »Gefühlscharaktere« zugesprochen wurden. Um die elementaren geometrischen Formen dreidimensional erfahrbar zu machen, ließ er plastische Gebilde wie Kugel, Zylinder, Kegel und Würfel modellieren, die teilweise farbig bemalt wurden, um die plastische Wirkung der Farbe zu studieren. Seine analytische Farblehre basierte, ausgehend von den drei Grundfarben Rot, Blau und Gelb, auf der Untersuchung von Komplementär- und Kontrastwirkungen. Ein weiterer wesentlicher Bestandteil des Ittenschen Vorkurses waren die »Material- und Texturstudien«. Diese sollten das Gefühl für optische und haptische Eigenarten verschiedenster Materialien schulen, damit die Studierenden bei der nachfolgenden Werkstattarbeit mit dem Umgang von Werkstoffen vertraut waren, aus denen sie künftig Produkte gestalten würden. Im Kontext dieses Übungsteiles hat Itten die Studenten bereits 1919 auch zur Gestaltung von Spielzeug angeregt, wovon er in einer Korrespondenz berichtet: »An der Schule machen wir seit acht Tagen nur noch Spielzeug. Es ist ein herrliches Arbeiten mit den vielen begeisterten jungen Leuten. Ich möchte, dass auch nach Weihnachten noch immer ›Spielzeug‹, das heißt ›gespieltes Zeug‹ gemacht würde. Einige Schüler fangen überhaupt erst jetzt an, ›richtig‹ zu arbeiten. Ich habe selber einiges gemacht.«[15]

Ursprünglich war Ittens Idee, Spielzeug herstellen zu lassen, an einen kommerziellen Zweck gebunden, da er beabsichtigte, die Erzeugnisse des Vorkurses bei einem öffentlichen Weihnachtsbasar zu verkaufen, um mit dem Erlös minderbemittelte Studenten finanziell zu unterstützen.[16] So wurde in einer Verkaufsbude des Bauhauses auf dem Weimarer Weihnachtsmarkt des Jahres 1919 ein umfangreiches Spielzeugangebot präsentiert, das aus

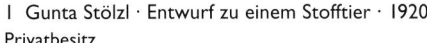

1 Gunta Stölzl · Entwurf zu einem Stofftier · 1920
Privatbesitz

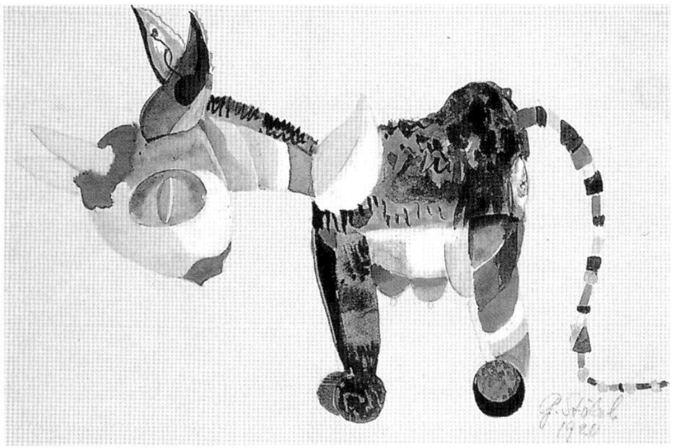

2 Johannes Itten · *Kinderbild* · um 1921/22
Kunsthaus Zürich

Puppen, Puppengeschirr, Stofftieren sowie Papier- und Holzspielzeug bestand. Über diese ausnahmslos verloren gegangenen Spielsachen berichtete die Bauhaus-Meisterin Gunta Stölzl (1897–1983) rückblickend: »[...] besonders attraktiv waren Tiere aus Wurzelholz, ein wenig mit dem Messer bearbeitet, und sehr bunt bemalt [...]«.[17] Ein 1920 datierter Spielzeugentwurf von Gunta Stölzl (Abb. 1) dokumentiert, dass Itten sein Vorhaben, die Studenten auch weiterhin mit dem Entwerfen von Spielzeug zu beschäftigen, erfolgreich durchgesetzt hat. Das nach diesem Entwurf gefertigte fantasievolle Stofftier, das aus zusammengenähten bunten Stoffresten und Flicken bestand, wurde Itten zur Geburt seines ersten Kindes geschenkt.[18] Dass Itten Kinderspielzeug und der Ausstattung des kindlichen Bereichs eine besondere Bedeutung beigemessen hat, belegt darüber hinaus sein um 1921/22 entstandenes *Kinderbild* (Abb. 2), das seinen Sohn Matthias – umgeben von zahlreichen Spielzeugen wie Schiff, Ball und Bauklotz – zeigt, sowie das 1920 von ihm entworfene Kinderbett für seinen Sohn, das als Ittens einziger gesicherter Möbelentwurf aus der Bauhaus-Zeit gilt.[19]

Es ist davon auszugehen, dass auch zu Buschers Ausbildungszeit das Gestalten von Spielzeug noch Bestandteil des Ittenschen Vorkurses war, wodurch ihr Entschluss, sich diesem künstlerischen Betätigungsfeld intensiver zuzuwenden, vermutlich entscheidend beeinflusst wurde. Nach Beendigung des halbjährigen Vorkurses wurde Alma Buscher in die Webereiwerkstatt aufgenommen, eine

Entscheidung, die nicht auf ihren persönlichen Wunsch, sondern vermutlich auf geschlechtsspezifische Ursachen zurückzuführen ist. Die weiblichen Studierenden wurden vom Meisterrat bevorzugt in die Weberei geschickt, um »unnötige Experimente« zu vermeiden und die wenigen Werkstattplätze den vermeintlich geeigneteren Männern vorzubehalten.[20] In der frühen Zeit des Weimarer Bauhauses gelang es daher nur besonders begabten und – wie im Fall Alma Buschers – darüber hinaus sehr zielstrebigen und engagierten Frauen, in eine andere Werkstatt zu wechseln.

Alma Buscher, die an ihrer künstlerischen Begabung im Umgang mit Stoffen zweifelte, wandte sich in einem persönlichen Schreiben an Walter Gropius und bat um Versetzung in die Holzbildhauerei, mit dem Vorschlag, probeweise bis zu Beginn des neuen Semesters dort zu arbeiten, um ihre künstlerischen Fähigkeiten im Umgang mit Holz unter Beweis zu stellen. »Ich arbeite in Holz, vielleicht auch in Verbindung mit Glas und Metall Dinge (Kinderspielzeug, Lampen, Gebrauchsgegenstände), die ich versuche, formal so durchzugestalten, bis sie in jeder Hinsicht gut sind und der Industrie zur Weiterproduktion überlassen werden können.«[21]

Mit ihren in praktischer, wirtschaftlicher und formaler Hinsicht äußerst durchdachten Entwürfen für multifunktionale Kinderzimmermöbel und Spielzeug hat sie den Meisterrat nicht nur dahingehend überzeugen können, sie in die Holzbildhauereiklasse aufzunehmen, sondern aufgrund ihrer den programmatischen Anforderungen des Bauhauses entsprechenden gestalterischen Leistung betraute man sie darüber hinaus mit der Aufgabe, die künstlerische Ausgestaltung des Kinderzimmers im Musterhaus am Horn zu übernehmen. Das Versuchshaus am Horn, das anlässlich der von der thüringischen Regierung geforderten Leistungsschau nach Entwürfen des jüngsten Bauhaus-Meisters Georg Muche (1895–1987) errichtet worden war, stellte das erste schuleigene Bauprojekt dar, das von den Werkstätten eingerichtet wurde.[22] Unter Mithilfe von Erich Brendel, der ab 1921 als »Etatgeselle«[23] in der Tischlerei arbeitete, wurden die Spielzeuge und das Baukastensystem für kombinierbare Kindermöbel[24] in der Werkstatt produziert und im August 1923 auf der unter dem neuen Bauhaus-Motto »Kunst und Technik – eine neue Einheit« eröffneten Ausstellung der Öffentlichkeit erstmals präsentiert. Die von ihr entwickelte Einrichtung nebst der Spielzeuge beschreibt die Künstlerin wie folgt: »Die Wände sind bis zur Kinderreichhöhe aus Holz – bunt gestrichen – abwaschbar. Bunte Kreiden dazu, lassen Kunstwerke entstehen. Ein Schrank, der alle losen Spiele bergen kann und Ordnung möglich sein lässt, ist außerdem ein Kasperltheater – gibt große Klötze und Klötzchen zum Sitzen und Bauen – eine Truhe, die Bank ist, deren Räder aber auch ein Auto für die Kleinsten ermöglichen. – Ein Stuhl ist da, – er steht fest und hoch – umgedreht wird er lebendig – wird Wagen – wird fahrbare Feuerleiter und vieles. – Dann gibt es Spiele – einfache, farbfröhliche lose Bauformen, mit einer großen Grundform, die die erste Anregung da sein lässt. Das Kind erkennt sie meist als Schiff und später wechselt es willkürlich.

Weiche Bastpuppen, mit runden Holzkugeln als Hände, Kopf, Füße sind da, für die ganz Kleinen. – (Die Verletzungs= und direkten Zerstörungsmöglichkeiten sind bei den Spielen und im ganzen Raum soweit es ging vermieden worden.) – Ein Kugelspiel zum Übereinandertürmen von Gestalten – zum Zielen und Umwerfen mit einer Kugel. – Ein Puppentheater, mit losen Förmchen zum Selbstweitergestalten. – Es gibt kein fertiges in diesem Raum, alles Gestalten bleibe dem Kind vorbehalten.«[25]

Während das Weimarer Musterhaus in zeitgenössischen Presseberichten sehr kontrovers beurteilt wurde und die Rezensenten auch vor niederschmetternder und destruktiver Kritik keinen Halt machten,[26] erhielt Alma Buscher mit ihren Arbeiten fast ausnahmslos positive Resonanz, die sich auf den zukünftigen Absatz und Vertrieb, der teilweise vom Pestalozzi-Fröbel-Verlag übernommen wurde, erfolgreich auswirkte.

Als breiten- und werbewirksame Vermittlungsformen erwiesen sich darüber hinaus ihre Ausstellungsbeteiligungen. 1924 war Alma Buscher auf der Ausstellung für Kinderfürsorge in Jena und auf der im November in Weimar veranstalteten Ausstellung »Jugendwohlfahrt in Thüringen« vertreten, wo ihre Arbeiten ebenfalls bei der Öffentlichkeit großen Anklang fanden und zwei ihrer Serienmöbel für den Betriebskindergarten der Firma Zeiss bestellt wurden.[27] Auf der 1926 in Nürnberg gezeigten Ausstellung »Das Spielzeug«[28] war neben den Bauspielen auch ihr bereits 1922 entworfenes Puppentheater mit den dazugehörigen Spielpuppen zu sehen,[29] das 1923 in der Tischlereiwerkstatt hergestellt worden war. Im Unterschied zu den Bauspielen existierte von diesem Theater – obwohl es aufgrund seiner soliden Konzeption als Serienprodukt durchaus geeignet gewesen wäre – nur ein Prototyp, der bedauerlicherweise im Krieg zerstört worden ist. Anhand der erhaltenen Baupläne und Entwurfszeichnungen für die Puppen konnte das Theater

KAT. 5.15 ALMA SIEDHOFF-BUSCHER · PUPPENTHEATER MIT SPIELPUPPEN · 1923
(NACHBAU VON 1997)

KAT. 5.13 ALMA SIEDHOFF-BUSCHER · SCHIFFSBAUSPIEL · 1923

KAT. 5.14 ALMA SIEDHOFF-BUSCHER · BÜTZELSPIEL · 1923

nebst Zubehör 1997 in einem Nachbau rekonstruiert werden (Kat. 5.15). Das betont konstruktive, aus einfachen Vierkanthölzern, Latten und rechtwinkligen Holzplatten bestehende Gehäuse erinnert in seinem formalen Aufbau an die zeitparallel entstandenen Möbelentwürfe von Marcel Breuer (1902–1982), insbesondere seinen 1922 entwickelten *Lattenstuhl,* der in der Bauhaus-Tischlerei in Kleinserien hergestellt und in diversen Varianten, inklusive einer Version für Kinder, angeboten wurde.[30] Darüber hinaus verweist – abgesehen von der Verwendung des Grüns – die polychrome Lackierung in den typischen De-Stijl-Farben auf die Kenntnis der Kindermöbel Gerrit Rietvelds (1888–1964).[31] Ungeachtet dieser augenfälligen Gestaltungsanalogien, ist nicht zweifelsfrei nachzuweisen, ob die angeführten Entwürfe als Inspirationsquellen für Buschers Spielzeugentwurf gedient haben. Besonders eigenwillig und vom charakterisierenden Figurentypus des traditionellen Kasperltheaters völlig abweichend sind die zum Theater gehörigen, streng stilisierten Spielpuppen, die nach Buschers Entwürfen von Eberhard Schrammen ausgeführt wurden. Sie formieren sich aus kleinteiligen gedrechselten Elementen, die auf die wesentlichen Grundformen wie Zylinder, Rechteck, Kugel und Dreieck reduziert sind. Durch Zusammenstecken oder Übereinandertürmen sind die in kräftigen Farben gehaltenen Holzteile beliebig miteinander kombinierbar. Somit können die Kinder ihren individuellen Vorstellungen und Fantasien entsprechend stets neue und andersartige Figurenkonstellationen und Bühnenaufbauten kreieren. Die gleichen Gestaltungsprinzipien wandte sie auch bei ihren farbenfrohen Bau- und Kombinationsspielen, namentlich dem Bützel-, Kugel- und Schiffsbauspiel an (Kat. 5.13, 5.14). Sie zeichnen sich ebenfalls durch einfache und gleichsam kindgerechte Formen aus, die auf stereometrischen Grundelementen basieren.

Auch an diesen Beispielen wird deutlich, dass Buscher – ungeachtet der theoretischen Auseinandersetzung und intensiven Beschäftigung mit den reformpädagogischen Schriften Friedrich Fröbels und Johann Heinrich Pestalozzis – eine von diesen Theorien abweichende Intention verfolgte, worauf sie ausdrücklich hingewiesen hat: »Die Spiele, die ich für Kinder baute, nenne ich freie Spiele, im Gegensatz zu den Fröbel- und Pestalozzispielen, die aus rein pädagogischen Überlegungen geschaffen wurden. Entgegengesetzt ging ich vor, fast ohne zu überlegen, aus der Freude am Schaffen überhaupt, an der farbigen Form und aus dem Wissen um Sehnsüchte, die ich bei Kindern merkte und nachempfand.«[32]

Abgesehen vom Kugelspiel, bei dem ursprünglich Messingstäbchen zum Zusammensetzen der einzelnen Bauteile vorgesehen waren, bestehen die hier genannten Spielzeuge aus Holz. Die ersten Exemplare wurden in Kleinserien in der Holzbildhauerei hergestellt und von Lehrlingen der Wandmalereiwerkstatt farbig lackiert, wo allein im April 1924 30 kleine und 15 große Schiffe sowie 40 Kugelspiele bemalt wurden.[33] Übergangsweise wurden die Herstellung und der Vertrieb des Schiffs- und Bützelspiels von der Firma Peter Paul Kohlhaas in Bad Berka übernommen, die jedoch bereits 1925 Konkurs anmelden musste.[34]

In der diesen Spielzeugentwürfen zugrunde liegenden Verwendung der Grundformen Kreis, Dreieck und Quadrat in Verbindung mit den Grundfarben Rot, Blau und Gelb spiegeln sich die durch Ittens Farb- und Formenlehre gewonnenen Erfahrungen deutlich wider.

Hingegen scheinen sich bei der Kreation der »Wurfpuppen« Ittens Übungen mit kontrastierenden Materialien und Texturen nachhaltig als anregend erwiesen zu haben. Die in erster Linie für Kleinkinder gedachten, biegsamen und elastischen Puppen sind aus unterschiedlichen, strapazierfähigen Materialien hergestellt, sodass sie beliebig herumgeschleudert werden können, ohne zu zerbrechen. Sie besitzen überlängt wirkende, aus Baststrängen geflochtene Körper, ein hölzernes Stopfei als Kopf und kleine, glatte Holzperlen zur Andeutung von Händen und Füßen. Ihre Kleidung ist aus weichem, in sich strukturiertem Chenillegarn gehäkelt. Im Sinne von Ittens ganzheitlicher Orientierung werden dem Kind somit unterschiedliche Materialeigenschaften wie glatt–rau, hart–weich und leicht–schwer spielerisch vermittelt, indem sie sinnlich erlebt und gleichsam erfühlt werden können.

Nach Beendigung ihrer Ausbildung arbeitete Alma Buscher – die nach Auflösung des Weimarer Bauhauses mit nach Dessau übergesiedelt war – bis zum Sommersemester 1927 weiterhin frei am Bauhaus. Nach ihrer Heirat mit dem Tänzer und Schauspieler Werner Siedhoff im Jahre 1926 und der Geburt ihrer beiden Kinder in den Jahren 1926 und 1928 blieb ihr jedoch bedingt durch die familiäre Inanspruchnahme zunehmend weniger Zeit für neue künstlerische Entwürfe. Nach drei eigens für ihre Kinder kreierten Möbelentwürfen stellte Alma Siedhoff-Buscher ihre Entwurfstätigkeit zu Beginn der vierziger Jahre endgültig ein.

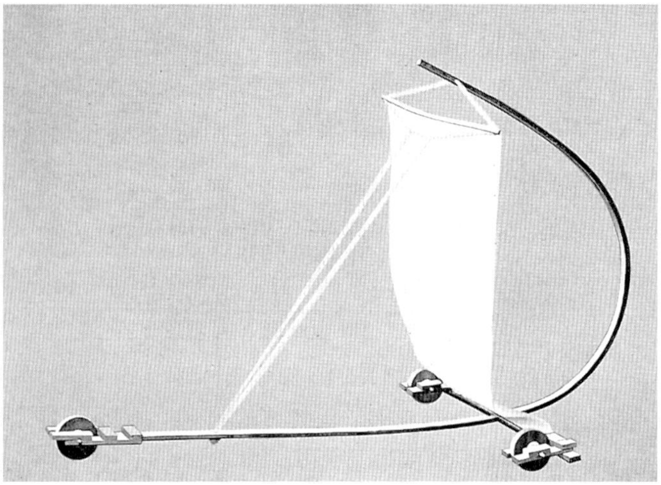

3 Anonym · Materialstudie in Gestalt eines Kinderspielzeugs · 1923/24

MARGARETHA (GRETE) REICHARDT (1907–1984)

Neben Alma Buscher hat sich eine weitere weibliche Studierende am Bauhaus mit der Gestaltung von Holzspielzeug beschäftigt – die aus Thüringen stammende Weberin Margaretha (Grete) Reichardt.[35] Im Unterschied zu Buscher scheint sie sich diesem künstlerischen Betätigungsfeld nur sporadisch zugewandt zu haben. Reichardts Interesse am Bauhaus wurde noch während ihrer Ausbildung an der Staatlich-Städtischen Handwerker- und Kunstgewerbeschule zu Erfurt, die sie von 1921 bis 1926 besuchte, geweckt, als sie 1923 mit ihrer damaligen Klasse die legendäre Bauhaus-Ausstellung in Weimar besuchte. Von der Institution sehr beeindruckt, bewarb sie sich bereits zwei Jahre später am Bauhaus und nahm nach bestandener Aufnahmeprüfung und Abschluss ihrer Erfurter Ausbildung ihr Studium 1926 an der Hochschule für Gestaltung Bauhaus Dessau auf. Nachdem sie einen einjährigen Vorkurs als Bauhaus-Lehrling bei Josef Albers (1888–1976) absolviert hatte, wechselte sie in die Weberei, in der sie ihre Ausbildung von 1926 bis 1931 unter der Leitung von Gunta Stölzl (1897–1983) fortsetzte. Neben unikaten Bildteppichen entwarf sie Körper- und Raumtextilien – unter anderem auch Bodenteppiche für Kinderzimmer –, die in Kleinserien für die industrielle Produktion konzipiert waren. Parallel zur dortigen Ausbildung besuchte sie als Hospitantin die freie Malklasse bei Paul Klee, nahm am Tanz bei Oskar Schlemmer teil und arbeitete ein Semester in der Tischlereiwerkstatt. Vermutlich ist der Besuch dieses Werkstattbereichs auf ihre rege Experimentierfreudigkeit im Umgang mit verschiedenen Materialien und Techniken zurückzuführen, die sie stets neu erprobte, verbunden mit dem Bestreben, diese zu vervollkommnen.[36] Es ist anzunehmen, dass die Künstlerin entscheidende Anregungen zur Gestaltung von Spielzeug im Vorkurssemester bei Josef Albers erhalten hat, bei dessen Lehre der materialgerechte Gebrauch der Werkstoffe Holz, Metall, Glas, Stein, Stoff und Farbe im Vordergrund stand. Um die wesentlichsten Eigenschaften dieser Materialien und die Grundsätze der Konstruktion zu vermitteln, hielt er seine Studenten dazu an, mit einfachsten Werkzeugen kleine Gebrauchsgegenstände herzustellen.

Zu Beginn unter Verwendung nur eines Werkstoffes, später dann aus der Kombination verschiedener Materialien, jedoch stets ohne Zuhilfenahme von Maschinen, entstanden neben Behältern auch Spielzeug und Spielzeugmöbel.[37] Von diesen größtenteils verloren gegangenen Vorkursarbeiten ist eine besonders eindrucksvolle Materialstudie in Gestalt eines Kinderspielzeugs, die um 1923/24 entstanden ist, in einem Foto überliefert (Abb. 3).[38] Dieses aus drei unterschiedlichen Werkstoffen gefertigte, fahrbare Spielzeug, das in seiner Formgestalt an einen miniaturisierten Strandsegler erinnert, belegt exemplarisch die präzise Kenntnis von Werkstoff und Konstruktion, von Stabilitäts- und Gleichgewichtsproblemen sowie den Fantasiereichtum der unter Albers Studierenden. Besonders interessant ist, dass dieses Spielzeug, dessen Urheber unbekannt ist, bereits 1924 auf der schon zuvor erwähnten thüringischen Wanderausstellung zusammen mit Spielzeugen von Alma Buscher unter der Kategorie »Bauspiele des Staatl. Bauhauses« der Öffentlichkeit präsentiert worden ist, dokumentiert durch eine zeitgenössische Aufnahme des Ausstellungsraumes (Abb. 4).[39] Ob dieses Spielzeug zuletzt tatsächlich kom-

4 Blick in den Ausstellungsraum der thüringischen Wanderausstellung 1924. Auf dem in der linken Raumecke stehenden Sockel ist das fahrbare Spielzeug eines Albers-Schülers neben den Spielzeugen von Alma Buscher erkennbar.

KAT. 5.10 GRETE REICHARDT · HAMPELMANN · 1926

KAT. 5.11 GRETE REICHARDT · STECKPÜPPCHEN MIT DREI KÖRPERN · 1926

merziell hergestellt wurde und in den Handel gelangte, ist nicht nachzuweisen.

Bei den als Vorkursarbeiten geltenden, 1926 entstandenen Spielzeugen Margaretha Reichardts,[40] die in der Sammlung des Bauhaus-Archivs Dessau im Original überliefert sind,[41] handelt es sich um einen Hampelmann (Kat. 5.10) und ein »Steckpüppchen mit drei Körpern« (Kat. 5.11). Die aus Flachholzbrettern ausgesägten, farbig lackierten Objekte entsprechen in ihrer elementaren Formsprache und klaren Farbgebung den vom Bauhaus propagierten sachlichen Gestaltungstendenzen der zwanziger Jahre. Die einzelnen Körperteile des Hampelmanns bestehen aus Grundformen wie Kreis, Rechteck und Dreieck, die an den Gelenkstellen durch Metallnieten miteinander verbunden sind und mittels einer Schnur auf der Rückseite bewegt werden können. Die zweifarbig angelegte, betont sachlich wirkende Bemalung des dreieckigen Rumpfes unterstreicht die tektonische Strenge der Figur, die zusätzlich durch die asymmetrische, vermutlich mithilfe einer Schablone aufgemalte Kopfbedeckung und das zeichenhaft stilisierte Gesicht akzentuiert wird.

Dieses auf konstruktiver Flächengliederung und figürlicher Schematisierung basierende Gestaltungsprinzip kommt auch bei dem Steckpüppchen zum Ausdruck. Bei diesem handelt es sich um ein Kombinationsspielzeug mit lehrhaftem Charakter, das der Anregung, Entwicklung und Förderung der manuellen Geschicklichkeit sowie der individuellen Ausdeutung der Geometrie dient. Die aus Dreieck, Rechteck und Kreis bestehenden austauschbaren Puppenkörper sind beidseitig mit jeweils unterschiedlichen symmetrischen Flächenmustern dekorativ verziert. Die aufsteckbaren Gliedmaßen, zusammengefügt aus Holzscheibchen und -klötzchen, die an hölzernen Stiften befestigt sind, können in beliebigem Wechsel an einen der Torsi montiert werden. Ferner kann das Erscheinungsbild des Püppchens durch Umstecken des Kopfes, der nach dem Prinzip der Wendemaske mit zwei unterschiedlichen Gesichtsausdrücken bemalt ist, zusätzlich verändert werden. Darüber, ob es sich bei den Spielzeugen Margaretha Reichardts um Unikate handelt oder ob sie bereits in den zwanziger Jahren in größeren Auflagen produziert und kommerziell vertrieben wurden, gibt es gegenwärtig keine Angaben.

LUDWIG HIRSCHFELD-MACK (1893–1965)

Ein völlig andersartiges Spielzeug, das mit dem didaktischen Anspruch entwickelt worden war, Kindern Erkenntnisse über die Gesetzmäßigkeiten der optischen Farbmischung möglichst anschaulich und gleichsam spielerisch zu vermitteln, ist der »Farbkreisel« des Bauhaus-Gesellen Ludwig Hirschfeld-Mack.[42] Hirschfeld-Mack schloss sich nach einem annähernd einjährigen Studium der Farbenlehre bei Adolf Hölzel in Stuttgart 1919 dem Bauhaus in Weimar an, wo er nach dem Besuch des Vorkurses unter der Leitung Ittens eine Lehre als Kupferdrucker in der Druckereiwerkstatt absolvierte. Seine intensive Beschäftigung mit den Farbtheorien Goethes, Schopenhauers, Bezolds und seines ehemaligen Lehrers Hölzel veranlasste ihn, 1922/23 am Bauhaus ein Farbenseminar für Schüler und Meister abzuhalten, das außerhalb des offiziellen Lehrplans, infolge eines von den Studenten beim Meisterrat eingereichten Antrages, genehmigt worden war.

Hirschfeld-Mack demonstrierte das Ordnungsprinzip der Farben mittels eines neunteiligen Farbendreiecks und des Farbenkreises, wobei er den von Hölzel stammenden zwölfteiligen Farbkreis mit konzentrisch verlaufenden Helligkeitsstufen darstellte. Goethes elementaren Gegensatz zwischen Weiß–Schwarz und Gelb–Blau ergänzte er mit einer Grauskala, deren mittleres Grau dem Lichtwert der Farbe Rot entspricht, die nach Goethes Theorie durch Intensitätssteigerung der beiden Ausgangsfarben entsteht. An der Hölzelschen Kontrastlehre interessierte Hirschfeld-Mack in erster Linie der Qualitätskontrast, wie ihn Schopenhauer in seinem quantitativen Farbkreis wiedergegeben hat, bei dem jeder Farbe eine ihrem Lichtwert entsprechende Sektorengröße zugesprochen wird. Zur Demonstration des Verhältnisses von Quantitäts- und Intensitätskontrast entwickelte Hirschfeld-Mack den »optischen Farbmischer«, der auf dem Prinzip der optischen Mischung durch Bewegung, das heißt auf rotierenden farbigen Flächen basiert (Kat. 5.9). Zur Demonstration verwendet er einen auf die Spitze gestellten rotationssymmetrischen, flachen Holzkegel, dessen kreisförmige Grundfläche im Zentrum von einem senkrecht zur Achse stehenden Rundholzstab durchstoßen wird. Dieser dient zum einen als Griff, um den Kreisel mit den Handflächen in Bewegung zu setzen, zum anderen als Haltevorrichtung für die ursprünglich sieben zum Demonstrationsobjekt gehörigen kreisrunden Experimentiertafeln. Diese im Zentrum gelochten, aufsteckbaren Farbscheiben aus Pappe veranschaulichen Versuchsanordnungen zu Problemen der Grau- und Buntausmischung unter Berücksichtigung des Quantitäts- und Intensitätskontrastes. Setzt man den Kreisel in Bewegung, so verän-

KAT. 5.9 LUDWIG HIRSCHFELD-MACK · OPTISCHER FARBENMISCHER · 1922/23 (NACHBAU VON 1977)

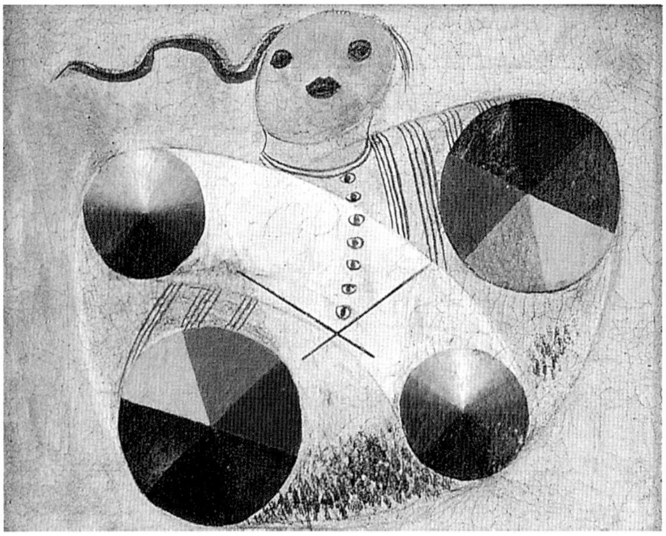

5 Ludwig Hirschfeld-Mack · *Ohne Titel (Kind mit Farbkreisen)* · um 1923
Privatbesitz

dert sich je nach Drehgeschwindigkeit die Verteilung und Intensität der Farben.[43]

Aus diesem primär zu Wissenschafts- und Lehrzwecken entworfenen »optischen Farbenmischer« entwickelte Hirschfeld-Mack eine zweite, vereinfachte Version als Spielzeug, den »Farbkreisel«. Bei dieser abgewandelten Ausführung sind die aufwerfbaren Farbscheiben exzentrisch gelocht und beidseitig mit einfarbigem Glanzpapier überzogen. Dass sich Hirschfeld-Mack schon länger mit dem Gedanken beschäftigt hatte, seine farbtheoretischen Ansätze Kindern spielerisch zugänglich zu machen, dokumentiert ein um 1923 entstandenes Gemälde, das ein mit rotierenden Farbkreisen spielendes Kind zeigt (Abb. 5). Neben den Bau- und Steckspielen von Alma Buscher gehörte der Farbkreisel zu den erfolgreichsten Spielzeugen, die die Bauhaus-Werkstätten ab 1924 auf den Markt gebracht haben.[44] Da sowohl der Farbkreisel als auch die Spielzeuge Alma Buschers den von Gropius aufgestellten Grundsätzen der Bauhaus-Produktion entsprachen, nach denen jedes Ding seine Funktion praktisch erfüllen, haltbar, billig und schön sowie zugleich als Typ für die industrielle Herstellung tauglich sein sollte, wurden ihre Spielzeuge im 1925 erschienenen Band 7 der von Walter Gropius und László Moholy-Nagy begründeten *Bauhausbücher* als mustergültige Beispiele publiziert.[45]

EBERHARD SCHRAMMEN (1886–1947)

Unter der Rubrik »Spielwaren« wurde ferner auch ein »Laufrad für Kinder« von Eberhard Schrammen[46] vorgestellt,[47] der sich neben der Fertigung von kunsthandwerklich hochwertigen Handpuppen für die Bauhaus-Bühne[48] und der Herstellung von Gebrauchsgegenständen wie Dosen und Schalen[49] auch als Spielzeugentwerfer und -produzent betätigte. Schrammen hatte ab 1907 an der Großherzoglichen Sächsischen Hochschule für Bildende Kunst studiert, aus der später das Bauhaus hervorging. Nach Kriegsende kehrte er als einer der ersten Studenten 1919 an das Bauhaus zurück, wo er 1922 neben der Tischlerei eine eigene Drechslerwerkstatt einrichtete, die er bis 1925 leitete. Dort führte er neben den Entwürfen von Alma Buscher und Ludwig Hirschfeld-Mack auch seriell hergestelltes Holzspielzeug nach eigenen Entwürfen aus. Bei dem bereits erwähnten, 1924 entstandenen »Laufrad« (Abb. 6), das sich nach heutigem Kenntnisstand wahrscheinlich nicht im Original erhalten hat, handelt es sich um ein »bewegliches« Spielzeug. Es wird durch Schieben fortbewegt, wobei die drehende Bewegung der Räder den dockenförmig gedrechselten Figurenaufsatz vermutlich in eine rhythmische Hin- und Her-, oder eine kreisende Drehbewegung versetzt. Dass Schrammen sich bereits 1922 mit dem Entwerfen von Kinderspielzeug beschäftigt hat, belegt ein 170-teiliges Bauspiel, das aus teils gesägten, teils gedrechselten, farbig gefassten Holzbauklötzen besteht (Kat. 5.12).[50] Auch Schrammens Bauspiel ist in Gestalt- und Farbgebung von den am Bauhaus geführten Diskussionen über die Korrelationen von Primärfarben und -formen bestimmt.

6 Eberhard Schrammen · Laufrad für Kinder · 1924

KAT. 5.12 EBERHARD SCHRAMMEN · TEILE DES BAUSPIELS · 1922

Im Unterschied zu den durch einfache Formen und klare Farben gekennzeichneten hölzernen Bauhaus-Bauspielen zeichnet sich das 1921 entworfene »Stil-Spiel« von Hermann Finsterlin (1887–1973) durch komplizierter ausgeführte Spielkörper aus (Kat. 5.4). Es umfasst neben prismatischen oder quaderförmigen Bausteinen auch architektonische Elemente wie Glocke, Zwiebel, Kuppel, Nadel und Horn, die aus den Grundformen hervorgegangen sind. Die beliebig kombinierbaren Bauelemente können zu verschiedenen Baustilen und -typen zusammengesetzt werden.

Während Alma Siedhoff-Buscher, Ludwig Hirschfeld-Mack und Eberhard Schrammen als ambitionierte Spielzeuggestalter zu bezeichnen sind, deren Entwurfstätigkeit gezielt auf serielle Produktion und damit verbunden auch auf industrielle Nutzung ausgerichtet war, verbirgt sich hinter den äußerst reizvollen und originellen Spielzeugentwürfen von Oskar Schlemmer und Lyonel Feininger, die unabhängig von derartigen Bestrebungen und absatzpolitischen Intentionen entstanden sind, ein primär werkbezogenes, gestalterisches Interesse. Bei den als Unikaten konzipierten Spielzeugen werden zentrale Motive und Gestaltungsprinzipien ihrer Kunst in spielerischer Weise aufgegriffen und in dreidimensionale, greifbare Spielobjekte für Kinder übertragen.

OSKAR SCHLEMMER (1888–1943)

Oskar Schlemmer, der 1920 durch Berufung Walter Gropius' an das Weimarer Bauhaus kam, leitete von 1922 bis 1925 als Formmeister die Holz- und Steinbildhauerei sowie bis 1922 parallel auch die Wandmalereiwerkstatt, bis er 1923 die Leitung der Bühnenwerkstatt übernahm.[51] Seine Aktivitäten im Bereich der Spielzeuggestaltung beschränken sich auf ein kunsthandwerklich gefertigtes Einzelstück: Die *Gliederpuppe* (Abb. 7),[52] die er um 1923 als Geburtstagsgeschenk für seine Tochter Karin entworfen hatte, wurde von dem Bildhauer Josef Hartwig (1880–1956),[53] dem Erfinder des legendären Bauhaus-Schachspiels,[54] ausgeführt.

Die Wahl des Sujets und das ihm zugrunde liegende Gestaltungsprinzip stehen unverkennbar in direktem Zusammenhang mit Schlemmers Ideen und Vorstellungen der Umbildung der menschlichen Gestalt in eine Kunstfigur.[55] Wie in seinen Ballettfigurinen hat Schlemmer an der Spielzeugfigur die funktionale Struktur des menschlichen Körpers in schematisierter Formelhaftigkeit sichtbar gemacht. Die auf Draht aufgefädelten, gedrechselten

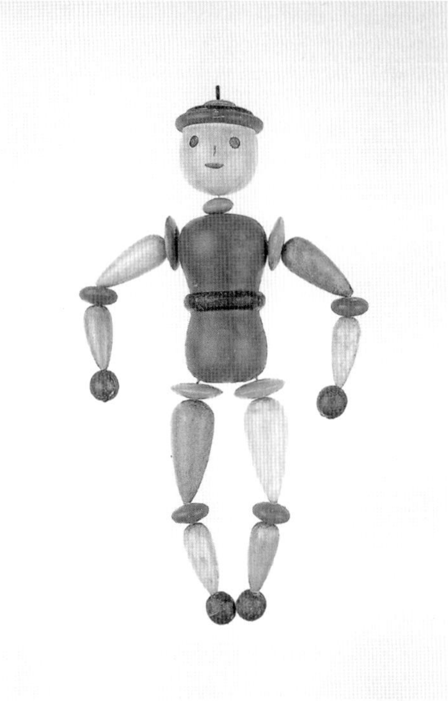

7 Oskar Schlemmer · *Gliederpuppe* · 1923 · angefertigt von Josef Hartwig für die Schlemmer-Kinder Bauhaus-Archiv Berlin

Körperteile und Gliedmaßen der als Rundplastik konzipierten Spielzeugpuppe sind ihrer Bezeichnung entsprechend nach dem Vorbild der Gliederpuppe zusammengefügt. Sie bestehen aus einem eiförmigen Kopf, einem vasenförmigen Rumpf, keulenförmigen Armen und Beinen, kugelförmigen Füßen und Händen sowie ellipsenförmigen Gliedergelenken. An einigen Details ist deutlich zu erkennen, dass Schlemmer Kostümelemente von Figurinen des Triadischen Balletts in seinem Spielzeugentwurf aufgegriffen hat. So weist die kalottenförmige Kopfbedeckung des Gliederpüppchens, die wohl ursprünglich von einem Holzknopf als Spitze bekrönt wurde, große Ähnlichkeit mit dem Kopfschmuck der Tänzerin im »Rundrockkostüm« auf.[56] Noch offenkundiger ist der Rückgriff auf das Formvokabular seiner Bühnenkostüme bei der Verwendung der Kugelhände, dem charakteristischen Merkmal und formbestimmenden Bestandteil der nach ihnen benannten *Figurine mit Kugelhänden* (Abb. 8), mittels derer Schlemmer bestimmte Funktionsgesetze des menschlichen Körpers in ihrer Beziehung zum umgebenden Raum veranschaulicht hat. Auffallende Unterschiede hingegen treten bei der Farbgebung auf. Während die Kostüme in äußerst schrillen, grell bunten Farben gehalten sind, konzentriert sich Schlemmer bei der von ihm eigens ausgeführten Bemalung des Spielpüppchens auf die Primärfarben Gelb, Rot und Blau, die um die Farben Grün und Weiß ergänzt werden. An dieser Vorgehensweise wird

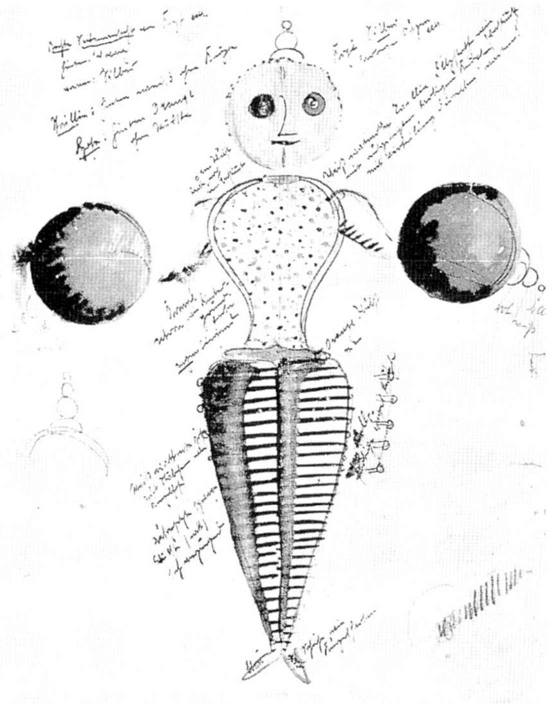

8 Oskar Schlemmer · *Figurine mit Kugelhänden* aus der *Gelben Reihe* des *Triadischen Balletts* · 1919 · Blatt 5a aus dem Skizzenbuch *Tanz Figurinen*
Bühnen Archiv Oskar Schlemmer, Sammlung UJS

deutlich, dass Schlemmer bei seiner dekorativen Gestaltung den kindgerechten Spielwert gezielt berücksichtigt hat und gemäß den eingangs von Alma Buscher zitierten Gestaltungsgrundsätzen des Bauhauses ausschließlich Farben verwendet hat, die der »Steigerung der Farbfröhlichkeit und damit der Freudigkeit des Kindes« dienen.

LYONEL FEININGER (1871–1956)

Auch der deutsch-amerikanische Maler und Grafiker Lyonel Feininger, der 1919 von Walter Gropius als erster Bauhaus-Meister nach Weimar berufen worden war, besaß ein ausgeprägtes Interesse am Entwerfen und Anfertigen von Kinderspielzeug. Bemerkenswert ist, dass sich Feininger bereits 1913, also lange vor seiner Schaffenszeit am Bauhaus in Weimar und Dessau, eingehend mit Eisenbahnentwürfen aus Hartholz beschäftigt hatte, die auf die Zusammenarbeit mit der Industrie ausgerichtet waren.[57] Die nach detaillierten Konstruktionszeichnungen erstellten, historischen und modernen Lokmodelle mit dazugehörigen Wagons und Tendern wurden maschinell vorproduziert, in Handarbeit zusammengesetzt und mithilfe von Schablonen farbig bemalt. Feiningers Vorhaben, die Spielzeugeisenbahnen kommerziell zu vertreiben, war so weit fortgeschritten, dass er seinen Namenszug als Markenzeichen für »Herstellung und Vertrieb von Spielwaaren« schon 1914 angemeldet hatte[58] und auch die Verpackungsetiketten bereits gedruckt waren: »Lyonel Feininger's Block-Eisenbahn. International. Modellgetreu. Unzerbrechlich«.[59] Bedauerlicherweise konnte sein Plan durch den Ausbruch des Ersten Weltkrieges jedoch nicht realisiert werden und wurde auch später nicht wieder aufgegriffen. Feiningers Sohn Theodore Lux, der in dem 1965 erschienenen Buch *Lyonel Feininger. Die Stadt am Ende der Welt* rückblickend über das künstlerische Schaffen seines Vaters berichtet, kommentiert diese frühen Aktivitäten Lyonel Feiningers im Bereich der Spielzeuggestaltung wie folgt: »Die Art und Weise, in welcher ein einmalig schöpferisch gestaltetes Werk der industriellen Anfertigung angepaßt wurde, nimmt in bemerkenswerter Weise die späteren Bauhausproduktionen um ein Jahrzehnt voraus.«[60]

Umso erstaunlicher ist es, dass Feininger, der sich vermutlich um 1919 erstmals erneut und während seiner Tätigkeit als leitender Formmeister der grafischen Werkstätten auch weiterhin intensiv mit der Gestaltung und Anfertigung von Kinderspielzeug beschäftigt hat, von nun an ausschließlich kunstvoll gefertigte Einzelstücke schuf. Diese waren für seine drei Söhne und die Kinder seiner Freunde und Bauhaus-Kollegen bestimmt. Bei den individuell gestalteten Spielzeugen handelt es sich um dreidimensionale, aus Fichtenholz gesägte und zusätzlich kerbschnittartig behandelte Objekte in Gestalt von kleinen Häusern, Brücken, Bäumen und Figuren, die in kräftigen, äußerst bunten Farben bemalt sind. Im Gegensatz zu traditionellen Städtebau-Kästen, denen stets detaillierte Bauvorlagen und Grundrisse beigefügt waren, war Feiningers Spiel völlig frei von derartigen pädagogischen und lehrhaften Ansprüchen entstanden. Seine Häuser und Figuren konnten in beliebiger Aufstellung zu stets neuen fantasievollen Szenerien arrangiert werden und boten somit eine annähernd unbegrenzte Vielfalt an Spiel- und Aufstellmöglichkeiten (Abb. 9). Ähnlich wie Oskar Schlemmer greift auch Feininger bei der Wahl seiner Spielzeugmotive auf Sujets zurück, die dem Betrachter bereits aus seinem malerischen und grafischen Œuvre vertraut sind. Die realen Vorbilder seiner schiefen, verwinkelten Häuser und kleinen Dorfkirchen, die in unzähligen Varianten die Motivwelt seines gesamten Werkes bestimmen, fand er in kleinen thüringischen Orten wie Gelmeroda, Vollersroda, Mellingen und manch anderen Dörfern des Weimarer Landes, die er seit seiner ersten Reise nach Weimar im Jahr 1906 auf zahlreichen Wanderungen ausgiebig erkundet hat und die zeitlebens eine seiner wichtigsten Inspirationsquellen darstellten.[61]

KAT. 5.1 LYONEL FEININGER · LOKOMOTIVE · 1913

KAT. 5.2 LYONEL FEININGER · EISENBAHNZUG · 1913

9 Lyonel Feininger · Bühnenartige Inszenierung der geschnitzten *Spielzeugstadt* vor einer grafischen Kulisse · ohne Jahr

Die teils grotesk, teils komisch wirkenden Figurentypen, von Feininger selbst als »Männekens« bezeichnet,[62] bevölkerten bereits die Werke seiner Pariser Zeit von 1906 bis 1908.[63] In diesen grotesken Kompositionen, die auf »Natur-Notizen« basieren, begegnet man ähnlich karikaturhaft überzeichneten Menschentypen in Gestalt von Männern mit hohen schwarzen Hüten und ausgeprägten Physiognomien, Kindern, Frauen und Jesuiten, die sich vor dem Hintergrund von Architekturkulissen bewegen. Besonders auffallend sind ihre extremen Körperproportionen, die mal extrem überlängt, mal äußerst gedrungen sind. Zu den Bewohnern seiner geschnitzten *Stadt am Ende der Welt* gehören ferner seltsam anmutende vogelartige Wesen mit zylinderförmigen Hüten sowie weiß gewandete Gespenstergestalten.

Aber nicht nur in der Wahl der Motive, sondern auch bei der zeichen- und schnitztechnischen Behandlung der Spielzeugfiguren gibt es Verwandtschaften mit seinen zweidimensionalen Bildwerken zu entdecken. So werden Gegenstandskonturen – etwa zur Andeutung von Fenstern und Türen – mit ähnlich sparsamen grafischen Mitteln festgehalten wie in einigen seiner aquarellierten Tuschfederzeichnungen. Ferner erinnern schraffurartig angelegte Schnitzkerben, wie sie gelegentlich an Häuserdächern zur Andeutung von Dachschindeln eingesetzt werden, an den kantig-spröden Gestaltungsstil seiner frühen Holzschnitte aus der Zeit um 1918/19.[64] In diesen Kompositionen kommt Feiningers besondere Affinität für den Werkstoff Holz ebenso zum Ausdruck wie in den individuell gestalteten vollplastischen Figuren und Häusern, die in ihrer blockhaft-kantigen Formgebung expressionistische Züge aufweisen. Die größtenteils aus nur einem Holzstück geschnitzten Objekte sind so gearbeitet, dass die Spuren ihrer handwerklichen Fertigung bewusst als Ausdrucksmittel eingesetzt werden.

Dass Feiningers Spielzeugstadt bei Kindern großen Anklang gefunden hat und häufig mit ihr gespielt worden ist, belegen die deutlich sichtbaren Gebrauchsspuren, die die meisten der heute noch erhaltenen Figuren und Häuser aufweisen.

Diese einst ausdrücklich als Spielzeug konzipierten Holzschnitzereien Feiningers sind längst – und dies nicht zuletzt aufgrund ihres Unikatcharakters – zu wertvollen Kunstobjekten avanciert, die in sicherer Entfernung von Kinderhänden in privaten und öffentlichen Sammlungen sorgsam verwahrt werden.

Hingegen wird das für die industrielle Fertigung entwickelte Spielzeug von Alma Siedhoff-Buscher, Grete Reichardt und Ludwig Hirschfeld-Mack von der Schweizer Firma Naef in Lizenz der Bauhaus-Archiv GmbH in originalgetreu nachgebildeten Repliken heute wieder serienmäßig hergestellt. Diese Tatsache bekundet, dass sich das »Bauhaus-Spielzeug« bis in die Gegenwart erfolgreich auf dem Spielzeugmarkt behaupten kann.

ANMERKUNGEN

1 Alma Buscher, »Kind. Märchen. Spiel. Spielzeug«, in: *Junge Menschen* (Monatshefte für Politik, Kunst, Literatur und Leben aus dem Geiste der jungen Generation), hrsg. von Walter Hammer, 5. Sonderheft Bauhaus, November 1924, S. 189.

2 August W. Grube, *Von der sittlichen Bildung der Jugend im 1. Jahrzehnt des Lebens,* Leipzig 1855, S. 241, zit. nach Hein Retter, *Spielzeug. Handbuch zur Geschichte und Pädagogik der Spielmittel,* Weinheim/Basel 1979, S. 127.

3 Vgl. *Kunsterziehung,* Ergebnisse und Anregungen des Kunsterziehungstages in Dresden, 28./29. September 1901, Leipzig 1902.

4 Vgl. Hein Retter 1979 (wie Anm. 2), S. 136 f.

5 Konrad Lange, zit. nach *Die Kunsterziehungsbewegung,* hrsg. von Hermann Lorenzen, Bad Heilbrunn 1966, S. 23.

6 Zu einer fundierten Darstellung über die von Dresden ausgehende Entwicklung und Verbreitung künstlerischen Holzspielzeugs bis zum Ausbruch des Ersten Weltkrieges vgl. Urs Latus, *Kunststücke. Holzspielzeugdesign vor 1914* (Schriften des Spielzeugmuseums Nürnberg, Bd. 3), Nürnberg 1998, S. 40 ff.

7 Zu einer ausführlichen Darstellung über die Teilnehmer und Ergebnisse des Nürnberger Preisausschreibens vgl. ebenda, S. 47 ff.

8 Beilage zur *Dekorativen Kunst,* 6, 7, April 1903, S. III, zit. nach ebenda, S. 51.

9 Vgl. Traude Hansen, *Kinderspiel und Jugendstil in Wien um 1900,* Wien 1987; vgl. ebenso Urs Latus 1998 (wie Anm. 6), S. 105–108.

10 Das Württembergische Landesmuseum Stuttgart befindet sich im Besitz einer repräsentativen Sammlung künstlerischen Reformspielzeugs der zwanziger Jahre, die u. a. auch Erzeugnisse der hier angeführten Kunstgewerbeschulen umfasst. Vgl. Andrea Tietze, »Künstlerisches Holzspielzeug«, in: *Alte Spielsachen,* Begleitbuch von Dieter Büchner, Andrea Tietze und Christian Väterlein, Schlossmuseum Aulendorf, Zweigmuseum des Württembergischen Landesmuseums, Stuttgart 1997, S. 73–93.

11 Zur Geschichte und Konzeption der Reimann-Schule Berlin vgl. *Kunstschulreform 1900–1933,* hrsg. von Hans M. Wingler, Berlin 1977, S. 245 ff.

12 Wenn nicht anders vermerkt, stützen sich diese und weitere im Verlauf des Textes erwähnte Angaben zur Biografie Alma Siedhoff-Buschers auf folgende Quelle: Cornelia Will, *Alma Siedhoff-Buscher. Entwürfe für Kinder am Bauhaus in Weimar,* Velbert 1997.

13 Vgl. Rainer K. Wick, *Bauhaus Pädagogik,* 4. erweiterte Aufl., Köln 1994, S. 119–123.

14 Vgl. Johannes Itten, *Gestaltungs- und Formenlehre. Mein Vorkurs am Bauhaus und später,* 2. Aufl., Ravensburg 1975.

15 Johannes Itten in einem Brief an Anna Höllering vom 3. November 1919, zit. nach *Johannes Itten. Werke und Schriften,* hrsg. von Willy Rotzler, Werkverzeichnis von Anneliese Itten, Zürich 1972, S. 67.

16 Vgl. ebenda, S. 401, Anm. 108.

17 Gunta Stadler-Stölzl, *Mehr Wagnis als Planung. Die Textilwerkstatt des Bauhauses 1919–1931,* Typoskript, 1. Dezember 1967, Johannes-Itten-Stiftung, Bern, S. 2, zit. nach *Das frühe Bauhaus und Johannes Itten,* Ausst.-Kat. Staatliches Bauhaus Weimar, Stuttgart 1994, S. 221.

18 Vgl. *Gunta Stölzl. Meisterin am Bauhaus Dessau. Textilien, Textilentwürfe und freie Arbeiten 1915–1983,* hrsg. von der Stiftung Bauhaus Dessau, Ausst.-Kat. Stiftung Bauhaus Dessau, Städtische Kunstsammlungen Chemnitz und Museum für Kunst und Gewerbe, Hamburg, Stuttgart 1997, S. 106, Kat.-Nr. 41, Abb. S. 116.

19 Vgl. Werkverzeichnis von Anneliese Itten, in: *Johannes Itten. Werke und Schriften* (wie Anm. 15), S. 311: Kinderbild (WV 265) und S. 315: Kinderwiege (WV 315).

20 Zum Konflikt der umstrittenen Gleichberechtigung der weiblichen Studierenden vgl. Magdalena Droste, »Beruf: Kunstgewerblerin. Frauen in Kunsthandwerk und Design 1890–1933«, in: *Frauen im Design, Berufsbilder und Lebenswege seit 1900,* Ausst.-Kat. Design Center Stuttgart, Stuttgart 1989, Bd. 1, S. 174–283, bes. S. 188–193.

21 Alma Buscher, in: *Unveröffentlichtes Tagebuch aus den Jahren 1920–1928,* zit. nach Cornelia Will 1997 (wie Anm. 12), S. 19.

22 Vgl. Magdalena Droste, *Bauhaus 1919–1933,* Köln 1990, S. 105–109.

23 Etatgesellen hatten flexible Arbeitszeiten und bekamen ein festes Gehalt. Sie sollten zwischen den Form- und Handwerksmeistern in den Werkstätten vermitteln.

24 Zu einer ausführlichen Darstellung und Beschreibung der von Buscher entworfenen Kinderzimmermöbel, auf die hier nicht näher eingegangen wird, vgl. Cornelia Will 1997 (wie Anm. 12), S. 23–31; sowie *Für Hahnemann und andere Kinder, Kindermöbel rund ums Bauhaus,* Ausst.-Kat. Deutsches Schloss- und Beschlägemuseum, Velbert, Velbert 1995.

25 Alma Buscher, » Beschreibung des ausgestellten Kinderzimmers«, in: *Kindergarten. Zeitschrift des Deutschen Fröbel-Verbandes,* 65, 1/2, Leipzig 1924, S. 133.

26 Vgl. »Das Haus am Horn im Spiegel der Presse«, in: *Georg Muche. Das künstlerische Werk 1912–1927. Kritisches Verzeichnis der Gemälde, Zeichnungen, Fotos und architektonischen Arbeiten,* bearb. von Magdalena Droste u. a., Bauhaus-Archiv Berlin, Berlin 1980, S. 31–45.

27 Vgl. Cornelia Will 1997 (wie Anm. 12), S. 45.

28 Führer durch die Ausstellung »Das Spielzeug«, veranstaltet von der Arbeitsgemeinschaft für Spielzeuggestaltung, Städtische Kunsthalle am Marientor in Nürnberg, Veröffentlichung des Kunstarchivs, Nr. 15, Nürnberg 1926.

29 Eine der wenigen noch erhaltenen Abbildungen des Originals, in: ebenda, S. 22.

30 Vgl. *Für Hahnemann und andere Kinder* (wie Anm. 24), S. 52.

31 Vgl. ebenda, S. 68 f.

32 Alma Buscher, in: *Offset-, Buch- und Werbekunst,* 10, 1927, S. 464.

33 Vgl. Magdalena Droste 1990 (wie Anm. 22), S. 86. Die Quelle wird hier nicht benannt, vermutlich sind die Angaben dem Werkstattbericht des Jahres 1924 entnommen.

34 Vgl. Cornelia Will 1997 (wie Anm. 12), S. 44.

35 Zu weiteren biografischen Angaben vgl. *Margaretha Reichardt. Textilkunst,* Ausst.-Kat. Angermuseum Erfurt und Arbeitsgruppe im Förderverein »Freunde des Angermuseums e. V.«, Waidspeicher des Kulturhofes Erfurt und Kunstsammlungen der Universität Leipzig, Erfurt 1994, S. 9–11.

36 Vgl. Ruth Menzel, »Die Bauhaus-Weberin Grete Reichardt«, in: *Bildende Kunst,* 11, 1986, S. 494–496.

37 Vgl. Christian Wolsdorff, »Josef Albers' Vorkurs am Bauhaus 1923–1933«, in: *Josef Albers. Eine Retrospektive,* Ausst.-Kat. The R. Solomon Guggenheim Museum, New York, Staatliche Kunsthalle Baden-Baden und Bauhaus-Archiv Berlin, Köln 1988, S. 49–60.

38 Vgl. Hans Maria Wingler, *Das Bauhaus 1919–1933. Weimar – Dessau – Berlin und die Nachfolge in Chicago seit 1937,* 2. erw. Aufl., Bramsche 1968, S. 288.

39 *Kindergarten, Organ des Deutschen Fröbel=Verbandes und des Deutschen Verbandes für Schulkinderpflege,* 66, 1, 1925, S. 57.

40 Vgl. *Margaretha Reichardt. Textilkunst* (wie Anm. 35), S. 117.

41 Vgl. *Bauhaus Dessau: Katalog der Sammlungen (Auswahl),* Dessau 1988, S. 33, 35.

42 Sofern nicht anders vermerkt, stützen sich die folgenden Ausführungen über Leben und Werk Ludwig Hirschfeld-Macks auf folgende Quelle: Peter Stasny, *Ludwig Hirschfeld-Mack (1893–1965). Bauhausgeselle in Weimar. Ein Beitrag zur Bauhausforschung,* Diss., 2 Bde., Wien 1993. An dieser Stelle sei angemerkt, dass sich Hirschfeld-Macks Entwurfstätigkeit im Bereich der Spielzeuggestaltung auf den hier beschriebenen Farbkreisel beschränkt. Bei der im Wintersemester 1923/24 entworfenen »Pädagogi-

schen Puppenstube« handelt es sich nicht um ein Spielzeug, sondern um ein Anschauungsmodell für den Vorkurs und Werkzeichenunterricht, dessen Entwurf durch Moholy-Nagy angeregt worden war. Vgl. ebenda, Bd. 1, S. 195 f., Anm. 34. Zu einer Abb. der Puppenstube vgl. ebenda, Bd. 2, Abb. 124.

43 Vgl. ebenda, S. 127 f.

44 Vgl. ebenda, S. 127, Anm. 12.

45 Vgl. *Neue Arbeiten der Bauhauswerkstätten. Neue Bauhausbücher. Neue Folge der von Walter Gropius und László Moholy-Nagy begründeten »bauhausbücher«,* Bd. 7, 1925, Reprint hrsg. von Hans M. Wingler, Mainz 1981, S. 39–41.

46 Zu weiteren biografischen Angaben vgl. *Das frühe Bauhaus und Johannes Itten* (wie Anm. 17), S. 492.

47 Vgl. *Neue Arbeiten der Bauhauswerkstätten* (wie Anm. 45), S. 114, Abb. S. 42.

48 Die fünf gedrechselten Handpuppen, die als »Handlinge« bezeichnet werden und sich heute im Theatermuseum der Universität zu Köln befinden, gehen auf Entwürfe von 1923 zurück. Bei diesen Holzpuppen handelt es sich um eine walzenförmige Figur in Gelb, eine cremefarbene zylindrische Figur, eine schwarze Halbkegelfigur und eine Doppelkugelfigur in Gelb. Vgl. *Das frühe Bauhaus und Johannes Itten* (wie Anm. 17), S. 346 f.

49 Vgl. ebenda, S. 265.

50 Das Bauspiel befindet sich heute im Besitz der Kunstsammlungen zu Weimar, vgl. *Für Hahnemann und andere Kinder* (wie Anm. 24), S. 90.

51 Zu Leben und Werk Oskar Schlemmers vgl. Karin v. Maur, *Oskar Schlemmer. Monographie,* München 1979.

52 Das Original ist verschollen. Die heute noch existierende Zweitfassung stammt aus dem Nachlass von Josef Hartwig, vgl. Karin v. Maur, *Oskar Schlemmer. Œuvrekatalog der Gemälde, Aquarelle, Pastelle und Plastiken,* München 1979, P 15, S. 385, Abb. S. 386. Die Gliederpuppe befindet sich heute nicht mehr, wie noch bei Karin v. Maur angegeben, im Klingspor-Museum in Offenbach, sondern im Bauhaus-Archiv Berlin. Vgl. *Bauhaus-Archiv Berlin. Museum für Gestaltung, Die Sammlung,* Berlin 1999, S. 90.

53 Josef Hartwig, der Schlemmer auch bei seinen plastischen Arbeiten aus Gips, Draht und Holz als versierter Handwerker zur Seite stand, wurde 1921 als Handwerksmeister für die Holz- und Steinbildhauerei verpflichtet. Durch Schlemmer angeregt, schuf Hartwig sehr ausdrucksstarke, hölzerne Marionetten für das für ein Marionettentheater vorgeschlagene Thema *»Der Schmied von Apolda«.* Zu Leben und Werk Josef Hartwigs vgl. *Leben und Meinungen des Bildhauers Josef Hartwig,* Frankfurt am Main 1955.

54 Zu einer detaillierten Beschreibung des »Bauhaus-Schachspiels« von Josef Hartwig vgl. *Experiment Bauhaus. Das Bauhaus-Archiv zu Gast im Bauhaus Dessau,* Ausst.-Kat. Bauhaus Dessau, Berlin 1988, Kat.-Nr. 341, S. 400.

55 Vgl. Oskar Schlemmer, »Mensch und Kunstfigur«, in: *Die Bühne im Bauhaus* (Bauhausbücher, Bd. 4), München 1925, S. 7–43.

56 Vgl. Dirk Scheper, *Oskar Schlemmer. Das Triadische Ballett und die Bauhausbühne* (Schriftenreihe der Akademie der Künste, Bd. 20), Berlin 1988, S. 37.

57 Feininger hatte bereits einen Vertrag mit dem Münchener Unternehmer Karl Löwenstein abgeschlossen, den er 1911 in Paris kennen gelernt hatte. Vgl. Florens Deuchler, *Lyonel Feininger. Sein Weg zum Bauhaus-Meister,* Leipzig 1996, S. 205 f.

58 Anmeldung vom 20. April 1914, Klasse 35, Nr. 198192, in: *Waarenzeichenblatt,* hrsg. vom Kaiserlichen Patentamt, 1914, S. 2718, zit. nach Urs Latus 1998 (wie Anm. 6), S. 168, Anm. 291.

59 Vgl. *Die Stadt am Ende der Welt. Das Spielzeug von Lyonel Feininger,* hrsg. von Ulrich Luckardt, Köln 1998, S. 53.

60 T. Lux Feininger, in: *Lyonel Feininger. Die Stadt am Ende der Welt,* München 1965, S. 31.

61 Vgl. Martin Faass, *Feininger im Weimarer Land,* Weimar 1999.

62 Vgl. Ulrich Luckardt 1998 (wie Anm. 59), S. 35.

63 Vgl. Florens Deuchler 1996 (wie Anm. 57), S. 107 f.; sowie *Lyonel Feininger: Die Zeichnungen und Aquarelle,* Ausst.-Kat. Hamburger Kunsthalle und Kunsthalle Tübingen, Katalog von Ulrich Luckardt und Martin Faass, Köln 1998, S. 44 f.

64 Vgl. Leona E. Prasse, *Lyonel Feininger. Das graphische Werk. Radierungen, Lithographien, Holzschnitte,* Bern 1972.

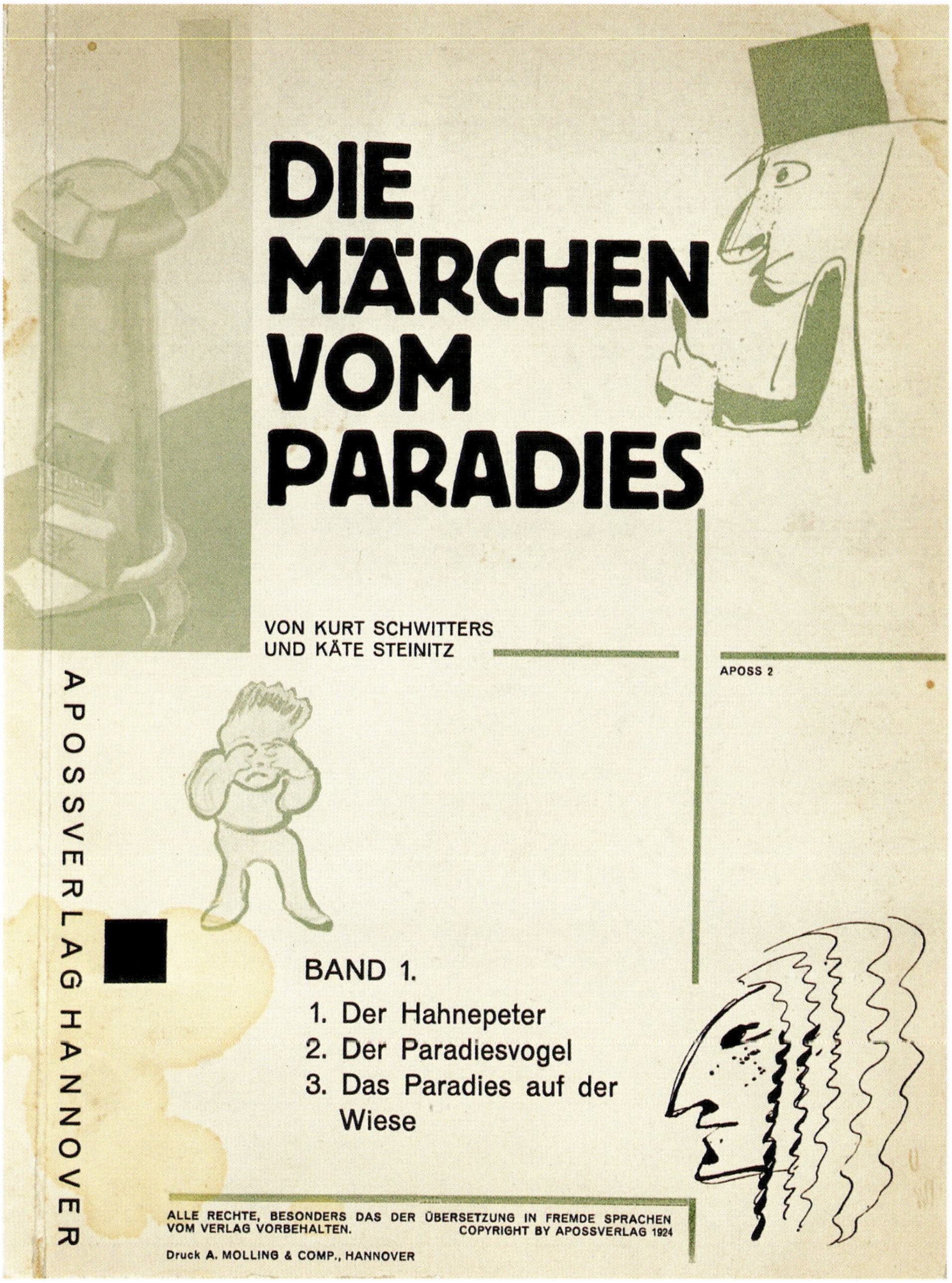
DIE MÄRCHEN VOM PARADIES
VON KURT SCHWITTERS
UND KÄTE STEINITZ
APOSS 2
APOSSVERLAG HANNOVER
BAND 1.
1. Der Hahnepeter
2. Der Paradiesvogel
3. Das Paradies auf der Wiese
ALLE RECHTE, BESONDERS DAS DER ÜBERSETZUNG IN FREMDE SPRACHEN VOM VERLAG VORBEHALTEN. COPYRIGHT BY APOSSVERLAG 1924
Druck A. MOLLING & COMP., HANNOVER

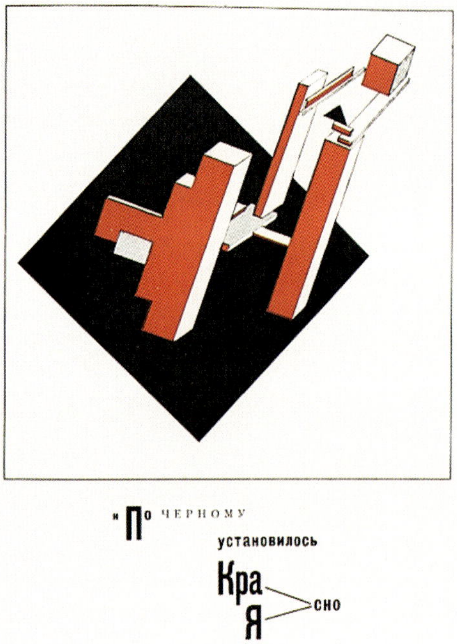
и По черному
установилось
Кра
Я
сно

летят
З
издалека
И

KAT. 5.17 KURT SCHWITTERS UND KÄTE STEINITZ · DER HAHNEPETER · 1924

KAT. 5.19 KURT SCHWITTERS, KÄTE STEINITZ UND THEO VAN DOESBURG · DIE SCHEUCHE · 1925

Mit einem Male gab es einen KLING
als ob die großen Leute mit Wein anstoßen, und da kam der Hahnepeter aus dem Ei heraus und sagte sofort
Guten Tag
Guten Tag
GUTEN TAG!
6
WENN WO NE SCHRAUBE IST, MUSS MAN AUCH DRAN DREHEN.
10
SO
drehte Hahnemann an der Schraube dreimal rum, nachdem er die Mutter gefragt hatte, wie rum man drehen müßte. Die Mutter aber sagte, man müßte rechtsrum drehen.

Picassos Welt der Kinder

Werner Spies

»Christoph Kolumbus hat nur Amerika entdeckt – ich habe das Kind entdeckt.« Victor Hugo[1]

Mit dem Thema der Kinderdarstellungen bei Picasso treten nicht nur zahlreiche unbekannte Arbeiten an den Tag; Picasso liefert einen Beitrag zur Anthropologie, dessen Schätze bis heute weitgehend ungehoben sind. Was er hier bietet – nehmen wir nur die variantenreichen und eindringlichen Porträts von Maya, Claude und Paloma –, verdient ebenso in den Mittelpunkt unseres Sehens zu treten wie längst mythisch gewordene Arbeiten.

Wie lässt sich das Thema ordnen? Kinder treten in allen Medien auf. Wir finden sie in Gemälden, Zeichnungen, Skulpturen und in der Druckgrafik. Ja, das Sujet bildet neben der Auseinandersetzung mit dem weiblichen Körper und neben den Variationen, die dem Stillleben gelten, den umfangreichsten Posten im Œuvre. Hunderte Bilder und Blätter lassen sich anführen, in denen uns der Künstler Auskunft über sein passioniertes und notwendiges Studium von Kindern gibt. Daniel-Henry Kahnweiler merkte hierzu an: »Wollte man jedoch eine Rangfolge der Gestalten in Picassos Werk aufstellen, so würden die Kinder zweifellos an hervorragender Stelle erscheinen. Hierfür gibt es keinen ästhetischen Grund. Er hat Kinder gemalt und gezeichnet, in Graphiken und Skulpturen festgehalten ganz einfach deshalb, weil er Kinder leidenschaftlich liebte, besonders die kleinen. Ich habe ihn immer nur liebevoll mit Kindern seiner Umgebung umgehen sehen und erinnere mich, wie er einmal, so um 1908, zärtlich die kleine Hand eines Babys küßte.«[2]

Tritt bei der Aussicht auf die Welt der Kinder ein gefälliger, eher ›trivialer‹ Bildgegenstand in den Vordergrund, einer, der sich an diejenigen richtet, die sich vor den Formexzessen der Moderne fürchten? Wer meint, das Interesse an den Kinderbildern verniedliche die Welt Picassos, wird sich rasch eines Besseren belehren lassen müssen. Es geht auch hier um den ›ganzen‹ Picasso. Die Kinderbilder gewinnen erst vor dem Hintergrund des übrigen Werks ihre Prägnanz und Bedeutung. Denn hinter dem existenziellen Interesse des Menschen Picasso an diesem Sujet verbirgt sich eine faszinierende Problematik. So besehen gilt es der Feststellung Kahnweilers nachdrücklich zu widersprechen, der keinen ästhetischen Grund für diese Beachtung des Kindes benennen zu können glaubte. Diese Feststellung lässt sich nicht halten. Man hat geradezu von einem ästhetischen Imperativ zu sprechen, der Picasso dazu zwang, ständig über die Darstellung des Kindlichen nachzudenken.

Die Gattungen, die Picasso heranzieht, sind abwechslungsreich. Denn diese Bilder partizipieren an allen Modi, die das Werk im Laufe von Jahrzehnten entwirft. Die Skala reicht von der genrehaften Verwendung des Kindes über die mythologische Ausschmückung und das Einzelporträt bis hin zur Darstellung von Mutter und Kind und zum Familienbild. In welchem Verhältnis steht die Entwicklung des Motivs zu der, die das Gesamtwerk regiert? Es ist eine Frage, die bisher nicht gestellt worden ist. Und doch scheint sie nicht zuletzt für die Beurteilung der inhaltlichen Aussage, die die Deformation im Werk zum Ausdruck zu bringen vermag, von Wichtigkeit. Denn das Idyllische, Freundliche, das den Betrachter in diesen Darstellungen spontan anspricht, erhält seine Schlagkraft dadurch, dass es gegen die abstrahierende, antipsychologische Tendenz der kubistischen Bildsprache und gegen die deformierenden Exzesse der biomorphen Verflüssigung der Körper und Gesichter imprägniert zu sein scheint. Wir begegnen Darstellungen von Kindern, die erfreuen und verwundern. Doch darüber hinaus treffen wir auf ein erschütterndes menschliches *und* ästhetisches Erlösungsmotiv, dem sich der Künstler stellt.

Picasso hat sich mit der Wiedergabe von Kindern nicht kontinuierlich und gleichmäßig abgegeben. Zu manchen Zeiten wendet er sich ihr besonders intensiv zu. Die chronologische Zusammenstellung hebt die Uneinheitlichkeit und die Vielfalt des Themas hervor.

Im Großen und Ganzen tun wir gut daran, grundsätzlich zwischen zwei Hauptgruppen zu unterscheiden, der Darstellung ›unpersönlicher‹ Kinder und der der eigenen Kinder. Die Beschäftigung mit ›unpersönlichen‹ Kindern tritt gelegentlich in Bildern und Zeichnungen der spanischen Frühzeit in Málaga und La Coruña auf. Das Interesse am Gegenstand steigert sich nach der Jahrhundertwende. In Barcelona und in den ersten Pariser Jahren haben vorübergehend narrative Themen ein großes Gewicht. Kein Wunder, dass in dieser Phase, in der die szenische Gruppe mehr als später im Vordergrund steht, auch Kinder, meist kleine Jungen, eine wichtige Rolle einnehmen. Stets haben wir es mit dem genrehaften Hinweis auf Kinder zu tun, nicht mit bestimmten Porträts.

Diese Anonymität entsprach der larmoyanten Thematik, die die Blaue und Rosa Periode privilegiert. Ein soziologisches, merkantiles Argument lässt sich nicht übersehen. Bilder, die Kinder vorführten, besaßen die Gunst der Käufer.

1 Pablo Picasso · *Der Mistelverkäufer* · 1902/03
Privatsammlung

Das Kind dient in der Blauen Periode dazu, als Repoussoir das Lädierte, physisch Kranke zu unterstreichen (Abb. 1). Kindheit/klassisch ponderierte Darstellung und Zerfall/Deformation stoßen aufeinander. Diese für den Spanier so typische Fasziniertheit durch das physisch Abnorme sollte für die Entwicklung des Werks wichtig werden. In dem Wechselspiel schöner und abstoßender Formen entdecken wir die Spannung, die später den Ablauf des gesamten Werkes bis in seine Stilbrüche und Revivals hinein regulieren sollte. Es ist nicht zuletzt diese Diskrepanz zwischen unbefleckter kindlicher Schönheit und Verwachsenheit, die der Künstler in Velázquez' *Las Meninas* während seiner Madrider Studienzeit entdeckt. Blinde, Lahme, Verkrüppelte bevölkern die Szene der Blauen Periode. Picasso greift, noch ehe er zur Formverzerrung findet, in diesem Umfeld zu den Regelwidrigkeiten, für die die Natur ein unerschöpfliches Reservoir bereithält.

Wie in Zwangsjacken führen diese Kinder nur selten Bewegungen von Kindern aus. Denn das, was als Spiel erscheint, ist in Wirklichkeit Vorbereitung auf eine professionelle Gestik: Betteln, Greifen, Helfen. Vergessen wir nicht, diese Darstellungen gehen kaum auf eine direkte Beobachtung zurück. Vielmehr wird das, was Picasso darstellt, weitgehend in die Klischees des Pauperismus gekleidet. Die Bewegungen sind zeremoniell, die Köpfe häufig gesenkt, die Blicke wirken introvertiert und sorgenvoll. Nie lachen diese Wesen, ja wir entdecken nicht mal den Anflug eines Lächelns.

Nirgends erscheint die biedermeierliche Friedlichkeit oder das aristokratische Selbstverständnis, die die Kinder und Halbwüchsigen in Geborgenheit wiegen. Vergebens sucht man nach Hinweisen auf den Fortschrittsoptimismus, mit dem sich die bürgerliche Gesellschaft in die Kinder als ihre Zukunft projiziert.

Das depressive Blau verschwindet 1905 schlagartig. Es wird durch eine andere konzeptuelle Farbigkeit ersetzt. Die zarten, durchsichtigen, ins Helle spielenden Nuancen nehmen sofort für das Dargestellte ein. Die Körper sind entspannter. Verglichen mit dem, was wir in den vorausgehenden Jahren antrafen, wirkt dies wie eine unproblematische Rokokowelt. Zwischen Mutter und Kind, zwischen den Kindern untereinander lässt sich eine innigere Beziehung feststellen (Kat. 6.2).

Meistens sind die Schausteller und Akrobaten nicht miteinander in Beziehung gesetzt. Die Personen des Schaugewerbes bieten ihre Künste an: Es sind Spezialitäten der Bewegung, der Akrobatik. Es kommt dabei zu einem Spiel, das ein Gegeneinander von schweren und leichten Körpern beherrscht. In diesem Rahmen gewinnen Kinder eine besondere Aufmerksamkeit.

Auch in dieser Phase des Werks, die so versöhnlich und ansprechend wirkt, stellt Picasso nie die bürgerliche Gesellschaft dar. Der Künstler führt uns in eine marginale Gesellschaft, in die der Gaukler, in die Welt der Schaubuden, des Zirkus (Kat. 6.1). In dieser Umgebung von Akrobaten, Schlangenmenschen, Jongleuren und Gewichthebern schlüpfen die Kinder in ernsthafte, professionelle Rollen. Schon die Kleinsten sind kostümiert, da sie mit großer Selbstverständlichkeit und Routine in der Arena dieser melancholischen Vereinigung von Außenseitern auftreten. Bei Picasso ist die Zirkus- und Theaterwelt mehr als Motiv. Sie wird zum Ausdruck einer Emblematik, der er vorübergehend sein ganzes Werk unterordnet. Alle wirken wie Statisten, Statisten des Lebens. Das gilt nicht zuletzt für die Neugeborenen, die die Mutter wie Opfer in die Höhe hebt (Kat. 6.4). Auch sie sind für ein marginales, frühreifes Leben bestimmt.

Die Beschäftigung mit dem Kind, mit dem ›unpersönlichen‹ Kind, geht nach 1905/06 plötzlich zurück. Anschließend verschwindet sie, mit ganz wenigen Ausnahmen, bis zum Ende des Ersten Weltkriegs aus dem Werk. Dies hat Gründe, die uns ins Zentrum der kubistischen Ästhetik bringen. Offensichtlich haben ›Kind und Kegel‹ keinen Platz im Kubismus.

KAT. 6.4 PABLO PICASSO · DIE GAUKLERFAMILIE MIT DEM AFFEN · 1905

Picasso
1905

KAT. 6.1 PABLO PICASSO · DIE GAUKLER · 1905

2 Pablo Picasso · *Mutter und Kind* · 1921
Privatsammlung, Japan

Die Überwindung des mythologischen und allegorischen Denkens gehörte zu den Grundvoraussetzungen dieser Stilstufe. Wenn wir die Entwicklung des Werks verfolgen, erleben wir mit, wie sich die Thematik immer stärker verknappt. Wir treffen fast nur noch Landschaften, Stillleben und Einzelfiguren. Die Schwierigkeit, die Wiedergabe des kindlichen Körpers und des kindlichen Ausdrucks ohne symbolisierende Zusätze und ohne den Rückgriff auf den Proportionswechsel zwischen größeren und kleineren Figuren erkennbar zu halten, erklärt, warum dieses Thema in der folgenreichsten Phase des Werks verschwindet.

Die Auseinandersetzung gilt einer anderen Kindheit: dem ästhetischen ›Primitivismus‹. Die Entdeckung außereuropäischer Kunst dient Picasso als entscheidende Anregung.

Wie vollzieht sich die Wiederbegegnung mit dem Motiv ›Kind‹? Unübersehbar stehen bei der Ausarbeitung des neuen Stiles die Mutter-und-Kind-Darstellungen Pate. Die Häufigkeit, mit der sich Picasso diesen zuwendet, führt ein Interesse vor, das sicher über die inhaltliche Beachtung hinausreicht. In den fülligen, aufgequollenen Körpern potenziert sich zunächst einmal auf eklatante Weise die Absage an die kristalline Schönheit des Kubismus. Picassos ›Madonnen‹ wirken überlebensgroß, sie scheinen eine mythische Dimension anzustreben (Abb. 2). Mutter und Kind können als symbolischer Ausdruck einer stilistischen Neuorientierung gelten. Sie geben dem Werk Sinnlichkeit und Fülle zurück. In ihnen spricht sich die Überwindung der Zuspitzung avantgardistischer Experimente auf Konzepte aus. Aus der Rückschau wirkt dieses Auftauchen von Madonnen und Muttergottheiten wie ein Ritual der Fruchtbarkeit, dem sich die Avantgarde unterzieht. Wir könnten, und die Hypothese erscheint uns faszinierend, diese ›Rückkehr zu den Müttern‹, die bei Picasso 1917/18 einsetzt, der Inszenierung von Sterilität und der Genügsamkeit eines selbstreferenziellen Denkens entgegensetzen, die Duchamp damals in seinem *Großen Glas* in Angriff nahm. Der räsonierenden Junggesellenwelt, in der sich Duchamp eingerichtet hat, setzt Picasso das fleischige Spiel junger und kindlicher Leiber entgegen.

In den dreißiger und vierziger Jahren sind die bemerkenswertesten Beispiele einer motivischen, ›unpersönlichen‹ Verwendung schnell benannt. Ein kleines Mädchen erscheint in einer Reihe mythologisch-surrealistischer Szenen. Es dient als Führerin aus dem Dunkel und aus dem Labyrinth (Kat. 6.6). In *Guernica* und in einer Reihe von Studien, die dieses allegorische Historienbild begleiten, sowie einige Jahre später in einem weiteren Manifestbild, in *Leichenhaus,* symbolisiert ein entsetzlicher kleiner Leichnam den absoluten Schrecken und das Grauen.

Die Anwesenheit eines toten Kindes in dem Programmbild *Guernica* unterstreicht mit aller Deutlichkeit, dass Picasso dieses Sujet nicht auf idyllische Phasen und auf genrehafte Momente beschränkt. Er hat in Vorstudien und Postskripta die Mutter mit dem Leichnam in mehreren Variationen gezeichnet (Abb. 3). Dieses erschreckende Motiv, das ebenso auf Poussins *Bethlehemitischen*

3 Pablo Picasso · *Mutter mit totem Kind (Studie zu »Guernica«)* · 1937
Museo del Prado (Depósito en el Museo Nacional Centro de Arte Reina Sofía), Madrid

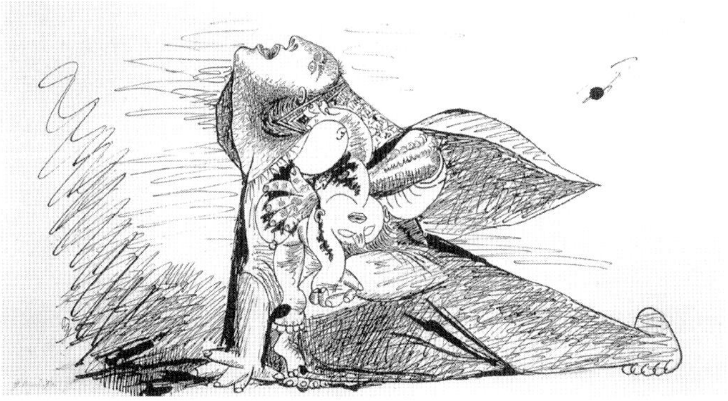

KAT. 6.6 PABLO PICASSO · LA MINOTAUROMACHIE · 1935

4 Pablo Picasso · *Las Meninas; Die Infantin Margarita María und Isabel de Velasco* · 1957
Museo Picasso, Barcelona

5 Pablo Picasso · *Paulo beim Zeichnen* · 1923
Musée Picasso, Paris

Kindermord wie auf die Aktualität von Eisensteins *Panzerkreuzer Potemkin* anspielt, beschäftigt ihn zutiefst. Das unterstreicht die Tatsache, dass der Künstler von nun an in alle Arbeiten, die wir zu seinen Historienbildern rechnen dürfen, Kinder aufnimmt.[3]

Diesen Bildern schließen sich in den fünfziger und sechziger Jahren gewichtige Variationen an. Dazu zählen die Paraphrasen zu *Las Meninas* (Abb. 4). Sie bilden einen weiteren Höhepunkt in der Auseinandersetzung mit unserem Thema.

In den letzten Lebensjahren regieren ›Kinder ohne Alter‹, regiert der Putto. Diesem fallen in dem reichen szenischen Gefüge, das Zeichnungen und Grafiken entwerfen, vielfältige attributive Bedeutungen zu. Er führt in den Zirkus, ins Atelier, ins Bordell, aufs Liebeslager. Nicht zuletzt illustriert er, in der Tradition von Properz und der Barockzeit, das ›quo amantior eo amentior‹ (je verliebter, desto unverständiger).[4]

Mehr und mehr wird das Kind in diesen Jahren wieder das, was es zu Beginn war: ein Symbol (Kat. 6.12).

Ganz anders nun die Auffassung, die wir in der Darstellung von Kindern seiner Umgebung und vor allem der eigenen Kinder antreffen. Hier begegnen wir dem Porträt. Generell heftet sich das Kinderporträt fast ausschließlich an die Biografie des Künstlers.

Mehr als drei Viertel der Gemälde, die sich nach Beginn der zwanziger Jahre mit dem Motiv Kind, dem ›unpersönlichen‹ und dem ›porträtierten‹ überhaupt, befassen, geben sich mit dem eigenen Nachwuchs ab. Sie zeigen Paulo (geb. 1921), Maya (geb. 1935), Claude (geb. 1947) und Paloma (geb. 1949).

Aufschlussreich ist nun der Übergang aus der Domäne ›unpersönliche‹ Kinder zu den Porträts des Sohnes Paulo. Nur zögernd nähert sich Picasso dieser Intimität. Wir begegnen vor der Geburt des Kindes einer Reihe von Mutter-und-Kind-Darstellungen. Diese haben keinen porträthaften Charakter. In einigen Bildern, die nach 1921 entstehen, erkennen wir die – idealisierte – Evokation Olgas mit ihrem Söhnchen. Nur kurz tritt dieses zärtliche Motiv auf. Dann wendet sich Picasso in ›lesbaren‹ Bildern ausschließlich Paulo zu. Er porträtiert ihn, er zeigt ihn, zumeist frontal, mit seinem Spielzeug, gibt ihn beim Zeichnen (Abb. 5). Doch konkret beobachtete Szenen der Kindheit treten kaum ins Werk ein. Eine Reihe von Fotografien informiert uns darüber, dass sich der Künstler an vermittelten Bildern ausrichtet.

Wie anders stellt sich dies in den Bildern und Zeichnungen dar, in denen er sich achtzehn Jahre später Maya zuwendet. Er greift dabei, um das kleine Mädchen zu charakterisieren, zu einem völlig anderen Stil beziehungsweise zu einem Stilpluralismus. Dieses Spiel mit Virtualitäten entspricht in den dreißiger Jahren der Stilhöhe der

6 Pablo Picasso · *Maya mit Pferd und Puppe* · 1938
Privatsammlung

7 Pablo Picasso · *Knabe mit Languste* · 1941
Musée Picasso, Paris

Zeit. Waren die Kinder der Blauen und Rosa Periode oft nur Versatzstücke in der Welt der Erwachsenen, blieb das Auftreten Paulos im Erwartungshorizont einer bürgerlichen Familie, so wendet sich Picasso nach der Geburt seiner Tochter Maya (5. September 1935) voller Aufmerksamkeit der Gebärdensprache und der Vorstellungswelt von Kindern zu (Abb. 6). Hier beginnt ein neues Kapitel seiner Beziehung zum Thema. Wir haben es nicht weiter mit Genrebildern zu tun, die immer wieder einen idyllischen und verniedlichenden Zustand präsentieren. Die klassizistischen Umschreibungen und die mythologische Verkleidung von Kindern als Genien in den zwanziger Jahren verschwinden. Für diesen Wechsel können wir ein Zitat aus Picassos Schriften heranziehen: Es unterstreicht ein neues Verhältnis: »Die Zähne bedeckt mit Orangenflaum, grübelnd im Zahnfleisch des Matrosenanzugs des Kindes, das sich niederkniet auf dem Tischrücken, brennend entlang den Seiten ...«[5] Picasso hat damals zahlreiche derartiger Sätze notiert, die uns eine Anschauung davon geben können, wie er sich nicht mit der Betrachtung der kindlichen Vorstellungswelt begnügte, sondern gewissermaßen nach dem Eingang suchte, der in diese Welt führt. In den dreißiger Jahren, im Umkreis von Marie-Thérèse und Maya, treffen wir erstmals auf genaue Beobachtung von kindlichem Verhalten. Wir können dieses Eingehen auf das kindliche Detail bis in die frühen vierziger Jahre weiterverfolgen. Von dort lässt sich dann der Bogen zu der Fülle von Bildern, Zeichnungen und Skulpturen schlagen, die Claude und Paloma gelten sollten. Was sofort auffällt: Die Darstellungen Mayas unterscheiden sich von den offiziellen Porträts, die Picasso von seinem Sohn Paulo gegeben hatte. Das hat sicher auch damit zu tun, dass der Spanier seine Tochter auf legerere Weise behandelte als den Erstgeborenen. Die Wiedergabe in den Zeichnungen hat ausgeprägten Porträtcharakter. Man spürt, dass Picasso sein Modell ständig um sich hatte, dass dieses dem Vater zu den Zeichnungen Porträt sitzen musste. Dagegen waren doch die Bildnisse Paulos offensichtlich ausschließlich nach Fotografien entstanden.

Wir können die Darstellung der Kinder in den dreißiger und vierziger Jahren nun nicht auf die Beschäftigung mit den Porträts beschränken, die Maya gelten. Ab und zu präsentiert Picasso Kinder, deren hoher Grad an Formverzerrung überrascht. Nehmen wir nur einmal ein Bild wie *Knabe mit Languste* (Abb. 7). Diese Stufe der Verzerrung wird nirgends im Bereich der Kinderdarstellungen wiederholt. Das ist der Grund, warum wir sie als ästhetisch derangierende Anomalie erleben. Die Erfahrung, die wir dabei machen, berührt eines der rigorosesten Gesetze, die Picassos Verhältnis zu Deformation und zu psychologischer Wiedergabe regeln. Wenn wir vor einer derartigen Auffassung des Kindlichen dazu aufgerufen werden, psychologische Kategorien heranzuziehen, dann wohl in der Weise, dass Picasso hier die sentimentale Vorstellung von einer unschuldigen Kinderwelt anzugreifen scheint. Könnten wir nicht in dem Jungen, dessen Penis eine Krake und eine Languste bedrohen, eine Anspielung auf Dalís Spiel mit der Kastrationsangst sehen, das dieser in so vielen Bildern zum Thema genommen hat?

Picasso stellt so gut wie nie Halbwüchsige dar. Dies wurde einerseits damit begründet, dass bei ihm die Vorstellung von Kindheit an einen präzis fassbaren, überaus kurzen Altersabschnitt gebunden ist. Doch mehr und mehr wird deutlich, dass sich hinter dieser Beschränkung auf kleinere Kinder eine Scheu verbirgt. Er gibt nie Kinder in heiklen oder zweideutigen Situationen. Das Tabu ist unübersehbar: Es fehlen anzügliche Akte à la Balthus oder Bellmer. Nirgends entdecken wir auch nur den geringsten Hinweis auf den Hautgout einer Lolita-Erotik. Aber es sind nun gerade die nackten Frauenkörper, die in seinem Werk von einem formalen Rausch erfasst werden. Im Prozess der Variation, dem Picasso seine Darstellungsinhalte unterwirft, erfahren diese in der Regel eine formale Bearbeitung, die zu einem Kulminationspunkt führt, an dem unwiderruflich der Absprung zum Destruktiven einsetzt. Wir notieren, dass die Wiedergabe des Kindes gerade vor dem Zugriff des fruchtbarsten und folgenreichsten Arbeitsmittels, der Variation, weitgehend bewahrt bleibt. Ein solches Verhalten hat Konsequenzen für die Präsentation all der Kinder, die zum Familienalbum gehören. Indem der Künstler das Kind als eigenes wiedergibt, erkennbar hält, nimmt er es vor den formalen Exzessen seines Stils in Schutz.

Zwar wäre es sicher kühn, im Zusammenhang mit dieser Zurückhaltung von Inzestscheu zu reden, aber wir können wohl, um diese Befangenheit gegenüber der radikalen Formverletzung zu deuten, ein ästhetisches Äquivalent für den Freudschen Mechanismus vorschlagen und von einer Deformationsscheu sprechen. Wenn man dieses Gesetz akzeptiert, gewinnen jene Bilder, die Kinder zeigen, im Aufbau des Gesamtwerks eine bedeutende Rolle. Und dies, weil sie dank ihrer besonderen fragilen Inhaltlichkeit dem Formzertrümmerer Zurückhaltung auferlegen. Das Kind, dem sich Picasso auf ernste Weise zuwendet, fungiert im Werk als Instanz. In der wunderbaren Erscheinung des blinden Minotaurus, der sich vom Kind geleiten lässt, erreicht dieser Exorzismus des Triebhaften und Wilden einen unvergesslichen Ausdruck (Kat. 6.5). Diese ikonografische Trouvaille taucht häufig auf. In der Blauen Periode erschien das Kind schon gelegentlich in der Rolle des Schutzgeistes. Den jugendlichen, blinden Minotaurus, hinter dem sich der Künstler in den dreißiger Jahren mit Vorliebe versteckt, führt ein kleines, meist mit Blumen bekränztes Mädchen. Nicht nur das Motiv ›Blindheit des Sehers‹, auch der Topos des leidenden, nach oben gerichteten Kopfes geht auf frühe Darstellungen zurück. Erstmals waren wir diesem Kind, das den Mann begleitet, im *Mistelverkäufer* (Abb. 1) begegnet. Picasso zeigte den Straßenhändler, der an Weihnachten in Frankreich die glückbringenden Mistelzweige anbietet. Auf diesen beruft sich das Erlösungsmotiv mit dem Kind, das im Umkreis der *Suite Vollard* und der *Minotauromachie* so häufig die Gemütslage der Kompositionen bestimmt. Und noch Jahrzehnte später, in einer seiner letzten Zeichnungen, kehrt Picasso zu dieser pathetischen, erlösungheischenden Geste zurück.

Die radikalen formalen Stilentwürfe der dreißiger Jahre scheinen der Wiedergabe von Kindern, die dem Maler nahe stehen, nicht angemessen zu sein. Formuliert Picasso diese Bildinhalte wie alle anderen auch, oder findet er eigene Modi? Diese Fragen sind bisher nicht gestellt worden. Es geht bei dieser Beschäftigung um nicht mehr und nicht weniger als um die Verträglichkeit von Motiv und Selbstausdruck des Stils. Die extremen Verschlüsselungen wie auch die extremen Zerstückelungen, denen Fleisch und Objekte in der Bildwelt Picassos zum Opfer fallen, machen vor der ›Welt der Kinder‹ halt. Picassos Blick auf das Kind, wollte man sagen, verlangsamt den Sturz in die Welt freier und inhaltsindifferenter Formen. Ein Ritardando wird wirksam: Die Auseinandersetzung mit der Kindheit drosselt die sich überstürzende stilistische Entwicklung.

Ende der vierziger Jahre erscheinen zwei neue Kinder, Claude und Paloma (Kat. 6.7). Sie sind in vielen Bildern, Zeichnungen und Grafiken präsent. Die Porträts zeichnen sich, verglichen mit allen vorherigen Kinderbildern, durch eine auffällige Verstärkung des Bewegungsmotivs aus (Abb. 8). Der Grund dafür liegt vor Augen: Picasso präsentiert in seinen Kompositionen häufig beide Kinder gleichzeitig, oder er zeigt sie zusammen mit ihrer Mutter. Dabei führt der Kontrast, den der Zusammenstoß zwischen verschieden großen Körpern zustande bringt, zu einer Dynamisierung der Komposition. Scharf erfasst Picasso den Altersunterschied. Die unterschiedliche Motorik, die Charaktere der Kinder stoßen aufeinander.

KAT. 6.5 PABLO PICASSO · BLINDER MINOTAURUS BEI NACHT, VON EINEM KLEINEN MÄDCHEN GEFÜHRT · 1934

KAT. 6.7 PABLO PICASSO · CLAUDE UND PALOMA · 1950

KAT. 6.11 PABLO PICASSO · DER KLEINE ZEICHNER · 1954

Außerdem bricht sich in diesen Gemälden und Zeichnungen, die Claude und Paloma gelten, eine freiere und bewegtere Auffassung vom Kinde Bahn. Diese bezieht sich nicht zuletzt auf die familiäre Situation und auf die permissivere Gesellschaft der fünfziger Jahre. Vor allem in den Kompositionen, die Claude und Paloma zusammen zeigen, denkt man nun eher an das Treiben in einer Montessori-Schule oder in Summerhill. Das ›enfant sauvage‹ bestimmt die Szenen.[6] Kein Drill, nichts Wohlerzogenes ist zu spüren. Claude und Paloma kriechen auf allen vieren auf dem Boden herum. Die inhaltlichen Variationen dieser Jahre sind reich. Darin geht diese Suite, die den beiden Jüngsten gewidmet ist, über frühere Darstellungen hinaus. Bilder, in denen die Sorge um die Fragilität in den Vordergrund rücken, häufen sich. Immer wieder sehen wir die Kleinen mit ihrem Spielzeug. Das lockert die Kompositionen auf, weist ihnen jedoch auch thematisch eine Komplexität zu, die dieser stilistischen Phase zugute kommt. Denn in diesen Jahren treten die silhouettierten, auf einen Fond gestellten Figuren zurück. Picasso bindet seine Motive verstärkt einem Bildkontinuum ein. Für diesen Aufbau, der die Flächigkeit der Komposition hervorhebt, werden kubistische Gestaltungsmittel aktualisiert. Muster von Kleidern, Spielzeug, Kinderstuhl, Betten, redundante Formen in all diesen Motiven dienen dazu, Figur und Bildraum miteinander zu verflechten (Kat. 6.10).

Die Bilder, die Mutter und Kinder zeigen, sind aufschlussreich für die Definition der Eigenwelt der Kinder. Sicher gibt es Szenen, in denen die Mutter mit den Kindern zusammen zu sehen ist, in denen sie ihnen zu essen gibt. Es fehlen jedoch Hinweise auf einen affektiven Überschwang und auf eine innige Beziehung. Nur einmal übergreift Françoise mit ihrer Silhouette schützend die zwei spielenden, zeichnenden Kinder (Kat. 6.11). Das Motiv der Madonna, der Mutter, die ihr Kind trägt, fehlt völlig. Kinder und Mutter leben in getrennten Sphären.

Das Verhalten des Kleinkindes führt zu einer Reihe neuartiger stilistischer Verformungen. Doch diese richten sich durchweg an der Realität aus. Picasso unterstreicht charakteristische Details, um den Verismus hervorzuheben. Zahlreiche Darstellungen wirken dynamisch. Sie setzen den Kontrast zwischen den Körpern ein, spielen mit Horizontale und Vertikale. Manchmal verkürzt er diese Verhältnisse der Formen auf Silhouetten. Die Proportion des kindlichen Körpers bleibt in den zahlreichen Darstellungen, die Claude und Paloma im Kinderwagen, im Bettchen, beim Spielen zeigen, letztlich unangetastet. Sicher, Picasso übersteigert manchmal das Volumen des Kopfes,

8 Pablo Picasso · *Die Spiele* · 1950
Privatsammlung

hebt Hände und Füße wie Großbuchstaben hervor. Das kann als zusätzliches Argument dafür dienen, dass Picasso Kinder nie in einem negativen Sinne deformiert. Es hat nichts mit Karikatur zu tun und hat nichts Monströses, wie die Kritik in den fünfziger Jahren behauptete: »Dieses Gefallen am Monströsen wird ihm so vertraut geworden sein, dass er nicht einmal mehr versucht sein wird, in den Porträts seiner Kinder darauf zu verzichten.«[7] Nirgends widerspricht dieses akzentuierende Sehen unserer Beobachtung. Im Gegenteil, alles wirkt auf höchste Weise plausibel. Diese Akzente weisen dem Motiv vielmehr ihr breites Spektrum an genauen Aussagen zu. Wie gepolstert wirken diese Kinder, nichts Hartes umgibt sie. Speckfältchen dringen in die feste Kontur ein. Picasso klappt die Gesichter auf. Diese leichte Verstärkung der Masse unterstreicht noch zusätzlich das Pausbäckige und Runde. Paloma kann als ideales Motiv herhalten, um diese quietistische Kindheit zum Ausdruck zu bringen. In einer Reihe von Einzelporträts, die er der Tochter widmet, erreicht die Auffassung ihren Höhepunkt (Kat. 6.8, 6.9). Alles konzentriert sich auf das kreisrunde Kindergesicht. Der Eindruck wird noch durch die Ponyfrisur unterstrichen, die den Kopf umrahmt. Es ist ein Motiv, das Picasso in zahlreichen Bildern, Zeichnungen und Grafiken behandelt: »Er verbrachte Stunden damit, sie zu zeichnen und zu malen.«[8] Keinem Kindergesicht nähert er sich stärker. Es gibt Darstellungen, in denen Palomas Gesicht das ganze Blatt füllt. Die Übersteigerungen, die Bewegungen richten sich nach den typischen Proportionen der kindlichen Anatomie. Nicht das Hübsche steht im Vordergrund, sondern das unverwechselbar Kindliche.

KAT. 6.9 PABLO PICASSO · PALOMA UND IHRE PUPPE AUF SCHWARZEM GRUND · 1952

KAT. 6.8 PABLO PICASSO · PALOMA UND IHRE PUPPE AUF WEISSEM GRUND · 1952

Als Faustregel gilt, dass die Beschäftigung mit den eigenen Kindern, die an ganz bestimmte, zeitlich begrenzte Perioden gebunden ist, die Darstellung ›unpersönlicher‹ Kinder ausschließt.

Die Bilder und Zeichnungen, in denen Kindheit als Motiv erscheint, sind früh in den Korpus des Werks aufgenommen worden. Sie kommen bereits 1901 in den Kunsthandel, sie treten in Sammlungen und Museen ein und tauchen auch regelmäßig in Picasso-Ausstellungen und in Publikationen auf. Anders steht es mit den Werken, in denen sich Picasso den eigenen Kindern widmet. Zu Lebzeiten des Künstlers haben nur wenige davon das Atelier verlassen. Der private Aspekt sollte vor den Augen Außenstehender bewahrt bleiben.

Picasso führt mit der Präsentation dieser scheinbar so nahen Kinderwelt etwas Fernes und Nichtbesitzbares vor: Er schildert die Liturgie fremder, unverständlicher Verhaltensweisen. Fasziniert beobachtet er das wilde und unzivilisierte Gebaren der Kinder. Es treten dank dieser Beobachtung einer fremdartigen Gestik neue Bewegungsmotive in sein Werk ein. Diese interessieren ihn, wie wir vor allem mit einem Blick auf die Arbeiten, die Claude und Paloma gelten, feststellen können. So besehen lässt sich diese Auseinandersetzung mit dem Kind auch als Jagd nach einer unbekannten Welt der Formen betrachten. Formal schließt sich diese all den anderen Jagden Picassos an, in dem es ihm um die Suche nach Distanz und antizivilisatorischem Ausdruck ging.

Vielleicht haben wir in diesem Aufspüren spontaner, auf einen kurzen Moment beschränkter Gesten den Grund dafür zu entdecken, warum sich der Künstler so schnell wieder vom einzelnen Kind, von der Lebensgeschichte seiner Söhne und Töchter abwendet. Denn diese Arbeiten geben eine überraschende Auskunft über das Verhältnis zur Kindheit: Nur die frühen Altersstufen stellt Picasso in seinen Bildern und Zeichnungen dar. Das mag mit dem zu tun haben, was wir in der viel zitierten These von Philippe Ariès angedeutet finden.[9] Diese kritisiert, dass eine längere Kindheit, als besonderer Lebensabschnitt ausgegeben, eine Fiktion neueren Datums sei. Die Hilfsbedürftigkeit des Kindes, die Erfindung einer Übergangszeit sei ein Konstrukt der höfischen und bourgeoisen Erziehung. Deren Ziel liege darin, die Abhängigkeit der Kinder zu verstärken und ihre soziale Integration hinauszuzögern. Picasso beschränkt sich auf die Darstellung der frühen, biologisch kurz bemessenen Altersstufe, die im Verständnis von Ariès im vormodernen Sinne mit Kindheit identifiziert werden kann.

Eigenständige Darstellungen von Kindern sind eine Errungenschaft der neueren Zeit. Die Entfaltung des Themas in der Kunst zeigt, dass man es lange bei dem hübschen Motiv beließ oder man das Kind als kleinen Erwachsenen sah. Picasso setzte sich in seinem Frühwerk mit dieser Vorstellung auseinander.

Wenn wir uns diesem hübschen, so nahen und doch so fremden Gegenstand zuwenden, dürfen wir nicht bei einer Motivsuche stehen bleiben, die sich auf den Nachweis von Jungen und Mädchen in den Bildern beschränkt. Denn um die Aussage von Kindheit in der Kunst und als Funktion für die Kunst zu verstehen, müssen wir uns auch nach den symbolischen Formen umsehen, in denen sich die Beschäftigung mit Kindheit ausspricht. Die Welt der Kinder begnügt sich nicht mit seinem passiven Part, das heißt, das Kind erscheint in der Kunst unseres Jahrhunderts keineswegs nur figurativ. Die Identifikation mit einer kindlichen Anschauungsweise gewinnt für das Selbstverständnis des Künstlers eine große Bedeutung. Es geht um den Nachweis dieser Mentalität in ästhetischen Prozessen. Spontanes Verhalten wird als Strategie eingesetzt, um Tradition und Lehrbetrieb aufzubrechen. George Boas ist dieser instrumentalen Symbolik, die sich in unserem Jahrhundert im Zeichen des Kindes entwickelte, unter dem Titel *The Cult of Childhood* nachgegangen. Er fasste dabei zusammen, was künstlerische Strategien seit Dada, Klee und dem Surrealismus angestrebt und aufgezeigt hatten: »The child is also a good model for the cultural primitivist.«[10] Dieses Modell vom ›cultural primitivist‹ begleitet unzweifelhaft den großen Umbruch im Werk, der 1906 dazu führte, die psychologischen und literarischen Komponenten, an denen die Blaue und Rosa Periode zu ersticken drohten, durch Paradigmen einer unverbrauchten, ›jungen‹ Vorstellungswelt zu ersetzen. Dieses Fremde–Unerzogene hat sich verkleidet, es versteckt sich in ästhetischen Verhaltensmustern, in Techniken, die dem Bereich des Spiels, des Bastelns, der nicht fachgerechten Verwendung von Materialien und Werkzeugen entstammen. Der Künstler möchte mit frischen, unverbildeten Augen schauen; er nimmt die Bedeutungsperspektive, die ›bricolage‹, mit der die Kinder die Welt nachzuspielen suchen, zur Norm origineller stilistischer Freiheiten. Picasso versetzt sich in das Bewusstsein, mit dem Kinder die Welt erkunden. Das haptische Verhalten, der Zugriff der überdimensionierten Hände und Füße unterstreichen dies (Abb. 9). Überall lässt sich die jähe Untersicht aus der Perspektive des Kindes bei ihm nachweisen. Das gilt für die Darstellungen, in denen Kinder auf dem Boden liegen, im Kinderwagen sitzen und die Welt aus niedriger Augenhöhe wahrnehmen.

Schon diese wenigen Hinweise zeigen, dass der Künstler der Auseinandersetzung mit der kindlichen Wahrnehmung einen entscheidenden Anstoß gegeben hat. Weil er in ihr ein Modell der künstlerischen Praxis entdeckt. Er nimmt damit an einer Bewegung teil, die unser ganzes Jahrhundert durchzieht. Bewusste Regression auf kindliche Zustände, Suche nach einer antikulturellen Ausgangsposition kann man überall in den zwei ersten Jahrzehnten des Jahrhunderts nachweisen. Nach dem ›guten Wilden‹ Rousseaus, der Erziehung und Aufklärung mit dem Antiintellektualismus konfrontierte, nach Gauguins enttäuschender Landnahme in einem lokalisierbaren Paradies blieb das Marginale, das Kind, der einzige Ausweg, um in das utopische Ausland eines ›kulturellen Primitivismus‹ vorzustoßen.

Kein anderes Œuvre hat auf so pointierte Weise kindliche und wilde Denkformen in den Vordergrund gerückt wie das Picassos. Es hat Kindheit so besehen nicht nur dargestellt, sondern versucht, Kindheit als Strategie künstlerischer Produktion zu instrumentalisieren. Nur noch bei Paul Klee erreicht die Auseinandersetzung mit dem Kind dieses Gewicht.[11]

9 Pablo Picasso · *Das Mädchen mit den Kaulquappen – Paloma* · 1954
Privatsammlung

Unübersehbar hat sich Picassos Verhältnis zum Thema im Laufe von annähernd achtzig Jahren verändert. Neben der eigenen stilistischen Entwicklung spiegeln sich darin verschiedene gesellschaftliche, politische und pädagogische Realitäten. Jahrzehnte liegen zwischen der Sakralisierung des Kindes in der Blauen Periode, dem Madonnenkult und dem Kult einer mittelmeerisch-heidnischen Fruchtbarkeit der zwanziger Jahre und schließlich der Auffassung vom freien, seiner eigenen Welt überlassenen Kind, die in den fünfziger Jahren so offenkundig vorherrscht. Dabei erscheint es unmöglich, den Ausdruck der Kinder in diesen Bildern genau, in einem illustrativen Sinne zu erfassen oder die Geschichten nachzuerzählen. Zu viele formale Übertragungen und Spiegelungen rücken zwischen eine psychologische Lektüre und einen formalen Selbstausdruck. Das Tabu, das er sich auferlegt hat, verhindert, dass alle Exzesse und Sprachhöhen des Stils herangezogen werden können. Das Kind ist ein großes und unerschöpfliches Thema. Picasso spielt mit ihm ›Himmel und Hölle‹.

ANMERKUNGEN

Der für diese Publikation gekürzte und überarbeitete Beitrag wurde erstmals abgedruckt in: *Picassos Welt der Kinder,* hrsg. und mit einer Einführung von Werner Spies, Ausst.-Kat. Kunstsammlung Nordrhein-Westfalen, Düsseldorf, und Staatsgalerie Stuttgart, Prestel-Verlag, München und New York 1995, S. 11–55.

1 Zitiert nach Lloyd deMause (Hrsg.), *Hört ihr die Kinder weinen. Eine psychogenetische Geschichte der Kindheit,* Frankfurt am Main 1977; englische Ausgabe *The History of Childhood,* New York 1974, S. 565.

2 Daniel-Henry Kahnweiler, in: Helen Key, *Picassos Welt der Kinder,* München und Zürich 1966, S. 8.

3 Siehe zu den verschiedenen Motiven, die *Guernica* verarbeitet und die in weiteren Todesthemen Picassos anklingen: Werner Spies, *Picasso – Die Zeit nach Guernica,* Stuttgart 1993.

4 L. G. Gyraldus, *De Deis Gentium,* Lyon 1565, S. 345, zit. nach Wilhelm Messerer, *Kinder ohne Alter. Putten in der Kunst der Barockzeit,* Regensburg 1962, S. 20.

5 Eintragung vom 19. März 1938, in: *Picasso Ecrits,* hrsg. von Marie-Laure Bernadac und Christine Piot, mit einem Vorwort von Michel Leiris, Paris 1989, S. 189.

6 Man könnte darauf die Charakterisierung beziehen, mit der Rosenblum die Auffassung des Themas bei Schinkel von zeitgleichen Darstellungen in Frankreich abhebt: »Next to the polished, artificial charm and grooming of the French girl, Schinkel's daughter looks like an enfant sauvage ... The spirit of Runge's natural child is passionately alive here ...«; Robert Rosenblum, *The Romantic Child. From Runge to Sendak,* London 1988, S. 41.

7 Raymond Cogniat, »Picasso: Figures au pluriel«, in: *International Art Book,* Lausanne 1959, S. 36.

8 Françoise Gilot, *Vivre avec Picasso,* Paris 1965, S. 240.

9 Philippe Ariès, *L'enfant et la vie familiale sous l'Ancien Régime,* Paris 1973; Deutsch: *Geschichte der Kindheit,* München 1975; ders., *Die gesellschaftliche Wirklichkeit der Kinder in der bildenden Kunst,* Neue Gesellschaft für Bildende Kunst und Staatliche Kunsthalle Berlin, Berlin 1979, S. 28 ff.

10 George Boas, *The Cult of Childhood,* Studies of the Warburg Institute, hrsg. von Ernst H. Gombrich, Bd. 29, London 1966, S. 11.

11 Siehe dazu Tilman Osterwold, *Paul Klee. Ein Kind träumt sich,* Stuttgart 1979; Jonathan Fineberg, *Mit dem Auge des Kindes. Kinderzeichnung und moderne Kunst,* hrsg. von Helmut Friedel und Josef Helfenstein, Ausst.-Kat. Lenbachhaus, Kunstbau, München, und Kunstmuseum Bern, Stuttgart 1995; Jonathan Fineberg (Hrsg.), *Kinderzeichnung und die Kunst des 20. Jahrhunderts,* Stuttgart 1995.

Wirklichkeit »mit ungewohnten Augen« schauen
Die Künstler des Blauen Reiters und die Kinderzeichnung

Barbara Wörwag

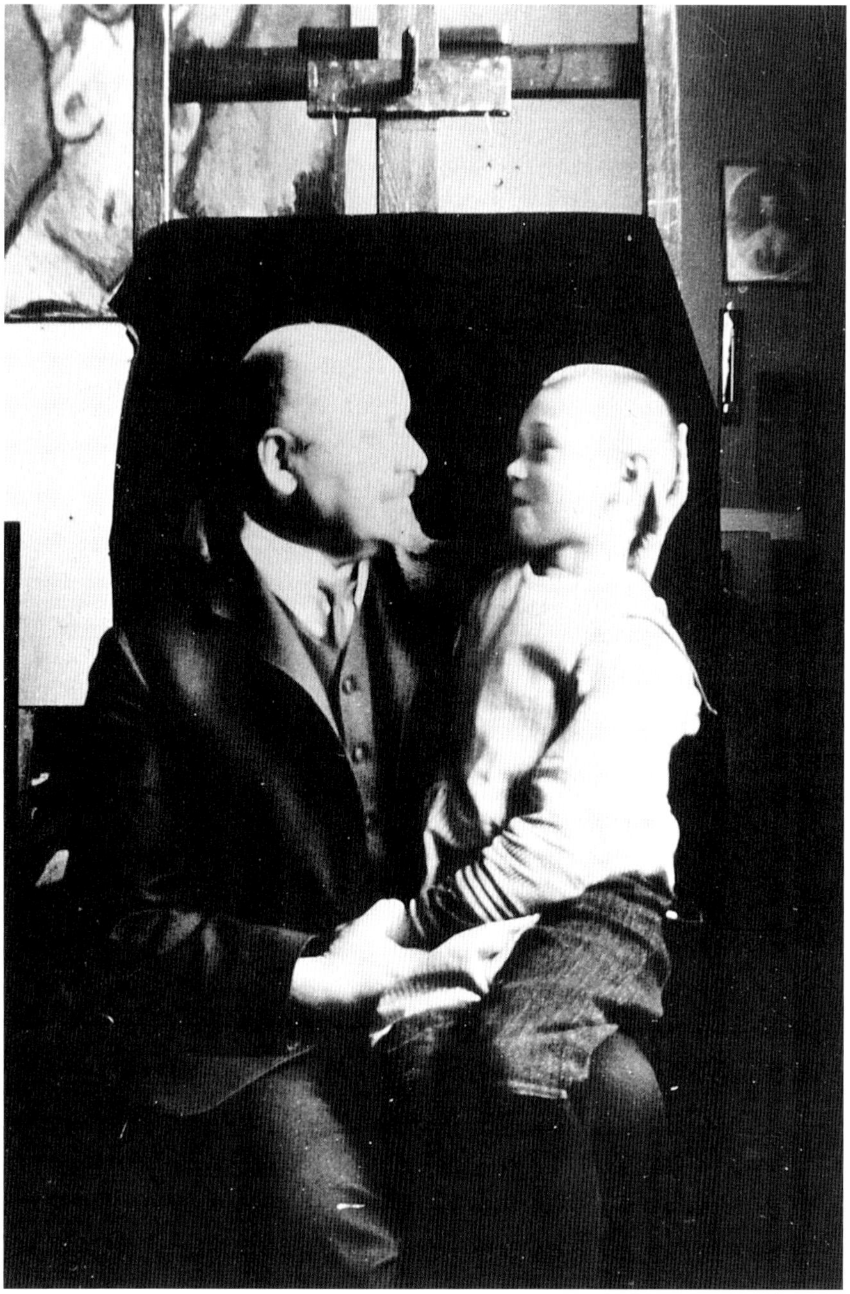

Zu Beginn des 20. Jahrhunderts hatten die Künstler Europas das Bedürfnis, eine erschöpfte Tradition zu überwinden und die Ursprünge künstlerischen Erlebens und Schaffens neu zu entdecken. Auf der Suche nach Vorbildern fanden sie Anregung bei der Kunst der Naturvölker, der Naiven, der Geisteskranken und der Kinder. Das Interesse der Künstler des sich Ende 1911 aus der Neuen Künstlervereinigung München abspaltenden Kreises des Blauen Reiters galt insbesondere der Volkskunst Oberbayerns. In den Heiligenbildern, den Votivtafeln und der Hinterglasmalerei fanden sie ein Reservoir unverbildeter Kreativität vor.

Der eigentliche Durchbruch des Primitivismus wurde jedoch mit dem 1912 erschienenen Almanach *Der Blaue Reiter* eingeleitet, der von Wassily Kandinsky und Franz Marc herausgegeben wurde. Dort sind Kunstwerke verschiedener Herkunft scheinbar willkürlich nebeneinander gestellt, als ob sie – unabhängig von ihrer Funktion – ohne weiteres miteinander vergleichbar wären. Neben mittelalterlichen Werken finden sich Beispiele der afrikanischen und japanischen Kunst, Bilder der französischen Avantgardemalerei stehen neben Beispielen aus der Volkskunst, der naiven Kunst und – in unserem Zusammenhang bedeutsam – der Kinderkunst.[1]

Auch die Beiträge des Almanach enthalten zahlreiche Bekenntnisse zum Primitivismus. So schreibt Marc: »Echtes bleibt stets neben Echtem bestehen, so verschieden auch sein Ausdruck sein mag«,[2] und verbindet echte Kunst mit dem Aspekt der Ursprünglichkeit ohne Rücksicht auf malerische Tradition. Wassily Kandinsky bringt in seiner Abhandlung »Über die Formfrage« wiederholt seine Wertschätzung der Kreativität des Kindes zum Ausdruck: »Es ist eine unbewußte enorme Kraft im Kinde, [...] die das Kinderwerk dem Werk des Erwachsenen gleich hoch (und oft viel höher!) stellt.«[3] Schließlich stellt August Macke in seinem Essay »Die Masken« die rhetorische Frage: »Sind nicht Kinder Schaffende, die direkt aus dem Geheimnis ihrer Empfindung schöpfen, mehr als der Nachahmer griechischer Form?«[4]

Alexej Jawlensky, der sich zusammen mit Marianne von Werefkin 1912 dem Kreis des Blauen Reiters angeschlossen hatte, war in seinem Bemühen um formale Vereinfachung zu einem wichtigen Anreger der Gruppe geworden. Auch er war fasziniert von der kindlichen Formensprache, die er am unmittelbarsten in den Bildern seines Sohnes Andreas entdeckte. Die Begeisterung, die er darüber empfand, wird durch ein Briefzitat von Franz Marc überliefert, der bei einem Besuch in München 1911 mit Jawlensky zusammentraf und an seine damalige Freundin Maria Franck schrieb: »Er [Jawlensky] klammert sich mit seiner ganzen übervollen Seele an seinen André und erhofft von ihm das Genie, das ihm fehlt. Er zeigte mir am anderen Tage alles, was André bisher gemacht hat, – es grenzt wirklich ans Wunderbare. Unter manchen könnte ruhig ›Matisse‹ stehen, kein Künstler könnte Zweifel hegen. Und dabei verbirgt sich das Unzulängliche seines Alters niemals, aber es gibt seinen Dingen einen Einschlag, der ans Mysteriöse grenzt.«[5] Auch Elisabeth Macke berichtet, wie ihr Jawlensky anlässlich eines Besuches in dessen Münchner Atelierwohnung Ende 1910 voll Stolz die Zeichnungen seines damals achtjährigen Sohnes gezeigt hatte.[6]

Kein Künstler ist jedoch so häufig mit dem Bildschaffen von Kindern in Verbindung gebracht worden wie Paul Klee, der der Künstlergruppe des Blauen Reiters 1912 beitrat. Er befasste sich seit seinen künstlerischen Anfängen mit der Kindheit, die nicht nur zu einem seiner zentralen Bildthemen wurde, sondern auch seinen Gestaltungswillen wesentlich bestimmte. Die Entdeckung seiner eigenen Kinderzeichnungen auf dem Dachboden des elterlichen Hauses in Bern 1902 wurde für ihn zum entscheidenden Erlebnis. Diese Zeichnungen der frühen Kindheit nannte er in einem Brief an seine damalige Braut Lily Stumpf »bis jetzt das Bedeutendste«, was er je gemacht habe, »unabhängig von Italienern und Niederländern, stilvoll in hohem Grade und naiv geschaut«.[7]

In der Schweizer Zeitschrift *Die Alpen* veröffentlichte Klee im Januarheft 1912 eine Rezension der beiden Ausstellungen der Neuen Künstlervereinigung München und der gleichzeitigen »1. Ausstellung der Redaktion ›Der Blaue Reiter‹«. In seiner Besprechung stellt er die Kinderzeichnung als vorbildhaft auf eine Stufe mit der primitiven Kunst und der Kunst der Geisteskranken: »Es gibt nämlich auch noch Uranfänge von Kunst, wie man sie eher im ethnographischen Museum findet oder daheim in der Kinderstube (lache nicht, Leser,) die Kinder können's auch, und das ist durchaus nicht vernichtend für die jüngsten Bestrebungen, sondern es steckt positive Weisheit in diesem Umstand. Je hilfloser diese Kinder sind, desto lehrreichere Kunst bieten sie; [...] parallele Erscheinungen sind die Zeichnungen Geisteskranker, und es ist also auch Verrücktheit kein treffendes Schimpfwort. Alles das ist in Wahrheit viel ernster zu nehmen als sämtliche Kunstmuseen, *wenn* es gilt, die heutige Kunst zu reformieren. So weit müssen wir zurück, um nicht einfach zu altertümeln.«[8] Paul Klees ernsthafte Beschäftigung mit der Kinderkunst hielt während aller Schaffensphasen an, wenngleich die Funktion der kindlichen Bildsprache für sein eigenes Werk in einem hochkünstlerischen Zusammenhang gesehen werden muss.

Fragen wir nun nach der Bedeutung der Kinderzeichnung für die Künstler des Blauen Reiters, so müssen wir den Motiven nachgehen, die ihr zweifellos großes Interesse am Ausdrucksvermögen des Kindes bestimmten, und untersuchen, welche Einflüsse sich daraus für das jeweilige Werk ergaben.

Wassily Kandinsky war mit seiner Ende 1911 erschienenen Programmschrift zur Abstraktion mit dem Titel *Über das Geistige in der Kunst* zum intellektuellen Anführer der Avantgarde in München geworden. Im Zentrum seines Denkens stand die Vorstellung, dass in einer zukünftigen Epoche des »großen Geistigen« mit der spirituellen Erneuerung von Gesellschaft und Kunst fortan geistige Werte an die Stelle materieller Werte zu treten hätten. Die Aufgabe der Kunst konnte demnach nicht länger darin bestehen, die sichtbare Realität abzubilden, sondern durch eine freie, universale Thematik den Betrachter zum Erleben des Geistigen zu führen. Das innere Erleben sollte Vorrang vor der Darstellung der äußeren Wirklichkeit haben. Die Wahl des Gegenstandes sollte, in Kandinskys metaphorischer Sprache ausgedrückt, »nur auf dem Prinzip der zweckmäßigen Berührung der menschlichen Seele ruhen«.[9] Diesen Grundsatz bezeichnete er auch als »Prinzip der inneren Notwendigkeit«.

Schon 1903 hatte Kandinsky an Gabriele Münter, die bis 1916 seine Lebensgefährtin war, geschrieben: »Zu den Sachen, die theoretisch fertig sind, muß man ja noch eine passende Form finden.«[10] Zur Lösung der Formprobleme, die ihn beschäftigten, empfing er reiche Anregung durch die Bilder von Kindern. Kandinsky und Münter hatten in dieser Zeit damit begonnen, eine Sammlung von Kinderzeichnungen anzulegen, die sich bis heute erhalten hat. Die Mehrzahl der etwa 250 überlieferten Zeichnungen und kolorierten Blätter, die sich im Archiv der Gabriele Münter- und Johannes Eichner-Stiftung befinden, sind von 1905/06 bis 1914 datiert, dem Jahr als Kandinsky zunächst wieder nach Russland zurückkehrte. Bei Gabriele Münter hielt das Interesse an der Kinderzeichnung bis in die dreißiger Jahre an, und auch Kandinsky begann während seiner Tätigkeit am Bauhaus erneut, Kinderzeichnungen zu sammeln, jetzt gemeinsam mit seinem Freund und Kollegen Paul Klee.

Die Namenszüge einer Anzahl von Blättern der Sammlung verweisen auf eine russische Herkunft. Kandinsky mag sie von seinen alljährlichen Besuchen in der Heimat mitgebracht haben. Neben Zeichnungen von Maschura und Lilja, den Töchtern seiner in Odessa lebenden Schwester, sind weitere Blätter mit kyrillischer Aufschrift erhalten. Kandinsky pflegte zudem engen Kontakt zu Larionow und anderen Sammlern von Kinderkunst unter den russischen Avantgardisten. Der weitaus größere Teil der Sammlung wurde jedoch von Gabriele Münter eingebracht. Durch Widmungen und Grußworte ist die Identität der Kinder meist festzustellen. So schreibt Friedel Schroeter, eine Nichte Münters, auf die Rückseite einer Postkarte: »Gruß an Tante Ella und Onkel Was. Kuß von Friedel«. Annemarie, die Tochter von Münters Bruder Carl, hat die eigene Familie abgebildet (Abb. 1). Von Käthchen Busse, einer 1908 geborenen Nichte, stammen etwa dreißig frühkindliche Zeichnungen.[11]

Es bestehen deutliche Beziehungen zwischen den erhaltenen Malereien von Kinderhand und den Bildern Kandinskys und Münters aus der Zeit vor dem Ersten Weltkrieg. Die Naivität und Frische der kindlichen Bildwelt und die Unmittelbarkeit des Ausdrucks übten große Faszination auf beide Künstler aus. Nicht etwas Erlerntes, sondern das im erlebenden Sehen eigenständig Erfasste wird dort bildhaft-anschaulich umgesetzt. Die dem Kinde eigene Erfindungsgabe bei der formalen Bewältigung einer gegenständlichen oder räumlichen Situation wird hier sichtbar. Durch die Entdeckung der Kinderkunst fühlten sich beide Künstler zu den Ursprüngen der Kreativität zurückgeführt.

Eine wichtige Rolle im Erleben des Kindes spielten schon in der damaligen Zeit die Maschinen des technischen Zeitalters. Zu Beginn des 20. Jahrhunderts war es besonders die Eisenbahn, die auf einer ganzen Anzahl von Zeichnungen abgebildet ist (Abb. 2). Möglicherweise ging hier ein latenter Einfluss auf Kandinskys 1909 entstandenes Gemälde *Eisenbahn bei Murnau* (Abb. 3) aus. Auffallend ist der naive, fast märchenhafte Zug der Darstellung. Wie ein großer Drache schiebt sich die Lokomotive des Eisenbahnzuges von rechts in die Landschaft. Die dunkle Silhouette hebt sich deutlich von den kräftigen Farbflecken des Hintergrundes ab. Die weiße Rauchfahne und die fliehenden Wolken lassen den Eindruck von Bewegung entstehen. Bei dieser Art Malerei sind straff organisierte Strukturen einer lockeren, fluktuierenden Motivfolge gewichen, wie sie häufig auf Landschaftszeichnungen von Kindern zu sehen ist.

Der naiv geschaute Realismus des Bildes scheint Kandinskys späterer Intention der Auflösung des Gegenständlichen zu widersprechen. Doch schreibt er im Almanach, dass das »eigentlich Künstlerische« sowohl realistisch als auch abstrakt zum Ausdruck gebracht werden könne: als zwei gleichberechtigte Pole, die zum gleichen Ziele führten.[12] Dass die bildnerische Strategie Wassily Kandinskys während der Jahre des Blauen Reiters jedoch auf die Abstraktion gerichtet war, steht außer Frage.

Das Schauen »mit ungewohnten Augen«[13] und das dem Empfinden des Erwachsenen nach Unbeholfene und Fehlerhafte der kindlichen Bildsprache vermittelt nach Kandinskys Auffassung etwas Unsichtbares von den Dingen, den reinen »inneren Klang«. Die Kinderzeichnung und vornehmlich die Wirkung, die von ihr ausgeht, wurde zum entscheidenden Impuls für Kandinskys künstlerisches Bestreben, den »inneren Klang« des Gegenstandes freizusetzen. »Das Praktisch-Zweckmäßige ist dem Kind fremd«, schreibt er im Almanach, »da es jedes Ding mit ungewohnten Augen anschaut und noch die ungetrübte Fähigkeit besitzt, das Ding als solches aufzunehmen. [...] So entblößt sich in jeder Kinderzeichnung ohne Ausnahme der innere Klang des Gegenstandes von selbst. Die Erwachsenen, besonders die Lehrer, bemühen sich, dem Kind das Praktisch-Zweckmäßige aufzudrängen, und kritisieren dem Kinde seine Zeichnung gerade von diesem flachen Standpunkte aus: ›dein Mensch kann nicht gehen, weil er nur ein Bein hat‹, ›auf deinem Stuhl kann man nicht sitzen, da er schief ist‹ usw. Das Kind lacht sich selbst aus. Es sollte aber weinen.«[14] Kandinsky schätzte die »Unschuld« des kindlichen Blicks, der viele Dinge zum ersten Mal und daher mit besonderer Intensität wahrnimmt. Daraus resultiere die Fähigkeit, Gefühle und Empfindungen sichtbar zu machen, die dem Erwachsenen abhanden gekommen sind: »Nur die gewohnten Gegenstände wirken bei einem mittelmäßig empfindlichen Menschen ganz oberflächlich. Die aber, die uns zum erstenmal begegnen, üben sofort einen seelischen Eindruck auf uns aus. So empfindet die Welt das Kind.«[15]

Die in Kandinskys Theorie häufig wiederkehrende Formulierung vom »inneren Klang« des Gegenstandes gibt

1 Annemarie Münter · Kinderzeichnung · 1913
Gabriele Münter- und Johannes Eichner-Stiftung, München

2 Ella Reiß · Kinderzeichnung · undatiert
Gabriele Münter- und Johannes Eichner-Stiftung, München

3 Wassily Kandinsky · *Eisenbahn bei Murnau* · 1909
Städtische Galerie im Lenbachhaus, München

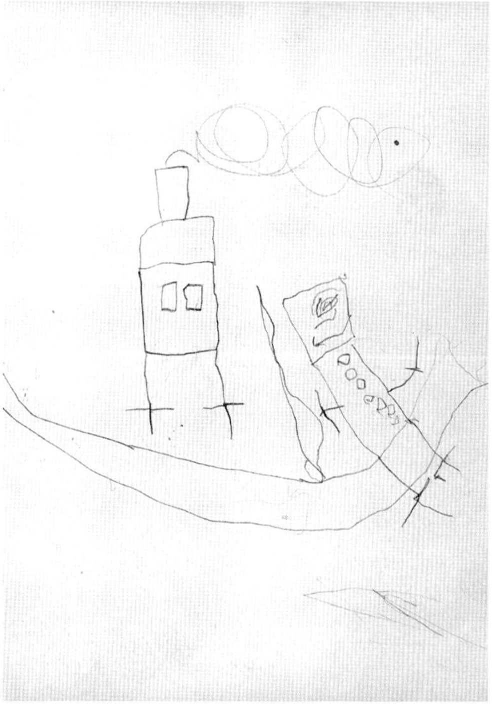

4 Paulot Seddeler · Kinderzeichnung · 1910–1912
Gabriele Münter- und Johannes Eichner-Stiftung, München

einen Hinweis auf die enge Beziehung zur Musik, die ihm als abstrakte Kunst Vorbild war. Kandinsky hoffte, dass die Malerei ebensolche Kräfte entfalten könne wie die Musik. Durch die Freisetzung des Klangwertes von Farben und Formen erstrebte er die Erregung aller Sinne im Betrachter. Diese Art synästhetischen Empfindens ist gerade bei Kindern anzutreffen, die ein geschautes Bild stets ganzheitlich mit allen Sinnen erleben.

Die frühesten in der Sammlung erhaltenen bildlichen Zeugnisse aus Kinderhand stammen von dem etwa vierjährigen Paulot Seddeler, vermutlich dem Sohn eines zur russischen Kolonie in München gehörenden Freundes von Kandinsky. Die Bleistiftzeichnungen zeigen alterstypische Kritzeleien, Leiterformen, Mandalafiguren und Kastenmenschen (Abb. 4). Diese einfach naiven Formgestalten waren eine Quelle der Inspiration bei Kandinskys Formsuche während des Übergangs zur Gegenstandslosigkeit. In den Skizzenbüchern sind Merkmale radikaler Formvereinfachung ab 1908/09 zu erkennen.[16] Einige der Skizzen weisen eine stark summarische Figuration auf, dem Detail kommt nur noch wenig Aufmerksamkeit zu. Kandinskys Entwurfsskizze zu *Improvisation* 7 von 1910 (Abb. 5) zeigt jene Art menschlicher Figuren, die den Einfluss kindlicher Kastenmenschen vermuten lassen. Auch der um 1911 gefertigte Holzschnitt mit demselben Titel[17] (Kat. 7.11) gründet auf diesem Formvokabular. Er wurde 1913 in Kandinskys Gedichtband *Klänge* veröffentlicht. Fest gefügt im Aufbau und mit strengen Umrissen versehen, weisen Hügel und Wege noch auf Landschaft hin. Ein Menschenpaar befindet sich am Wegrand, auf der Skizze noch deutlicher zu erkennen. Alle Formen sind ineinander verschränkt, scheinbar ohne Rücksicht auf Bedeutung. Rätselhaft die Formen, rätselhaft der Gehalt – dies lag in Kandinskys Absicht.

Als Hans Arp, im Mai 1912 Mitarbeiter am Almanach, die *Klänge* in München zu sehen bekam, empfand er die Verschmelzung von Wort, Klang und Farbe als eine niemals zuvor erlebte Wunderwelt. Selbst bildender Künstler und Dichter, fasste er seinen Eindruck in Worte: »Es steigen Schatten auf, gewaltig wie sprechende Berge. [...] Menschenähnliche Gestalten entkörpern sich zu schalkhaften Nebeln. Erdlasten ziehen sich Ätherschuhe an.«[18]

Der Holzschnitt *Reiterweg*[19] von 1911 (Kat. 7.12), ebenfalls in *Klänge* reproduziert, zeigt ein ähnlich verschlüsseltes Formvokabular. Neben bildlichen Phänomenen, die an Türme und steil abfallende Felsen erinnern, ist in einer Art Schlucht eine Kavalkade von Reitern zu erkennen, links unten eine menschliche Gestalt mit ausgebreiteten Armen. Pferde und Reiter, Sinnbild für Kraft und Schnelligkeit,[20] sind ein zentrales Thema im Schaffen die-

5 Wassily Kandinsky · Entwurf zu *Improvisation* 7 (Replik) · 1910
Städtische Galerie im Lenbachhaus, München

KAT. 7.11 WASSILY KANDINSKY · IMPROVISATION 7 · 1911

KAT. 7.12 WASSILY KANDINSKY · REITERWEG · 1911

ser Jahre und verweisen auf Kandinskys Vorstellung des Aufbruchs in eine neue Zeit der geistigen Wiedergeburt.

Das Wirkliche ist noch nicht gänzlich ausgeklammert, die landschaftlichen Bezüge sind lesbar, doch die übrigen Formationen sind kaum mehr zu deuten. Kandinsky wählte eine Formensprache, der das »Unpräzise« eigen ist: »Meine persönliche Eigenschaft ist die Fähigkeit, durch das Beschränken des Äußeren das Innere stärker herausklingen zu lassen. Knappheit ist mein liebster Modus ... Das Knappe verlangt das Unpräzise (also keine zu stark wirkende malerische Form – sei es Zeichnung oder Malerei.«[21] Ganz offenkundig machte Kandinsky sich die oftmals im Unbestimmten bleibende Bedeutung der Kinderzeichnung für sein eigenes Gestalten zunutze. Dies geschah in der Absicht, den Betrachter von der äußerlich sichtbaren Welt zu lösen und in eine unkörperliche, abstrakte Sphäre zu überführen.

Das Abrücken von den komplizierten traditionellen Darstellungsprinzipien hatte für Kandinsky zunächst ein Zurück zur einfachen Linie zur Folge. Auch für Kinder ist auf einer frühen Entwicklungsstufe die einfachste Form des Habhaftwerdens eines Dinges die Linie. Kinder repräsentieren einen Gegenstand häufig durch seine äußere Hülle. Der Umriss kennzeichnet jedoch nicht nur die äußere Form, sondern zugleich etwas vom Wesen eines Dinges, sei es Härte oder Weichheit, Trägheit oder Kraft. So ahmt die Linie nicht nur das äußerlich Sichtbare nach, sondern zeigt Wesenseigenschaften. Unter den gesammelten Blättern befindet sich eine ganze Anzahl von Umrisszeichnungen (Abb. 6). Kandinsky bemerkt hierzu in seinem Essay: »Die vollkommen und ausschließlich einfach gegebene Hülse des Dinges ist schon eine Absonderung vom Praktisch-Zweckmäßigen und das Herausklingen des Inneren.«[22]

Das um 1911/12 entstandene Aquarell *Drei Gestalten und Vogel (?)*[23] (Abb. 7) lässt die Anwendung dieses Prinzips deutlich werden. Mit dem Tuschpinsel gezeichnet, sind unten links die Umrisslinien dreier menschlicher Gestalten zu erkennen. Über dieser Gruppe vor einem Regenbogen schwebt ein Vogel mit lang gestrecktem Hals. Den Hintergrund bildet eine kindhaft gemalte Sonne mit Strahlenkranz. Ein schwarzer Querstreifen, der den Zusammenhang abrupt sprengt, könnte auf ein apokalyptisches Thema hinweisen. In dieser Malerei sind die materiellen Gegenstände völlig durchsichtig. Auch weist der zweidimensionale Bildraum irrationale Sprünge auf, wodurch die Isolation der einzelnen Bildmotive erzielt und der Eindruck einer allgemeinen Beziehungslosigkeit hervorgerufen wird. Diese Art der freien Darstellung räumlicher Bezüge entwickelte Kandinsky nach den kind-

6 Elisabeth Busse · Kinderzeichnung · 1913
Gabriele Münter- und Johannes Eichner-Stiftung, München

7 Wassily Kandinsky · *Drei Gestalten und Vogel (?)* · 1911/12
Städtische Galerie im Lenbachhaus, München

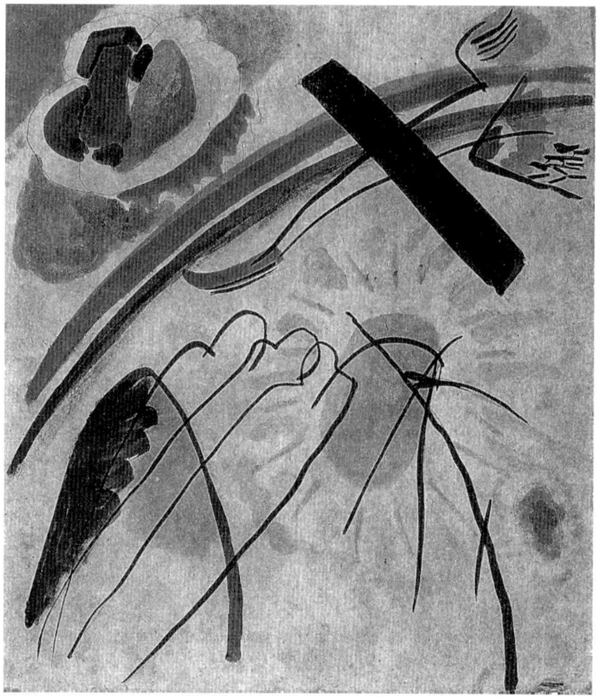

lichen Vorbildern. Es gelang ihm durch diese Technik, das Narrative in seinen Bildern mehr und mehr aufzubrechen und die sinnlich-gegenständliche Welt in eine abstrakte Bildwelt zu verwandeln.

Im Fortgang seiner künstlerischen Entwicklung fand Kandinsky schließlich dazu, die Linie von ihrer formbestimmenden Rolle gänzlich zu befreien und in ein autonomes bildnerisches Element zu verwandeln. Der nachahmende Bezug existiert nicht länger, die Linie fungiert jetzt als »rein malerisches Mittel«.[24] So finden sich in Kandinskys Werken dieser Zeit neben noch identifizierbaren Motiven kaum entschlüsselbare grafische Zeichen und Kürzel. Der in *Klänge* als Handpressendruck veröffentlichte Holzschnitt *Schwarzer Fleck*[25] von 1912 (Kat. 7.15) lässt diese stilistische Eigenart deutlich werden. Der Bildtitel bezieht sich auf einen großen schwarzen Fleck, der morphologische Affinität zu Kinderbildern aufweist. Die übrigen noch vorhandenen gegenständlichen Bezüge sind so verrätselt, dass bestimmte, in Kandinskys Werken immer wiederkehrende Bildzeichen nur zu erahnen sind wie etwa das abstrahierte Troikamotiv[26] mit den drei auswärts laufenden Linien und einem geknickten Bogen links oben im Bild oder das Motiv des Drachens am unteren Bildrand. Ikonografisch evozieren diese Zeichen Kandinskys Vision einer geistigen Erneuerung. Auch wenn keine direkten Vorlagen in der überlieferten Sammlung auszumachen sind, so liegt es doch nahe, dass auch hier die Kinderzeichnung mit ihrem Repertoire an gekritzelten Linien und Linienkomplexen inspirierend wirkte.

Durch die künstlerische Maßnahme des Verschleierns und Verunklärens der Form werden die Dinge in etwas Geheimnisvolles transformiert. »Da die Verschleierung eine enorme Macht in der Kunst ist«, sieht Kandinsky in ihr eine Bereicherung der Ausdrucksmittel. »Das Kombinieren des Verschleierten und des Bloßgelegten« bietet eine neue Möglichkeit zur Gestaltung des Prinzips der »inneren Notwendigkeit«.[27]

Der Themenkreis *Kleine Freuden* nimmt eine wichtige Stellung im Werk der Vorkriegszeit ein. Kandinsky hat sich 1913 zum Schaffensprozess dieses Bildes selbst geäußert: »Ich wollte hier keine geheime Sprache sprechen und legte deshalb das Kompositionelle vollkommen deutlich und in naiver Form klar.«[28] Am Beispiel des Aquarellentwurfs zu *Kleine Freuden*[29] (Abb. 8) lassen sich wesentlich aus der Kinderkunst entnommene Darstellungsmuster erkennen.

Vor einem sonnigen Himmel ragen nahezu in der Mitte des Bildes zwei Hügel auf, bekrönt von russischen

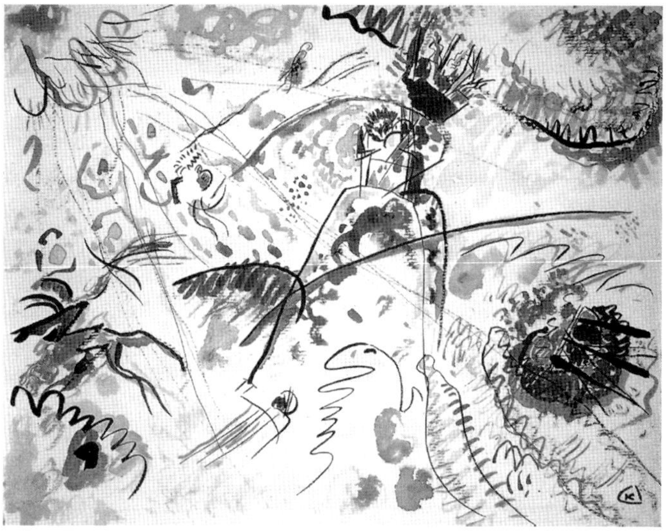

8 Wassily Kandinsky · Entwurf zu *Kleine Freuden* · 1913
Musée National d'Art Moderne, Centre Georges Pompidou, Paris, Schenkung Nina Kandinsky

9 Wassily Kandinsky · *Mit Sonne* · 1910
Städtische Galerie im Lenbachhaus, München

Kuppeltürmen. Rechts unten ist die gebogene Form eines Bootes mit drei ausgelegten Rudern zu erkennen, das ein liegendes Paar teilweise überdeckt. In der linken Bildhälfte sind Chiffren dreier die Hügel hinaufstürmenden Reiter auszumachen. Neben diesem Figurenvokabular finden sich über das ganze Bild versprengt grafische Kürzel, Flecken und Tuschpinsellinien. In seinem Kommentar gibt Kandinsky keinen Hinweis zur Art der dargestellten Lebensfreuden. Das 1910 entstandene Hinterglasbild mit derselben Thematik[30] (Abb. 9) gibt jedoch Aufschlüsse, denen zufolge die kleinen Freuden aus Reiten, Rudern, Wandern und Lieben bestehen. Mit seinen lebhaften Farben und

10 Friedel Schroeter · Kinderzeichnung · undatiert
Gabriele Münter- und Johannes Eichner-Stiftung, München

11 Annemarie Münter · Kinderzeichnung · 1913
Gabriele Münter- und Johannes Eichner-Stiftung, München

spielerischen Linien wirkt das Bild heiter und unbeschwert. Allein die schwankenden Kuppelburgen könnten auf eine Bedrohung hinweisen.

Auf der Suche nach einer universell verständlichen Bildsprache steigerte Kandinsky hier die Kindlichkeit der Darstellung ins Extreme. Die in einem zweidimensionalen Bildraum flächig angeordneten Bildmotive wie Hügel, Menschen, Häuser und ein Boot sind nicht plastisch modelliert, sondern flach in das räumliche Bezugssystem gesetzt. Die Form des Berges in der Mitte mit doppeltem Umriss könnte von einer Zeichnung aus dem Notizbuch von Münters Nichte Friedel (Abb. 10) angeregt sein. In der linken unteren Bildecke sind einfache Formeln für Menschen in der Art frühkindlicher Kastenmenschen zu erkennen mit lang gezogenem Rumpf und angedeutetem Oval als Kopf. Die Kuppelburgen sind ins Wanken geraten und scheinen darin den Gesetzen des Materiellen völlig entledigt. Wie in der Bildwelt des Kindes werden in Kandinskys Malerei subjektive Vorstellungen zu symbolhaften Formen verdichtet, die dingliche Bedeutung wird in Sinnbildhaftes transformiert. Das empirische Wissen um die materielle Beschaffenheit der Dinge wird negiert und ins Gegenteil verkehrt. Aus Hartem wird Weiches, feste Mauern geraten ins Wanken, die Gesetze der Schwerkraft sind aufgehoben. Ähnliches ist auf einigen der gesammelten Kinderzeichnungen zu beobachten (Abb. 11).

Auch die Kolorierung entspricht dem Mal- und Zeichenstil von Kindern. Das Prozesshafte des Malvorgangs ist sichtbar, die Spur des Pinsels lässt sich jederzeit nachvollziehen. In dieser Malerei alla prima haben sich Farbe und Linie weitgehend voneinander gelöst. Kritzeleien, amorphe Farbwolken und Verwischungen sind die besonderen Merkmale und erinnern darin an den Umgang von Kindern mit der Farbe.

Das Spielerische ist jedoch eher vorgegeben, tatsächlich ging Kandinsky strategisch und sorgfältig kalkulierend vor. Vielfältige Beziehungen zwischen Linie, Fläche, Farbe und Rhythmus sind das Resultat. Das Bild ist Erfindung, nicht Wiedergabe, daher sind Kandinskys Bilder als Gleichnisse für etwas Geistiges zu verstehen. Die Durchsichtigkeit und Leichtigkeit dieser Malerei atmet Spiritualität. Mehrfach wurde auf Kandinskys Verwurzelung in der Geisteshaltung des fernen Ostens hingewiesen. Wie dort lassen sich auch Kandinskys universelle Vorstellungen und Bilder als Mythen der menschlichen Existenz und des Kosmos begreifen.[31]

Festzuhalten bleibt, dass Kandinskys Adaption des kindlichen Formengutes meist nicht unmittelbar auf bestimmte Vorlagen zurückgeführt werden kann wie etwa bei Gabriele Münter, die sich sehr direkt der kindlichen Formen und Motive bediente. Kandinsky passte die naive Darstellungsweise seinen künstlerischen Empfindungen an und führte sie in der Synthese vieler bildnerischer Impulse

KAT. 7.15 · WASSILY KANDINSKY · SCHWARZER FLECK, 1912, AUS: KLÄNGE · 1913

KAT. 7.13 WASSILY KANDINSKY · GROSSE AUFERSTEHUNG · 1911

KAT. 7.14 WASSILY KANDINSKY · KAHNFAHRT · 1911

12 Friedel Schroeter · Kinderzeichnung · undatiert
Gabriele Münter- und Johannes Eichner-Stiftung, München

zu einer komplexen Bildsprache, die schließlich in eine Befreiung vom Gegenstand und den traditionellen Bildvorstellungen mündete.

Anlässlich der ersten Ausstellung der Neuen Künstlervereinigung München erschien in der *Rheinisch-Westfälischen Zeitung* im Mai 1910 zu den Bildern Gabriele Münters folgende Kritik: »Gabriele Münter imitiert buchstäblich die Zeichnungen kleiner Kinder, von denen die modernste Pädagogik zuviel Wesens gemacht hat – diese Ungeniertheit, die jedem Sinn für Perspektive und natürliche Formen Hohn spricht und ekelhafte Fratzen als menschliche Gesichter, die grüne Flecken für Augen, eckige Klötze für Nasen, breite Schlitze für Münder ausgibt, muß abgelehnt werden. Vor solchem Anblick muß die breite Masse der Besucher bewahrt werden; muß auch sie nicht irre werden?«[32] Der unkontrollierte Infantilismus, der Gabriele Münter hier zu Unrecht vorgeworfen wird, bezeugt ihr starkes Interesse an der Kinderkunst, das jedoch keineswegs nur formale Gründe hatte, sondern auch inhaltlich dem entsprach, was sie mit ihrer Malerei ausdrücken wollte.

Gabriele Münter pflegte engen Kontakt zu ihren Nichten, beobachtete sie beim Malen und gab Anleitung. Zwei bis heute erhaltene Ölstudien, die Friedel Schroeter 1913 im Beisein Münters ausführte (Abb. 12), finden sich im großen Figurenporträt *Im Zimmer (Frau im weißen Kleid)* (Kat. 7.17) neben dem lesenden Mädchen sorgfältig wiedergegeben. Der Primitivismus der Kindermalereien kam Münters eigenen künstlerischen Zielen entgegen.

1909 entstand das Gemälde *Zuhören (Bildnis Jawlensky)*[33] (Abb. 13), ein Porträt des Malerkollegen und Freundes Alexej Jawlensky. Zu diesem Bild wurde Münter vermutlich durch eine Kunstdiskussion mit Kandinsky im Murnauer Haus angeregt.[34] Der naive Gesichtsausdruck sowie die verschiedenen Bildgegenstände in starken Farben, umgeben von dunklen Rändern, zeigen eine kaum mehr zu überbietende Vereinfachung der Form. Als Vorlage könnten Zeichnungen von Kindern gedient haben, die die Gegenstände in ähnlich lapidarer Weise wiedergeben.

13 Gabriele Münter · *Zuhören (Bildnis Jawlensky)* · 1909
Städtische Galerie im Lenbachhaus, München

14 Gabriele Münter · *Der blaue Giebel* · 1911
Krannert Art Museum and Kinkead Pavilion, University of Illinois, Champaign

KAT. 7.17 GABRIELE MÜNTER · IM ZIMMER (FRAU IM WEISSEN KLEID) · 1913

15 Gabriele Münter · *Haus* · 1914
Gabriele Münter- und Johannes Eichner-Stiftung, München

16 Rudi Schindler · Kinderzeichnung · undatiert
Gabriele Münter- und Johannes Eichner-Stiftung, München

In der Sammlung befinden sich zahlreiche bunte Zeichnungen von Häusern. Dabei sind alterstypische Schemata zu erkennen. Meist frontal wiedergegeben, mit Fenstern und einer Eingangstür versehen, übersteigt ein Giebeldach das Haus, aus dessen Schornstein der Rauch aufsteigt. Das Bildzeichen Haus vermittelt so das Gefühl von Wärme und Geborgenheit. Hier ist ein starker Bezug zur Kunst Gabriele Münters festzustellen, die die schematischen Formen unter anderem in vielen ihrer Murnauer Ansichten übernahm (Abb. 14). Der vereinfachte, naive Ausdruck in den Kinderzeichnungen schien geeignete Formen für Münter bereitzuhalten, um das angesichts eines äußeren Eindrucks Gefühlte auszudrücken. Verschiedene Ölstudien bezeugen, dass sie sich nicht scheute, die Zeichnungen von Kindern direkt zu kopieren (Abb. 15). Als Vorlagen dienten die Kreide- und Bleistiftzeichnungen von Münchner Schulkindern (Abb. 16).

Äußerste formale Reduktion ist bereits für die 1911 entstandene *Landstraße im Winter* (Kat. 7.16) charakteristisch. Die auf einem Hügel stehenden Häuser und das kahle Geäst der Bäume sind durch wenige Linien grafisch gestaltet. Inspiriert durch das Formengut der Kinderzeichnung fand Münter hier zu einem Höhepunkt ihrer expressiven Landschaftsmalerei.

Die ernsthafte Beschäftigung mit dem Bildschaffen von Kindern förderte Münters Bestreben, das Wesentliche aus den äußeren Erscheinungen zu extrahieren und in vereinfachter Form wiederzugeben. Dabei ging es ihr nicht um die Form als solche, sondern um deren Wirkung. In den äußeren Erscheinungen sollte ein Inneres zum Ausdruck kommen. Als Kandinsky unbeirrt auf dem Weg der Abstraktion voranschritt, suchte Gabriele Münter Orientierung in der Volkskunst und in der naiven Ausdrucksweise des Kindes. Hier fand sie wichtige Impulse zur Ausprägung eines eigenen Stils. Ihre Bilder aus der Zeit des Blauen Reiters wurden oft als »einfach« und »innerlich« charakterisiert. Gerade Kandinsky schätzte in Münters Bildern dieser Schaffenszeit die starke ursprüngliche Kraft und die naive Innerlichkeit.

Alexej Jawlensky war während des ersten gemeinsam mit Kandinsky, Münter und Werefkin verbrachten Murnauer Sommeraufenthalts 1908 am weitesten fortgeschritten in seiner Malerei. Unter dem Einfluss der französischen Symbolisten hatte er das entscheidende Schlagwort der Gruppe – »Synthese« – in die Diskussion gebracht, das im folgenden Jahr als Postulat in das Gründungszirkular[35] der Neuen Künstlervereinigung München aufgenommen wurde. Gemeint war damit ein Zusammenziehen der Bildelemente auf wenige charakteristische Formen, um eine direkte, von allem Nebensächlichen befreite Sicht der Dinge zu erzielen. Die in dieser Phase entstandenen Bilder beschränken sich auf wenige, stark leuchtende Farben. Berge, Straßen, Häuser und Bäume sind in

KAT. 7.16 GABRIELE MÜNTER · LANDSTRASSE IM WINTER · 1911

KAT. 7.9 ALEXEJ JAWLENSKY · ZWEI WEISSE WOLKEN (DACH, WOLKE, BERGE) · UM 1909

KAT. 7.10 ALEXEJ JAWLENSKY · OBERSTDORF – WINTER · 1912

17 Andreas Jawlensky · *Lokomotive* · um 1909
Long Beach Museum of Art, Long Beach,
The Milton Wichner Collection

der Art des Cloisonnismus von dunklen Konturen eingerahmt.

Das besondere Interesse Jawlenskys galt den Bildern seines Sohnes Andreas. Unbestritten waren ihm die Ausdrucksmittel des Kindes eine Quelle der Inspiration. Das von dem etwa Siebenjährigen gemalte Ölbild *Lokomotive*[36] (Abb. 17) zeigt eine großflächige Landschaft ohne perspektivische Elemente, die Einzelheiten zusammengefasst und mit Umrisslinien versehen. Gewiss gab es hier auch die umgekehrte Anregung vom Vater an den Sohn.

Ein großzügiger Flächenstil bestimmte ab 1908/09 für eine längere Zeit die Landschaftsmalerei Jawlenskys. Darunter ist das Gemälde *Zwei weiße Wolken,* um 1909 (Kat. 7.9), in der rigorosen Vereinfachung der Formen herausragend. Vor der bildbeherrschenden schwarzen Fläche eines Berges, der am oberen Rand nur wenig Raum für einen violett verstrichenen Himmel freilässt, schweben zwei streifenförmige weißblaue Wolken. Ein ziegelrotes Dach mit Kamin im Vordergrund und ein Telegrafenmast spielen eine wichtige kompositorische Rolle. Die Vereinfachung der Bildstruktur erhöht die koloristische Ausdruckskraft, denn das Bild lebt im Grunde aus nur zwei Tönen. Dabei erzielen die lapidaren, von der Kinderkunst inspirierten Ausdrucksmittel eine stark suggestive Bildwirkung.

Bei einem längeren Aufenthalt in Oberstdorf von Sommer bis Dezember 1912 schuf Jawlensky verschiedene Gebirgslandschaften, darunter das Gemälde *Oberstdorf – Winter* von 1912 (Kat. 7.10). Das Zentrum bildet ein schmales gelbes Haus, das sich bedrohlich nach rechts neigt. Auf der linken Seite wird es von einem breit gelagerten Gebäude flankiert; rechts dahinter reihen sich weitere Häuser. Dabei lässt die stilistische Auffassung der Häuser jene kindlichen Schemata erkennen, deren sich auch Gabriele Münter in dieser Zeit bediente. Ein mächtiger blauer Bergrücken erhebt sich wie beschützend über dem Ort. Vor dem dunklen Violett des Himmels werden die hoch aufragenden schneebedeckten Gipfel des Gebirges sichtbar. Die leuchtend gelbe Front des Hauses in der Mitte mit leeren schwarzen Fensterhöhlen ist von magischer Expressivität.

Jawlensky erzielte die dramatische Wirkung des Bildes durch die Farbe. Mit vibrierendem Pinselduktus setzte er den stark leuchtenden Komplementärkontrast von Gelb zu Violett und Blau. Durch radikale Farbintensivierung kommt es zu einer spannungsvollen Steigerung des Ausdrucks. Die Abwesenheit alles Lebendigen und fast geisterhafte Verlassenheit des winterlichen Ortes geben die innere Stimmung wieder, die der Künstler gegenüber dem Natureindruck empfand.

Durch die Deformation der gegenständlichen Welt und eine gesteigerte Farbintensivierung findet eine Entwirklichung in Jawlenskys Bildern statt, die jedoch mit völlig anderen Mitteln erzielt wird als etwa bei Kandinsky. Während in Jawlenskys Malerei die Bildgegenstände in kompakten Formen und mit stark optischen Effekten angelegt sind, ist in Kandinskys Bildern ein allmähliches Auflösen des Gegenstandes und ein Überblenden verschiedener Realitätsebenen zu beobachten. Obwohl beide Künstler hinsichtlich ihrer Zielsetzung verschiedene Positionen einnahmen, ist ein intensiver Erfahrungsaustausch überliefert, der wohl Anregungen aus der Kinderkunst mit einschloss.

Lyonel Feininger war erst später dem Blauen Reiter beigetreten, zu einer Zeit als er seinen eigenen Stil bereits gefunden hatte. Auf Einladung von Franz Marc[37] beteiligte er sich 1913 am »Ersten Deutschen Herbstsalon« in Herwarth Waldens Sturm-Galerie in Berlin. Zu Feiningers beliebtesten Motiven in dieser Zeit gehörten neben den gotischen Kirchtürmen Lokomotiven und Eisenbahnlandschaften sowie Segelschiffe. Es handelt sich dabei – was sich bei Feininger nicht ausschließt – um ebenso verträumte wie auskristallisierte Blicke auf eine gemächliche und stille Welt, außerhalb der Zeit.

Seit Beginn seines künstlerischen Schaffens hatte sich Feininger mit der Kinderzeichnung beschäftigt, sei es mit »Comicstrips« für die eigenen Kinder oder als Illustrator von verschiedenen Kinderserien wie *Kin-der-Kids,* die 1906 von der *Chicago Sunday Tribune* veröffentlicht wurde, ebenso wie die im Jahr darauf entstandene Folge *Wee-Willie-Winkee's World*. Er rechtfertigte seine Zeichnungen für Kinder mit den Worten: »Solche Arbeiten sind die Pforte, durch die ich in die goldene Kindheit hindurchschlüpfe. Gewisse Sehnsüchte lassen sich *nur* so ausdrücken.«[38]

Feininger konstatierte eine besondere Verbindung zwischen Kindheit und expressionistischer Ausdrucksweise. Dies scheint eine widersprüchliche Annahme, denn Kinderzeichnungen sind zeitlos und sprechen eine universelle Sprache. Doch besteht ein wesentliches Merkmal der Kinderzeichnung in der Offenheit allem Emotionalen gegenüber. Für Kinder ist die Darstellbarkeit des Unsichtbaren eine Selbstverständlichkeit. So verleihen sie in ihren Bildern auch den Gefühlen sichtbare Existenz. Feininger verstand die bildlichen Äußerungen der Kinder daher als Ausdruck des kindlichen Seelenzustandes. Was ihn dabei besonders in Bann schlug, war das Unbeholfene der Form und die Sparsamkeit der Mittel. Nicht zuletzt ließ er sich auch durch die kindlichen Themen inspirieren.

Um 1918 häufen sich Feiningers Zeichnungen in der Art der Kinder und finden vor allem in der seit dieser Zeit in Angriff genommenen Technik des Holzschnitts ihren Niederschlag. Anfangs schnitt Feininger die Druckstöcke mit dem Taschenmesser in die Deckel von Zigarrenkisten.[39] Dies erklärt die Leichtigkeit einiger Holzschnitte wie *Männer, Häuser, Laterne und Schiebkarren* (Kat. 7.2) von 1918. Das Motiv lässt Feiningers Herkunft aus der Karikatur ablesen. Alle Gegenstände scheinen aus den Fugen geraten. Das Haus am rechten Bildrand neigt sich bedrohlich nach rechts, ebenso eine Laterne davor. Ein Strichmännchen mit großem Zylinder blickt dem Betrachter direkt entgegen und ist im Begriff, mit einer Schubkarre nach links aus dem Bild zu marschieren. Zwischen der Häuserkulisse ist ein formal ähnliches Männchen zu sehen. Mit schnellen kurzen Linien gestaltete Feininger hier eine Art Bildergeschichte. Durch Formübertreibung haftet der Szene etwas Skurriles an. Die Lichteffekte werden durch eine kubistisch aufgegliederte Facettierung sichtbar, doch die steifgliedrigen Körper und die rudimentäre Wiedergabe der Gesichter sind expressionistisch geprägt: Hier hat sich Feininger an der Bildsprache der Kinder orientiert.

18 Lyonel Feininger · *Liebespaar* · 1916
Musée National d'Art Moderne, Centre Georges Pompidou, Paris, Schenkung Nina Kandinsky

Auch das Blatt *Trompeter und Kind* (Kat. 7.3) aus demselben Jahr zeigt teilstückhaft zergliederte Formeln für Menschen und Häuser. Der Trompeter ist dem Betrachter frontal zugewandt, sein Instrument hält er demonstrativ in der rechten Hand. Mit seinem über dem Kopf schwebenden Zylinder nimmt er die Größe des Hauses rechts ein, während ihm das Kind daneben gerade bis zum Knie reicht – die Proportionen bleiben unbeachtet. Auch hier ein narrativ-anekdotischer Charakter, der in der Naivität der Darstellung von der Kinderkunst inspiriert scheint.

Aus einer kindlich vereinfachenden Strichzeichnung ging der Holzschnitt *Stehkragen* von 1920 (Kat. 7.8) hervor. Das etwas schiefe Gesicht auf dem steifen Hals ruht auf einem dreieckigen Rumpf, der mit einer Reihe von Knöpfen versehen ist, wie man dies von kindlichen Figurendarstellungen her kennt. Rechts und links im Hintergrund sind zwei nach demselben Schema gekritzelte Figuren zu erkennen. Das zum Verständnis Notwendige ist hier mit minimalsten Mitteln ausgesagt: die Rolle des Außenseiters, ein Thema schon unter Kindern, wird treffend charakterisiert.

Aus dem Nachlass Kandinskys stammt Feiningers kleines Ölbild *Liebespaar*[40] von 1916 (Abb. 18). Hier ist der kindliche Malstil auf die Spitze getrieben. Weiße Wölkchen schweben über dem in Schwarz und Weiß wie zur Hochzeit gekleideten Paar, eine Idylle, in der es Feininger gelang, sich in die Kinderwelt mit ihren Spielen und der Nachahmung der Erwachsenenwelt ganz hineinzuversetzen. Vermutlich wechselte das Bild während der Lehrtätig-

KAT. 7.1 LYONEL FEININGER · VULKAN · 1918

KAT. 7.6 LYONEL FEININGER · DIE EISENBAHNBRÜCKE · 1919

KAT. 7.2 LYONEL FEININGER · MÄNNER, HÄUSER, LATERNE UND SCHIEBKARREN · 1918

KAT. 7.3 LYONEL FEININGER · TROMPETER UND KIND · 1918

KAT. 7.8 LYONEL FEININGER ·
STEHKRAGEN · 1920

keit Feiningers am Bauhaus als Geschenk in die Sammlung des Kollegen Kandinsky.[41] Es ist wohl kein Zufall, dass gerade dieses Werk zum Bildertausch bestimmt wurde, teilten doch beide Künstler das fundamentale Interesse für die Kinderkunst.

Auf ganz besondere Weise fühlte sich Feininger in dieser Neigung jedoch mit Paul Klee verbunden. Nach Beendigung des »Ersten Deutschen Herbstsalons« hatte er in einem Brief an Alfred Kubin seine Hochachtung für dessen ausgestellte Bilder zum Ausdruck gebracht: »Paul Klee […]. *Ganz famos!* Prickelnd und aufreizend, von verblüffendem Ausdruck und Neuartigkeit der Form – wie ich's empfinde, steckt die Kraft drin, die manchmal in Kinderzeichnungen verborgen liegt, und die Einen ganz trostlos machen kann, daß sie für uns Erwachsene nicht bewußt zu erreichen ist.«[42] Mit einer großen Anzahl von eigenen Werken und vielen der Künstler des Blauen Reiters scheint dies jedoch ohne Zweifel gelungen.

Die Künstler des Blauen Reiters hatten sich gegen die Wissenschaftsgläubigkeit und den Materialismus der Zeit gestellt. Auf der Suche nach einem tragenden Urgrund entdeckten sie das Ursprüngliche und Echte in der Welt des Kindes. Die utopischen Vorstellungen von der Synthese aller Künste und dem Anbruch eines neuen Zeitalters des Geistigen konnten dabei jedoch kaum eingelöst werden.

ANMERKUNGEN

1 Der Thematik Kinderzeichnung und moderne Kunst widmete sich Jonathan Fineberg in: *Mit dem Auge des Kindes. Kinderzeichnung und moderne Kunst,* hrsg. von Helmut Friedel und Josef Helfenstein, Ausst.-Kat. Lenbachhaus, Kunstbau, München, und Kunstmuseum Bern, Stuttgart 1995; siehe auch den ergänzenden Essayband *Kinderzeichnung und die Kunst des 20. Jahrhunderts,* hrsg. von Jonathan Fineberg, Stuttgart 1995.

2 Franz Marc, »Zwei Bilder«, in: *Der Blaue Reiter,* hrsg. von Wassily Kandinsky und Franz Marc, Dokumentarische Neuausgabe von Klaus Lankheit, München 1994, S. 33.

3 Wassily Kandinsky, »Über die Formfrage«, in: *Der Blaue Reiter* (wie Anm. 2), S. 169.

4 August Macke, »Die Masken«, in: *Der Blaue Reiter* (wie Anm. 2), S. 55.

5 Brief Franz Marcs an Maria Franck, 15. Februar 1911, zit. nach Andreas Hüneke, *Der Blaue Reiter. Dokumente einer geistigen Bewegung,* Leipzig 1989, S. 51.

6 Elisabeth Erdmann-Macke, *Erinnerung an August Macke,* Frankfurt 1987, S. 240.

7 Brief Paul Klees an Lily Stumpf, 3. Oktober 1902, zit. nach Paul Klee, *Briefe an die Familie,* hrsg. von Felix Klee, Bd. 1: 1893–1906, Köln 1979, S. 273.

8 Paul Klee, Ausstellungsrezension, Dezember 1911, veröffentlicht in: *Die Alpen,* VI, Januar 1912, zit. nach Andreas Hüneke 1989 (wie Anm. 5), S. 170.

9 Wassily Kandinsky, *Über das Geistige in der Kunst* (1912), 10. Aufl., mit einer Einführung von Max Bill, Bern 1952, S. 75.

10 Brief Wassily Kandinskys an Gabriele Münter, 22. November 1903, Gabriele Münter- und Johannes Eichner-Stiftung (GMJE-St), München.

11 Vgl. hierzu Barbara Wörwag, »›Es ist eine unbewußte enorme Kraft im Kinde‹. Zur Bedeutung der Kinderzeichnung bei Wassily Kandinsky und Gabriele Münter«, in: *Kinderzeichnung und die Kunst des 20. Jahrhunderts* (wie Anm. 1), S. 172.

12 Wassily Kandinsky, »Über die Formfrage«, in: *Der Blaue Reiter* (wie Anm. 2), S. 147.

13 Ebenda, S. 168.

14 Ebenda.

15 Wassily Kandinsky 1912 (wie Anm. 9), S. 59 f.

16 Die Notizbücher Kandinskys werden in der Gabriele Münter- und Johannes Eichner-Stiftung aufbewahrt. Die Skizzen von 1909 bis 1910 befinden sich im Notizbuch GMS 345, vgl. hierzu Erika Hanfstaengl, *Wassily Kandinsky. Aquarelle und Zeichnungen,* Kat. der Sammlung in der Städtischen Galerie im Lenbachhaus München, München 1981, S. 61 f.

17 *Improvisation 7,* siehe Hans Konrad Roethel, *Kandinsky. Das graphische Werk,* Köln 1970, Nr. 124.

18 Hans Arp, zit. nach Will Grohmann, *Wassily Kandinsky. Leben und Werk,* Köln 1958, S. 100.

19 *Reiterweg,* siehe Hans Konrad Roethel 1970 (wie Anm. 17), Nr. 111.

20 Vgl. hierzu Wassily Kandinsky, »Rückblicke«, in: *Der Sturm,* Ausst.-Kat. Berlin 1913, Wiederabdruck Bern 1983, S. 22.

21 Wassily Kandinsky, Vorwort zur ersten Kollektivausstellung in Herwarth Waldens Galerie Der Sturm im Oktober 1912 in Berlin, zit. nach Armin Zweite, »Die Linie zum inneren Klang befreien«, in: Vivian Endicott Barnett und Armin Zweite (Hrsg.), *Kandinsky. Kleine Freuden. Aquarelle und Zeichnungen,* München 1992, S. 9.

22 Wassily Kandinsky, »Über die Formfrage«, in: *Der Blaue Reiter* (wie Anm. 2), S. 172.

23 *Drei Gestalten und Vogel (?),* siehe Erika Hanfstaengl 1981 (wie Anm. 16), S. 80, Nr. 198.

24 Wassily Kandinsky, »Über die Formfrage«, in: *Der Blaue Reiter* (wie Anm. 2), S. 161.

25 *Schwarzer Fleck,* siehe Hans Konrad Roethel 1970 (wie Anm. 17), Nr. 145.

26 Das Troikamotiv hat Kandinsky selbst folgendermaßen definiert: »Troikamotiv = Dreigespann. So nenne ich drei mit verschiedenen Abweichungen nebeneinander laufende Linien, die oben gebogen sind. Auf diese Form kam ich durch die Rückenlinien der drei Pferde im russischen Dreigespann.« Zit nach Erika Hanfstaengl 1981 (wie Anm. 16), S. 173.

27 Wassily Kandinsky 1912 (wie Anm. 9), S. 78.

28 Wassily Kandinsky, zit. nach Armin Zweite, »Die Linie zum inneren Klang befreien«, in: *Kleine Freuden* (wie Anm. 21), S. 18.

29 Entwurf zu *Kleine Freuden,* 1913, Musée National d'Art Moderne, Centre Georges Pompidou, Paris, Schenkung Nina Kandinsky.

30 *Mit Sonne,* 1910, Hinterglasbild, Städtische Galerie im Lenbachhaus, München, GMS 120, siehe Hans Konrad Roethel und Jean K. Benjamin, *Kandinsky. Werkverzeichnis der Ölgemälde,* Bd. 1: 1900–1915, München 1982, Nr. 370.

31 Vgl. hierzu Will Grohmann 1958 (wie Anm. 18), S. 158, 212.

32 *Rheinisch-Westfälische Zeitung,* 8. Mai 1910, zit. nach Andreas Hüneke 1989 (wie Anm. 5), S. 23.

33 *Zuhören (Bildnis Jawlensky),* 1909, Städtische Galerie im Lenbachhaus, München, GMS 657.

34 Annegret Hoberg, in: *Gabriele Münter 1877–1962. Retrospektive,* hrsg. von Annegret Hoberg und Helmut Friedel, Ausst.-Kat. München 1992, S. 263 f., Nr. 60.

35 Siehe hierzu das von Kandinsky im Frühjahr 1909 formulierte Gründungszirkular der Neuen Künstlervereinigung München, in: *Der Blaue Reiter und das Neue Bild. Von der »Neuen Künstlervereinigung München« zum »Blauen Reiter«,* hrsg. von Annegret Hoberg und Helmut Friedel, Ausst.-Kat. Städtische Galerie im Lenbachhaus, München, München 1999, S. 30.

36 Andreas Jawlensky, *Lokomotive,* um 1909, Long Beach Museum of Art, Long Beach, The Milton Wichner Collection.

37 Brief Franz Marcs an Lyonel Feininger, undatiert, zit. nach Andreas Hüneke 1989 (wie Anm. 5), S. 470.

38 Lyonel Feininger, zit. nach Florens Deuchler, *Lyonel Feininger. Sein Weg zum Bauhaus-Meister,* Leipzig 1996, S. 166.

39 Ebenda, S. 165.

40 Lyonel Feininger, *Liebespaar (Les Amoureux),* 1916, Musée National d'Art Moderne, Centre Georges Pompidou, Paris, Schenkung Nina Kandinsky.

41 Vgl. hierzu Josef Helfenstein, »›Die kostbarsten und persönlichsten Geschenke‹ – Der Bildertausch zwischen Feininger, Jawlensky, Kandinsky, Klee«, in: *Die Blaue Vier,* hrsg. von Vivian Endicott Barnett und Josef Helfenstein, Ausst.-Kat. Kunstmuseum Bern und Kunstsammlung Nordrhein-Westfalen, Düsseldorf, Köln 1997, S. 126 f.

42 Brief Lyonel Feiningers an Alfred Kubin, 23. Dezember 1913, zit. nach Andreas Hüneke 1989 (wie Anm. 5), S. 485.

Die Thematik der Kindheit im Spätwerk von Klee

Josef Helfenstein

Seit seinen künstlerischen Anfängen befasste sich Klee sowohl theoretisch wie bildnerisch mit der Vorstellung der Kindheit. Die Kindheit gehört nicht nur zu den zentralen Bildthemen im Werk, sondern hängt in entscheidendem Maße mit Klees künstlerischer Konzeption zusammen.[1] Tilman Osterwold sah in dieser sich über das ganze Schaffen erstreckenden Auseinandersetzung den »Kern seiner Suche nach der eigenen Identität« als Künstler.[2]

Besonders vielschichtig sind die Bedeutungen, die Klee in den Jahren 1933 bis 1940 mit der Idee der Kindheit verband. Diese Zeit entspricht einer Phase in Klees Biografie, in der er sich durch die politischen Ereignisse als Künstler radikal infrage gestellt sah. Dabei fällt auf, dass sich Klee 1932/33 und dann wieder 1939/40 besonders intensiv mit Kindheitsdarstellungen befasste. Klee reagierte damit, wie in diesem Beitrag zu zeigen sein wird, auf eine äußere wie auch innere Krise: auf die bedrohliche Zuspitzung der politischen Ereignisse in Deutschland und Europa, aber auch auf die dadurch verursachte existenzielle Infragestellung als Künstler.

In den Jahren 1932 und 1933 verstärkte sich Klees Auseinandersetzung mit der Idee der Kindheit. Neu an diesen Darstellungen ist, dass sie stärker als zuvor mit den zeitgeschichtlichen Ereignissen zusammenzuhängen scheinen. Klee hatte kurz zuvor, in den Jahren 1929, 1930 und 1931, den bisherigen Höhepunkt seines öffentlichen Erfolges erreicht. Am Ende seiner Lehrtätigkeit am Bauhaus in Dessau zählte er zu den international angesehensten Künstlern in Deutschland. Vor dem Hintergrund der gesellschaftlichen Entwicklung in Deutschland aber mussten Klees öffentliche Erfolge schon damals prekär erscheinen. Die bedrohlichen wirtschaftlichen und politischen Veränderungen, die Deutschland in die Diktatur der Nationalsozialisten führen sollten, zeichneten sich bereits ab. Innerhalb kürzester Zeit wurde Klee in Deutschland die geistige und wirtschaftliche Grundlage entzogen.

Diese Umwälzungen sind als Hintergrund von Klees Auseinandersetzung mit der Idee der Kindheit von entscheidender Bedeutung. Osterwold hat für die Zeit um 1932/33 nachgewiesen, wie Klee die mit dem Aufkommen des Nationalsozialismus verbundene politische Katastrophe und die Angst vor dem Krieg »in der Welt des Kindes« spiegelte.[3] In den letzten drei Jahren vor Klees Tod, ganz besonders nach dem Ausbruch des Zweiten Weltkriegs, spitzte sich die Bedeutung der Kindheitsthematik im Werk, ähnlich wie in den Jahren 1932/33, zu. Klee setzte gegen Ende seines Lebens in einigen Bildern und Zeichnungsfolgen Kindheit und Krieg einander gleich.

METHODISCHE VORBEMERKUNG

In diesem Essay geht es nicht um die Untersuchung einer Analogie zwischen Klees Werk und Bildern von Kindern oder um die Frage nach der Kindlichkeit als formalem Wesenszug moderner Kunst. Im Vordergrund meiner Überlegungen stehen auch nicht ideologiekritische Aspekte des Kindheitsbegriffes im Zusammenhang mit Klees Kunst: Kindlichkeit als Stilideal der Avantgarde einerseits, Infantilismus als negatives Argument der Kunstkritik andererseits. Gerade diese Problematik hat Otto Karl Werckmeister im bisher wichtigsten Beitrag der Klee-Literatur zum Thema ausführlich behandelt. Gegenstand dieses Essays ist die Kindheit als intellektuelle Vorstellung und als bildnerische Thematik im Spätwerk von Klee. Die Bedeutung dieser Idee zeigt sich darin, wie Klee im Spätwerk die Kindheit einsetzte: einerseits als Chiffre verschlüsselter Selbstdarstellung, andererseits als Bildform, in der Zeitkritik und persönliche Überzeugungen in zwar indirekter und verschlüsselter Form, aber so intensiv wie kaum jemals zuvor zum Ausdruck kamen. Eng damit zusammen hängt Klees Umgang mit seinen eigenen Kinderzeichnungen beziehungsweise mit denjenigen seines Sohnes, eine Problematik, auf die ich nur am Rande am Schluss dieses Beitrages eingehen werde.

DIE ZEICHNUNGEN VON 1932/33

Wie für viele Künstler in Deutschland brachte das Jahr 1933 durch die Machtergreifung der Nationalsozialisten auch für Klee einen gewaltsamen Einschnitt in seiner Biografie. Klee reagierte auf die äußeren Veränderungen in seiner Kunst mit größter Intensität.

1933 wurde Klees bisher fruchtbarstes Jahr, er registrierte in seinem Œuvrekatalog insgesamt 482 Werke, davon 314 Zeichnungen. Alles deutet darauf hin, dass Klee mit dieser intensiven Produktion auf die politischen Ereignisse reagierte.[4] Der etwas über zweihundert Blätter umfassende Zyklus ist, was Umfang und formale Geschlossenheit betrifft, in Klees Werk bis zu diesem Zeitpunkt einzigartig.

Es fällt auf, dass Klee sich gerade in den Zeichnungen von 1933 verstärkt mit der Thematik der Kindheit befasste. Darstellungen von Kindern gehörten offensichtlich zu jenen bildnerischen Themen, anhand derer Klee die politischen Ereignisse, die seine Existenz als Künstler infrage stellten, reflektierte. Dabei macht es den Anschein, als ob er die Idee der Kindheit einer grundlegenden Revision unterzogen hätte. Die Kindheit als bildnerische Thematik wurde in den dreißiger Jahren immer deutlicher Bestandteil einer zunehmend pessimistischen Ikonografie Klees.

Schon 1932 hatte Klee in den Zeichnungen einen Zusammenhang hergestellt zwischen seiner Idee der Kindheit und den brisanten gesellschaftlichen Veränderungen, die sich in der politischen Radikalisierung der Jugend, deren Organisation in paramilitärischen Verbänden und in den Massenaufmärschen unübersehbar manifestierten. In den Rohrfederzeichnungen wie *Aufmarsch der Kleinen* (1932, 115), *Kleiner Aufruhr* (1932, 98) oder *»Großer« und kleines Volk* (1932, 105) kommentierte Klee diese Vorgänge.

Eines der auffallendsten Bildmotive um 1933 ist der Zusammenhang zwischen Kindheit und Dressur, zwischen Erziehung und Gewalt. Schon die erste im Œuvrekatalog registrierte Nummer jenes Zyklus der Bleistift- und Fettkreidezeichnungen verweist darauf. Ihr Titel *Erneuerung der Mannszucht* (1933, 71) scheint auf nationalsozialistische Erziehungspraktiken anzuspielen. Nur wenig später nahm Klee diese Thematik in einer umfangreichen Gruppe von Bleistift- und Fettkreidezeichnungen, die zu den markantesten Blättern der Folge zählen, wieder auf. Hauptthema scheint die Darstellung ambivalenter, pervertierter Machtverhältnisse (psychische Unterdrückung, physischer Terror einerseits und Selbsterniedrigung, Bewunderung für den Unterdrücker andererseits) zu sein.

Klee griff in einer Reihe von Blättern die gleiche Thematik in leicht veränderter Weise auf. Dabei nahm er nun die Bedeutung von »Dressur«, das Abrichten von Tieren durch den Menschen, wörtlich, indem er das Machtverhältnis der Erwachsenen-/Kind-Beziehung auf Mensch und Tier übertrug. Das diesbezüglich wohl eindrücklichste Beispiel ist die Fettkreidezeichnung *Dressur* (Abb. 1). Unten links stellte Klee eine menschliche Figur dar, die mit heftigen Armbewegungen wie ein Dompteur ein auf den Hinterbeinen stehendes gehörntes Tier in seiner Gewalt hat. Der Kopf des Tieres mit den weit aufgerissenen Augen ist wie unter Hypnose nach oben gerichtet. Die Dramatik der Zeichnung liegt einerseits im dargestellten Dressurakt, der Abrichtung des Tieres zum aufrechten Gang auf zwei Beinen durch den physisch unterlegenen Menschen, andererseits findet das ebenso groteske

1 Paul Klee · *Dressur* · 1933, 194 (U 14)
Privatbesitz, Schweiz

wie bedrohliche Geschehen seine Entsprechung aber auch im Stil. Die zeichnerische Motorik, die Heftigkeit und Unruhe der Strichführung gibt das Erregende und Diffus-Bedrohliche des Dargestellten genau wieder.[5] Einige Details in der expressiven Strichführung sind diesbezüglich aufschlussreich, so der, im Unterschied zum Tier, heftig aggressive Strich bei der Figur im Vordergrund. Dieser Unterschied im Duktus der Zeichnung deutet an, wer auf wen Macht ausübt. Der Antagonismus der Kräfte äußert sich ebenfalls in einer heftigen gegensätzlichen Diagonalbewegung: Die menschliche Figur scheint gewaltsam einer Bewegung von unten links nach oben rechts unterworfen, das zur Seite taumelnde Tier gehorcht der diagonalen Bewegung von unten rechts nach oben links. Dieser Antagonismus in der Komposition setzt sich, in der unterschiedlichen Ausrichtung der Buchstaben, bis in die Signatur von Klee fort.[6]

Der womöglich brisanteste, bisher aber nicht beachtete Aspekt der Zeichnung *Dressur* liegt darin, dass Klee hier offenbar auf die politische Situation in Deutschland Bezug nahm – eine Parallele, wie sie in Klees Werk nur selten eindeutig nachgewiesen werden kann.[7] Denn Klees Darstellung ist wie ein Kommentar zu jenem gescheiterten »Zähmungskonzept«, das die strategischen und machtpolitischen Voraussetzungen schuf, die zur Machtergreifung der Nationalsozialisten führten.

Bei den Reichstagswahlen vom 31. Juli 1932 waren die Nationalsozialisten erstmals die stärkste Partei in Deutschland geworden. Da die Parteien der bürgerlichen Mitte starke Verluste erlitten hatten, die Parteien der Linken, die Sozialdemokraten und die Kommunisten, aber mit allen Mitteln von der Macht fern gehalten werden sollten, beschlossen die führenden bürgerlichen Politiker, Hitler und die Nationalsozialisten zwar an Macht und Verantwortung zu beteiligen, ohne ihnen aber die entscheidenden Befugnisse abzutreten. Heinrich Brüning wie auch sein weiter rechts stehender Nachfolger, der konservative Zentrumspolitiker Franz von Papen, entschieden sich für einen Kurs der Annäherung, das heißt den Versuch der Zähmung und der Instrumentalisierung Hitlers.

Das Zähmungskonzept der letzten bürgerlich-konservativen Kanzler vor der Machtübernahme der Nationalsozialisten gehörte zu jenen Vorgängen und Spekulationen, die in der Tagespresse offen kommentiert wurden. Klee wusste darüber sehr wohl Bescheid, wie mehrere Briefäußerungen an seine Frau Lily belegen. In einem Brief vom 9. Februar 1933 spricht Klee unverhohlen herablassend von »Hitler und seinen zwei Bändigern«.[8]

Die Zeichnung enthält, obwohl sie sich keineswegs auf den tagespolitischen Kommentar festlegen lässt, eine der deutlichsten Stellungnahmen Klees zur »deutschen Revolution«, wie die Machtübernahme der Nationalsozialisten damals genannt wurde.

In einer weiteren Zeichnung aus dem Zyklus von 1933 ging Klee bei der Darstellung von Gewalt an Kindern noch einen Schritt weiter. Es handelt sich um die Fettkreidezeichnung *Kindermord* (Abb. 2), in der Klee auf das biblische Ereignis, den Kindermord von Bethlehem, anspielte.

2 Paul Klee · *Kindermord* · 1933, 113 (Qu 13)
Paul-Klee-Stiftung, Kunstmuseum Bern

In Klees Zeichnung wird das religiöse Thema säkularisiert, der Bezug auf die Zeitgeschichte durch die biblische Anspielung überhöht, dadurch aber keineswegs negiert. Zugleich handelt es sich hier um eine höchst persönliche Allegorie, hat doch Klee wiederholt seine künstlerische Produktion mit leibhaftigen Kindern verglichen. Auf diese Selbstreflexion seiner Tätigkeit als schöpferischer Künstler, für die es viele Belege gibt,[9] bezieht sich möglicherweise auch die Zeichnung *Kindermord.* Alles deutet darauf hin, dass Klee in diesem historischen Moment eine direkte Verbindung zwischen dem Kindermord und der Tatsache, dass sein Werk nach der Machtergreifung der Nationalsozialisten auch physisch bedroht war, herstellte. Auch bildnerische Details sprechen dafür, so die Tatsache, dass Klee seine Signatur direkt über die Leichen der ermordeten Kinder setzte.[10]

Klees Auseinandersetzung mit der Thematik der Kindheit in dieser zeitgeschichtlich kritischen Phase zeigt, wie komplex seine Reflexion des Historischen war. Auch die Wahl des Mediums, die Tatsache, dass er auf die historischen Umwälzungen mit Zeichnungen reagierte, ist kaum ein Zufall. Klee griff in dieser Phase zum intimsten, privatesten Medium, womit er andeutete, dass er durch die Ereignisse in höchst persönlicher Weise betroffen war. Zugleich aber schien dieses Medium dem Darstellungsgegenstand in weit stärkerem Maße zu entsprechen, als dies die Malerei vermocht hätte. Die rasche und direkte Reaktion mit Bleistift und Fettkreide, der hektische Duktus entsprachen gewissermaßen der Beschleunigung des Geschichtsverlaufs.

Die zunehmende Bedeutung einer pessimistischen Ikonografie ist in dieser Zeit im Werk vieler Künstler, darunter Max Ernst, Beckmann, Miró und Picasso, festzustellen. Diese Verbindung zwischen Zivilisationskritik und Geschichtspessimismus trifft gerade für Klees Werk zwischen 1932 und 1940 in besonderer Weise zu. Auch in seinem Schaffen geht es um eine Reflexion des Historischen, wobei diese Geschichtsreflexion aber »über den engen Rahmen der Historie hinaus« greift.[11]

DIE ZEICHNUNGEN VON 1939/40

Nach Klees fluchtartiger Emigration aus Deutschland im Dezember 1933 zeigten sich schon bald in seinem Schaffen, aber auch in brieflichen Äußerungen, die Anzeichen einer Krise. 1935 folgte der Ausbruch einer schweren Krankheit, die 1936 zum bisher einschneidendsten

Schaffensunterbruch in Klees Biografie führte. Ab 1937 scheint sich Klee auf seine Krankheit, die schließlich zum Tod führen sollte, so weit eingestellt zu haben, dass er, und zwar mit rasch ansteigender Intensität, wieder zu arbeiten begann. Die Jahre 1938, 1939 und 1940 wurden, nach dem Schicksalsjahr 1933, Klees produktivste Schaffensphase. Die drei letzten Lebensjahre brachten auch den Höhepunkt von Klees Auseinandersetzung mit der Thematik der Kindheit.

Die Zeichnung *Das Spiel artet aus* (Kat. 8.16) hat als erste Werknummer des Jahrganges 1940 eine besondere Bedeutung. Sie ist zusammen mit der folgenden, *Mummenschanz* (1940, 2), die einzige Zeichnung dieses Jahres, die Klee auf dem Blatt datiert hat. Die Datierung zeigt, dass Klee seine Produktion bewusst auf den Jahresbeginn bezog und dass die ersten Werknummern dieses Jahrgangs für ihn selbst eine besondere Bedeutung hatten.

Auf der Zeichnung *Das Spiel artet aus* ist eine Gruppe von Kindern dargestellt, deren scheinbar friedliches Spiel abrupt unterbrochen wurde. Links im Hintergrund jongliert ein Kind, den friedlichen Zustand noch heraufbeschwörend, wie ein Zirkusartist einen Gegenstand auf dem Kopf.[12] Die Übrigen aber scheinen in eine aggressive Horde verwandelt, die sich nach rechts aus der Bildfläche heraus bewegt. Die Kinder, zu einäugigen, archaischen Unwesen mit schlitzartigen Pupillen stilisiert, strecken wie in einem Anflug von massenpsychotischer Übertragung die Fäuste in die Luft. Das Ballspiel (zwei Bälle liegen am Boden) scheint unvermittelt in ein Pogrom umzuschlagen. Auffallend ist die Figur rechts, deren hämischer Gesichtsausdruck sich vom blutig-ernsten der Übrigen unterscheidet. Klee lässt es offen, ob es sich dabei um den Anführer der Gruppe handelt oder ob in der abwartenden, scheinbar ironischen Zurückhaltung dieser Figur ein Gegensatz zu den anderen Kindern zu sehen ist.

3 Paul Klee · *Kinder spielen Angriff* · 1940, 13 (Z 13)
Privatbesitz, Schweiz

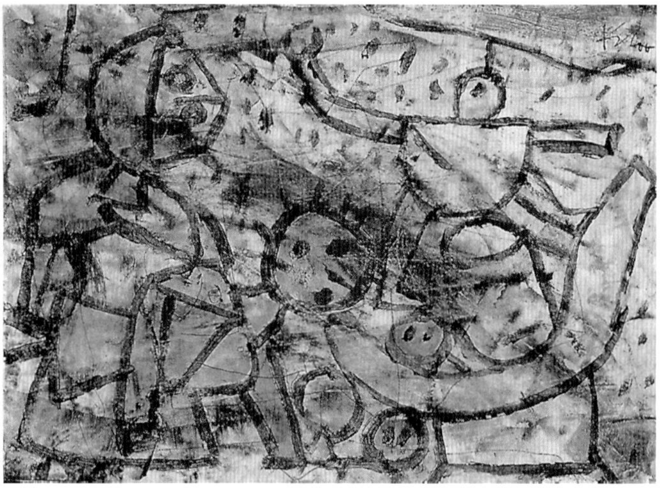

Das farbige Blatt *Kinder spielen Angriff* (Abb. 3) ist vermutlich kurz nach der Zeichnung *Das Spiel artet aus* entstanden. In Komposition und Inhalt sind beide Darstellungen stark verwandt. Der Titel weist das Geschehen nun unmissverständlich als Kriegsspiele von Kindern aus.

Klee hatte die Themen Kindheit und Krieg schon vor dem Kriegsausbruch bildnerisch kombiniert. Ein Beispiel dafür ist die Zeichnung *Schlacht unter Kindern* (Kat. 8.11). Klee brachte hier seinen zeichnerischen Stil mit dem gewalttätigen Vorgang, den er darstellte, in Übereinstimmung, indem er die drei kämpfenden Figuren in ihre Körperteile zerstückelt darstellte. Die Kinder sind wie die Gliederpuppen, ihre Spielzeuge, in verschiedene Teile aufgelöst. Aus dem Stil unverbundener Körperteile resultiert bei der gestürzten Figur rechts ein überflüssiger Arm. Die den Kampf dominierende Figur in der Bildmitte ist mit triumphierendem Gesichtsausdruck und erhobener Peitsche wiedergegeben. Die weibliche Figur links mit erhobenem Arm scheint sich fliehend vom Geschehen abzuwenden. Der Spielplatz ist zum Schlachtfeld geworden. Die aggressive Dissonanz, das Trennende, entspricht bis in die Darstellungsweise dem Inhalt dieser Zeichnung.[13]

Otto Karl Werckmeister hat in seiner Studie »Klees ›kindliche‹ Kunst« in der Zeit um 1929/30 sowohl in der kunstpädagogischen Literatur wie auch in der Kunstkritik eine neue Bewertung der Kinderkunst, aber auch des Kindlichen als Stilideal avantgardistischer Kunst nachgewiesen. Er diagnostizierte vor dem Hintergrund der gesellschaftlichen und wirtschaftlichen Veränderungen in Deutschland einerseits eine zunehmende »Politisierung der kindlichen Kunst«, andererseits die Festlegung von Klees Kunst auf eine »neue, grausam-naturhafte Konzeption der Kindheit«.[14] In späteren Beiträgen zum Thema hat Werckmeister die Ausgangsthese seines Essays, Klee habe im Verlauf zweier Jahrzehnte seine Haltung zur Idee der Kindheit entscheidend revidiert, weiter ausgeführt.[15]

Dass Klee seine Haltung unter dem Eindruck der zeitgeschichtlichen Krise veränderte, ist kaum zu widerlegen. Auch die These, er habe seine ursprüngliche emphatische Berufung auf die Kunst der Kinder in den dreißiger Jahren einer kritischen Revision unterzogen, dürfte zutref-

KAT. 8.16 PAUL KLEE · DAS SPIEL ARTET AUS · 1940, 1 (Z 1)

KAT. 8.11 PAUL KLEE · SCHLACHT UNTER KINDERN · 1938, 435 (Z 15)

fen. Hingegen scheint die vereinfachende Darstellung, Klees Konzeption der Kindheit in den dreißiger Jahren entspreche der negativen Umkehrung seiner früheren Idee, nicht haltbar. Klee hat keineswegs, wie dies suggeriert wird, in den letzten drei Jahren ausschließlich das aggressive »Ideal«, das Kindheit mit dem Krieg gleichsetzt, dargestellt.[16] In keiner Phase seines Schaffens hat Klee sich so intensiv, und dies in durchaus kontroverser Vielschichtigkeit, mit der Idee der Kindheit befasst wie im Spätwerk.

Andererseits ist diese Konzeption im Werk keineswegs neu. Klee hatte schon früh über negative Aspekte der Kindheit nachgedacht. 1905 schrieb er an seine Frau: »Die Kinder […] sind nicht so selige Geschöpfe, wie man nach meinen Anpreisungen annehmen könnte; auch hier könnte ich mich nicht verleugnen und werde mich nie verleugnen können.«[17] Wesentlich pointierter hatte sich Klee in einem Brief von 1901 geäußert. Mit offener Abneigung berichtete er seiner Braut Lily Stumpf von einem in militärischer Disziplin durchgeführten Ausflug einer Kinderklasse. Das Verhalten der Kinder spiegelt sich direkt im merklich aggressiven Kommentar Klees wider: »schon auf diesen jungen Gesichtern und in diesen vielfach jämmerlichen Gestalten und Gestellen las ich mehr abscheuliche als erbauliche Dinge […] Die Kinder drängten und traten sich wie eine Herde.«[18] Klees Bericht suggeriert eine naturgemäße Verdorbenheit der Kinder, obwohl deren Aggressivität offensichtlich auf äußere Faktoren, ihre Unterdrückung und Gleichschaltung in der Masse, zurückzuführen ist.

Ernst Kallai war der erste Kritiker, der Klee auf die neue, negative Konzeption der Kindheit festzulegen suchte; Werckmeister hat darauf hingewiesen,[19] und Walter Benjamin folgte später der Auffassung Kallais.[20] Diese »kulturfeindliche Idee der Kindheit« wurde im Zusammenhang mit Klee auch von anderen Kritikern vertreten, indem sie diese, im Unterschied zu Kallai, nun aber ausdrücklich als Argument gegen Klee benützten.[21]

Aufgrund der erwähnten Briefstellen, vor allem aber unter Berücksichtigung von Klees bildnerischen Darstellungen, muss Werckmeisters Argumentation, Klee habe sich in direktem Zusammenhang mit Texten von Kritikern dieser zerstörerischen Konzeption der Kindheit zugewandt, zumindest relativiert werden.[22] Die »kulturfeindlichen« Aspekte der Kindheit, die thematisch in Klees Spätwerk überwiegen, wurzeln ebenso in empirischen Erfahrungen aus Klees eigener Auseinandersetzung und seinen Erfahrungen mit Kindern wie in seiner generell pessimistischen Haltung, was die Dinge des Volkes betraf. Osterwold wies darauf hin, dass Klee mit der Thematik »Kindheit und Krieg« auch einen innermenschlichen Konflikt meint,[23] der als Vorlage keineswegs eines realen Krieges bedarf. Für diese Vermutung spricht auch Klees berühmte, selbststilisierende Notiz im Kriegstagebuch, mit der er seine Weltabkehr als Künstler programmatisch festgehalten hatte: »Ich habe diesen Krieg in mir längst gehabt. Daher geht er mich innerlich nichts an.«[24] Im Unterschied zur emphatisch positiven Beurteilung in den Anfängen der Avantgarde wurde die Kindheitsthematik für Klee in den dreißiger Jahren zum Anlass einer pessimistischen Auseinandersetzung mit dem Krieg. Seine ambivalente Konzeption der Kindheit unterscheidet sich aber deutlich von den einseitig affirmativen, kulturfeindlichen Idealen konservativer Kritiker um 1930. Die Korrumpierung der Kinder durch die nationalsozialistische Diktatur und den Krieg, ihre bisweilen unverhohlene Grausamkeit werden nun metaphorischer Vorwand für die rundum pessimistische Geschichtsbeurteilung Klees und damit indirekt auch Ausdruck seiner entschiedenen Selbstisolierung als Künstler.

Die Analogie von Kindheit und Krieg ist keineswegs der einzige oder allein dominierende Aspekt der Kindheitsthematik im Spätwerk von Klee. Der ambivalente Bedeutungshorizont dieser Idee zeigt sich bei anderen Bilduntersuchungen. Eine Klees pessimistischer Konzeption der Kindheit entgegengesetzte Vorstellung, jene von der Kindheit als Idealzustand des Künstlers, lässt sich bis in die spätesten Blätter verfolgen.

Friedliche Kindergruppen hatte Klee noch gegen Ende des Jahres 1939 wiederholt dargestellt.[25] Der unschuldig-staunende Ausdruck auf den Gesichtern der dicht gedrängt aufgereihten Kinder, deren Köpfe sich sanft gegeneinander neigen, steht in größtem Kontrast zu Klees Stilisierung der Kindergesichter zu barbarischen, einäugigen Fratzen in *Das Spiel artet aus*.[26]

In der mit raschen, breiten Pinselstrichen im März 1940 ausgeführten Kleisterfarbenzeichnung *Wander-Artist (ein Plakat)* (Abb. 4) schien Klee die Vorstellungen »Kindheit« und »Künstlertum« auch im Stil zu vereinheitlichen, sind sie doch in der Form des Strichmännchens auch formal in Übereinstimmung gebracht. Die im Titel angesprochene Thematik des Gauklers, des heimatlosen Künstlers am Rande der Gesellschaft, gibt diesem Werk eine zusätzliche symbolische Dimension. Wander-Artisten, Gaukler galten seit Generationen für viele Künstler als »Helden des

4 Paul Klee · *Wander-Artist (ein Plakat)* · 1940, 273 (L 13)
Privatbesitz

Misserfolgs«.[27] In Klees Werk gehören auswandernde oder fliehende Menschen seit 1933 zu den ständig wiederkehrenden Bildmotiven, mit denen er an seine eigene Erfahrung der erzwungenen Emigration anknüpfte. Doch während der alte Artist den Aspekt des Scheiterns in nachvollziehbarer Weise verkörpert, steigerte Klee durch die Verknüpfung von Artistentum und Kindheit den Mythos des Misserfolgs, des nomadisierenden Herumirrens und der Verfemung in eine metaphysische Dimension.[28] Der in Klammern angefügte Titelzusatz »ein Plakat« verstärkt den programmatischen Charakter des Werkes. Klee definierte damit die Zeichnung ausdrücklich als an die Öffentlichkeit gerichtete Bekanntmachung – die plakativ vereinfachende Darstellung des prekären Standorts des avantgardistischen Künstlers zu diesem historischen Zeitpunkt.

Klees Verhältnis zu den Kinderzeichnungen scheint sich in den dreißiger Jahren im Vergleich zu seiner Haltung während der Münchener Zeit geändert zu haben. In München hatte Klee, vermutlich noch vor Kubin, Kandinsky, Münter und Marc, die Kinderzeichnungen und den »kindlichen Stil« als Ideal der künstlerischen Avantgarde entdeckt, mit dem sich diese von der akademischen Tradition distanzierte. In die Zeit um 1910 fällt auch Paul Klees verstärkte Auseinandersetzung mit den eigenen Kinderzeichnungen.[29] Trotz der veränderten Situation in den dreißiger Jahren finden wir auch im Spätwerk noch Fälle, in denen Klee Kinderzeichnungen als Vorlagen für eigene Zeichnungen und Gemälde benützte. Ein besonders aufschlussreiches Beispiel für diese Praxis ist die in der Klee-Literatur mehrfach erwähnte Zeichnung seines Sohnes Felix von 1913 (Abb. 5), auf die Klee 1939 in nicht weniger als zwei Zeichnungen und zwei Gemälden zurückgriff. In der Zeichnung *Hinauf* (1939, 604) blieb Klee der Kinderzeichnung seines Sohnes am nächsten. Im Titel ließ Klee aber noch offen, ob mit den Rechteck-, Dreieck- und Kreisformen sowie den Linienkreuzen rechts in der Mitte der Zeichnung eine Bergbahn gemeint war. Eine wesentlich weiter entwickelte Darstellung finden wir in der Zeichnung *Eisenbahn-zug* (Kat. 8.12). Die gleiche Vorlage der Eisenbahn als kindliches Motiv verwendete Klee in den Gemälden *Bergbahn* (1939, 556) und *Zwang dem Berg* (1939, 613).

Sonst aber bilden direkte Rückgriffe auf eigene Kinderzeichnungen oder die Zeichnungen seines Sohnes im Spätwerk die Ausnahme.

5 Felix Klee · *Ohne Titel (Eisenbahn)* · 1913
Privatbesitz, Schweiz

KAT. 8.12 PAUL KLEE · EISENBAHN-ZUG · 1939, 609 (FF 9)

KAT. 8.8   PAUL KLEE · KIND BEI EINEM FEST · 1934, 136 (QU 16)

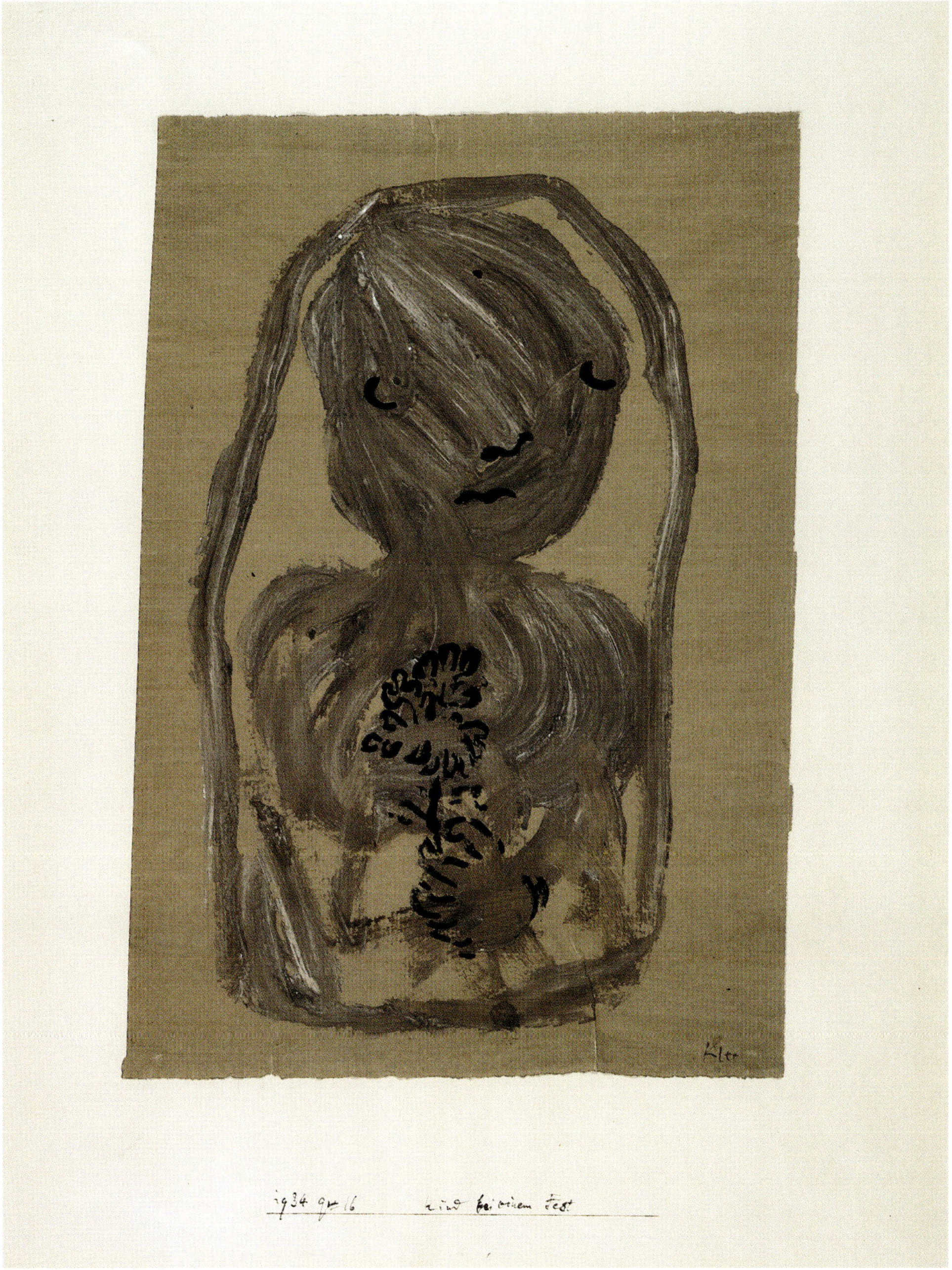

KINDHEIT UND PRIMITIVER STIL

Schon um die Jahrhundertwende hatte sich, im Zuge der internationalen Kunsterziehungsbewegung und des Interesses an Kinderkunst, die Aufmerksamkeit zunehmend auf die Verwandtschaft zwischen Kinderzeichnungen und der Kunst primitiver Völker gerichtet.[30] So konnte Alfred Lichtwark, seit 1886 Direktor der Kunsthalle Hamburg und einer der Pioniere der Kunsterziehungsbewegung am Ende des 19. Jahrhunderts in Deutschland, schon 1900 schreiben: »Wir haben die Verwandtschaft der ersten Versuche des Kindes mit denen der primitiven Menschen erkannt.«[31] Diese Verwandtschaft wurde dann von Kandinsky und den anderen Künstlern des Blauen Reiters auf die neuesten Bestrebungen der avantgardistischen Kunst ausgeweitet und im Almanach zum Programm erhoben.

Auch die Suche nach einem »primitiven Stil« nahm Klee nicht erst in den dreißiger Jahren in Anspruch, sondern seit seinen künstlerischen Anfängen. Vor allem in den Tagebuchaufzeichnungen beschäftigte sich Klee wiederholt damit, wobei er den Begriff »primitiv« nicht nur im ethnografischen Sinn verstand, sondern als ersehnten Neubeginn der künstlerischen Entwicklung: als »Uranfang«.[32] In einer in der Reinschrift der Tagebücher ins Jahr 1909 datierten Notiz bezeichnete er die »Primitivität« als »letzte professionelle Erkenntnis«. Klee bemühte sich aber klarzustellen, dass seine »Primitivität« das Resultat von höchster künstlerischer Disziplin und somit »das Gegenteil von wirklicher Primitivität« sei.[33] Diesem Kredo entspricht eine spätere, nicht genau zu belegende Äußerung Klees zur Zeichnung als grundlegender künstlerischer Aktivität. Die »Primitivität« des kindlichen Zeichnens ist zwar Vorbild, sie muss aber überwunden werden in einer Synthese von kindlichem Stil und künstlerischem Kalkül.[34]

1938 gab Klee einer Pinselzeichnung mit englischroter Kleisterfarbe den Titel *Kindheit* (Abb. 6).[35] Dieses Werk ist besonders aufschlussreich für die Auseinandersetzung mit der Idee der Kindheit. Der Titel dieser Zeichnung besagt, dass zwischen intellektueller Vorstellung und der für das Spätwerk typischen Malweise ein direkter Zusammenhang besteht. Dieser Zusammenhang soll hier untersucht werden.

Klee benützte das Wort »Kindheit« im Titel seiner Bilder nur dreimal, doch einzig in der Pinselzeichnung von 1938 in der abstrakten Form ohne Beiwort. In den zwei früheren Werken, in denen er das Wort verwendet hatte, evozierte er damit ein märchenhaft entrücktes Geschehen mit mythologischem oder religiösem Unterton (*Kindheit der Iris,* 1917, 105, und *Kindheit des Erwählten,* 1930, 186). Während Klee mit dem Aquarell von 1917 einen romantischen Naturmythos gestaltete, spielte er mit dem Titel *Kindheit des Erwählten* und mit dem Stern im Bild oben links auf einen religiösen Vorgang an.

Von solchen literarischen Anspielungen, die den Gehalt und die Wirkung der Bilder stark mitbestimmen, unterscheidet sich die Pinselzeichnung *Kindheit* von 1938 grundlegend. Die Formen sind rudimentär und ungegenständlich, sie haben keine erzählerische Funktion mehr.[36] In der linken Bildhälfte lassen sich Ansätze zu einer Baum- oder Pflanzendarstellung, in der rechten zu einem kindlichen Gesicht erkennen. Auffallend für die ästhetische Wirkung der Zeichnung sind vor allem die primitive Strichführung mit dem Pinsel und das Farbmaterial, das Rotbraun der Kleisterfarbe. Malstil und Titel verstärken den Eindruck, dass intellektuelle Vorstellung und bildnerischer Stil hier bewusst in Übereinstimmung gebracht sind. Dies ist bedeutungsvoll, denn die Pinselzeichnung ist ein typisches Beispiel für Klees Spätstil einer lapidaren linearen Formensprache.

Eine verwandte Tendenz, Motiv und Stil, Aussage und Material in Übereinstimmung zu bringen, finden wir in farbigen Werken wie *Kind bei einem Fest* (Kat. 8.8), *Krankes Mädchen* (1937, 24) oder *Mondblond* (1937, 99). In diesen Bildern aber war es noch so, dass Klee Kinder, wie er dies früher häufig getan hatte, im Stil von Kinderzeichnungen darstellte. In den mit Kleisterfarben ausgeführten Pinselzeichnungen von 1939 wie *Hungriges Mädchen* (1939, 671), *Salutierendes Mädchen* (1939, 672), *Tolle Köchin* (1939, 797),

6 Paul Klee · *Kindheit* · 1938, 358 (U 18)
Paul-Klee-Stiftung, Kunstmuseum Bern

Beim blauen Busch (1939, 801), *Brand-Maske* (Abb. 7) oder *Weiß-braune Maske* (1939, 806) trieb Klee diesen primitiven Stil noch eine Stufe weiter. Bei diesen Darstellungen von Kindern oder Masken hatte er die Übereinstimmung zwischen kindlichem Stil und primitiver Ästhetik erreicht. Ob beabsichtigt oder nicht, hier wirkt der Primitivismus des Stils als Antwort auf die Barbarei der Zeitgeschichte und gleichzeitig als deren bildnerisches Äquivalent. Damit war seine Idee einer Konvergenz von Gesicht und Bild[37] auch künstlerisch überzeugend in die Tat umgesetzt. Auffallend war vor allem Klees antiästhetische Hervorkehrung des Materials, des groben, mit schwarzer Kleisterfarbe ausgeführten Pinselstriches. In der Zeichnung *Kindheit* ging Klee hingegen einen Schritt weiter, indem er seine Vorstellung der Kindheit mit dem schöpferischen Akt selbst, der Bewegung seiner Hand beim Malen und Zeichnen, in einen direkten Bezug setzte. Damit brachte Klee seine Vorstellung der Kindheit mit seiner künstlerischen Konzeption in eine fundamentale Übereinstimmung.[38]

Möglicherweise deuten gerade die Merkmale dieser Zeichnung – die Direktheit in der Ausführung, die Rohheit des Materials und das Wegfallen des ästhetischen Kalküls – an, warum ihr Klee diesen für seine künstlerische Konzeption so bedeutungsschweren Titel gegeben hatte. Die Unmittelbarkeit des Arbeitens, die Abkehr von der kulturellen Tradition eröffneten Klee neue gestalterische Möglichkeiten, die er in seiner Arbeit leidenschaftlich suchte. Und gerade diese Arbeitsweise brachte er in einen direkten Zusammenhang mit seiner Idee der Kindheit. Hier fiel der künstlerische Stil mit seiner Idealvorstellung von Kindheit zusammen, ohne dass Klee literarisch oder formal auf das Thema Kindheit beziehungsweise auf Kinderzeichnungen zurückgreifen musste.

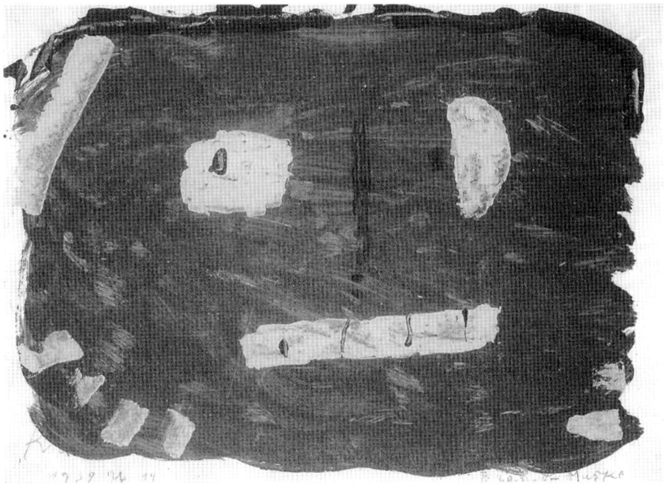

7 Paul Klee · *Brand-Maske* · 1939, 274 (U 14)
Privatbesitz, Schweiz

ANMERKUNGEN

Der für diese Publikation gekürzte, in neuer deutscher Rechtschreibung wiedergegebene Beitrag wurde erstmals abgedruckt in: *Kinderzeichnung und die Kunst des 20. Jahrhunderts,* hrsg. von Jonathan Fineberg in Zusammenarbeit mit dem Lenbachhaus, München, und dem Kunstmuseum Bern, Stuttgart 1995, S. 100–135.

1 In der Klee-Literatur haben zwei Forscher Wesentliches zu dieser Thematik publiziert: Otto Karl Werckmeister, »The Issue of Childhood in the Art of Paul Klee«, in: *Arts Magazine,* 52, 1, 1977, Sonderheft Paul Klee, S. 138–151. Dieser bis heute grundlegende Beitrag erschien in überarbeiteter Fassung in Werckmeisters Buch *Versuche über Paul Klee,* Frankfurt am Main 1981, S. 124 ff. Tilman Osterwold widmete dieser Thematik 1979 erstmals eine große Ausstellung, begleitet von der Publikation *Paul Klee. Ein Kind träumt sich,* Stuttgart 1979. Danach hat Werckmeister sich noch einmal in *Paul Klee in Exile 1933–1940,* Ausst.-Kat. Himeji City Museum of Art u. a., 1985, mit der Thematik auseinander gesetzt (S. 157 ff.).

2 Tilman Osterwold 1979 (wie Anm. 1), S. 6.

3 Ebenda, S. 123; vgl. auch S. 96.

4 Vgl. Jürgen Glaesemer, *Paul Klee, Handzeichnungen II. 1921–1936,* Bern 1984, S. 343 ff.; Otto Karl Werckmeister, »Von der Revolution zum Exil«, in: *Paul Klee. Leben und Werk,* Ausst.-Kat. Kunstmuseum Bern, Stuttgart 1987, S. 31–55, hier S. 44 ff.

5 Vgl. dazu Jürgen Glaesemer 1984 (wie Anm. 4), S. 345 f.

6 Klee griff die Thematik im gleichen Jahr in zwei Fettkreidezeichnungen nochmals auf. *Dressur seltener Tiere* (1933, 317) erinnert an eine Zirkusdressurnummer. Wie in *Dressur* trägt auch hier der Gegensatz zwischen groß und klein – bei der menschlichen Figur scheint es sich um ein Kind zu handeln – zur befremdenden Wirkung bei. In der Zeichnung *Dressurnummer »Entenachbrücke«* (1933, 322) karikierte Klee dann den Vorgang des Dressierens.

7 Werckmeisters generelle Beurteilung, »keine der Zeichnungen [...] greift offen nationalsozialistische Themen auf, weder im Bild noch im Titel« (Otto Karl Werckmeister 1987 [wie Anm. 4], S. 43), ist umso weniger nachvollziehbar, je genauer man die Zeichnungen von 1933 betrachtet. Die Tatsache, dass es sich bei den Zeichnungen weder um »regierungsfeindliche Karikaturen« (ebenda) noch um ausdrücklich auf tagespolitische Ereignisse sich beziehende Darstellungen handelt, besagt keineswegs, vor allem nicht im Jahr 1933, dass es Klee darum gegangen sei, »seine Kunst prinzipiell von visueller Aktualität zu entfernen« (ebenda).

8 Paul Klee, *Briefe an die Familie,* hrsg. von Felix Klee, Bd. 2, 1907–1940, Köln 1979, S. 1229.

9 Der wohl eindeutigste im Spätwerk ist Klees Brief an seinen Sohn Felix vom 29. Dezember 1939, wo er von seinen Zeichnungen als seinen »Kindern« spricht (ebenda, S. 1295).

10 Zu Klees Konzeption der künstlerischen Arbeit als Geburtsvorgang, der Gewohnheit, seine Werke als seine »Kinder« zu bezeichnen, vgl. Josef Helfenstein, »Das Spätwerk als ›Vermächtnis‹. Klees Schaffen im Todesjahr«, in: *Paul Klee. Das Schaffen im Todesjahr,* hrsg. von Josef Helfenstein und Stefan Frey, Ausst.-Kat. Kunstmuseum Bern, Stuttgart 1990, S. 64; Gregor Wedekind, »Geschlecht und Autonomie. Über die allmähliche Verfertigung der Abstraktion aus dem Geist des Mannes bei Paul Klee«, in: Susanne Deicher (Hrsg.), *Die weibliche und die männliche Linie. Das imaginäre Geschlecht der modernen Kunst von Klimt bis Mondrian,* Berlin 1993, S. 90.

11 Vgl. dazu Stefan Germer, »Le Répertoire des Souvenirs. Zur Reflexion des Historischen bei Manet«, in: *Edouard Manet. Augenblicke der Geschichte,* hrsg. von Manfred Fath und Stefan Germer, Ausst.-Kat. Kunsthalle Mannheim, München 1992, S. 40.

12 In vermutlich kurz zuvor entstandenen Zeichnungen wie *Kinder-Gruppe* (1939, 1105) und *Bei Bajazzo* (1939, 1125) finden wir ebenfalls das Motiv des akrobatenähnlich mit einem Ball jonglierenden Kindes.

13 Vgl. Tilman Osterwold 1979 (wie Anm. 1), S. 212 ff., und Otto Karl Werckmeister 1985 (wie Anm. 1), S. 159 f.

14 Otto Karl Werckmeister 1981 (wie Anm. 1), S. 160 ff.

15 Otto Karl Werckmeister 1985 (wie Anm. 1) und 1987 (wie Anm. 4).

16 Otto Karl Werckmeister 1985 (wie Anm. 1), S. 159.

17 Brief vom 31. März 1905, in: Paul Klee, *Briefe an die Familie,* Bd. 1, S. 492; vgl. auch Tilman Osterwold 1979 (wie Anm. 1), S. 102.

18 Brief vom 6. August 1901; vgl. auch Tilman Osterwold 1979 (wie Anm. 1), S. 180.

19 Otto Karl Werckmeister 1981 (wie Anm. 1), S. 162.

20 Ebenda, S. 176, Anm. 120.

21 Ebenda, S. 163.

22 »Already in what Kallai and Geist had written about him back in 1929 and 1930, Klee could read about children as aggressive, destructive, animal-like creatures. When his admirer Geist turned National Socialist in 1934, Klee was able, as he surely did, to study a book-length account of what the ideal of childhood could mean to the regime which the year before had condemned his own ›mad, childish daubings‹. In his last three years, Klee depicted just the kind of aggressive ideal of childhood, to which Kallai and Geist had been subscribing.« In: Werckmeister 1985 (wie Anm. 1), S. 159.

23 Tilman Osterwold 1979 (wie Anm. 1), S. 139.

24 Paul Klee, *Tagebücher 1894–1918,* Textkritische Neuedition, hrsg. von der Paul-Klee-Stiftung, bearbeitet von Wolfgang Kersten, Stuttgart 1988, Nr. 952.

25 *Gruppe zu sieben* (1939, 1103), *Gruppe zu elf* (1939, 1129), *Kleine Gruppe aus der Menge* (1939, 1129).

26 Zu den Figurengruppen im Spätwerk von Klee vgl. Jürgen Glaesemer, *Paul Klee. Handzeichnungen III. 1937–1940,* Bern 1979, S. 43.

27 Jean Starobinsky, *Porträt des Künstlers als Gaukler. Drei Essays,* Frankfurt am Main 1985, S. 64.

28 In den Blättern *Straßenmusiker* (1940, 306) und *Arlecchino* (1940, 307) befasste sich Klee kurz darauf erneut mit dieser Thematik.

29 Jürgen Glaesemer, *Paul Klee. Handzeichnungen I. Kindheit bis 1920,* Bern 1973, S. 12, 182. Die in der neuesten Klee-Literatur von Wolfgang Kersten und Osamu Okuda vorgebrachte Behauptung, Klee habe sich »im Bemühen, mit der Avantgarde Schritt zu halten«, erst im Gefolge des Blauen Reiters mit Kinderzeichnungen beschäftigt, hält einer auch nur annähernd sorgfältigen Rekonstruktion des historischen Sachverhalts nicht stand (Wolfgang Kersten und Osamu Okuda, *Paul Klee. Im Zeichen der Teilung,* Ausst.-Kat. Kunstsammlung Nordrhein-Westfalen, Düsseldorf, Stuttgart 1995, S. 35). Auch die Aussage, Klee habe »parallel zur bildnerischen und buchhalterischen Aufarbeitung der Kindheit« und zur Redaktion des Tagebuchs »einen scheinbar kindlichen Stil in seine Kunstproduktion« eingeführt (ebenda), scheint ideologischer Vereinfachung zu entspringen. Damit hatte sich Klee bekanntlich schon wesentlich früher befasst, wie u. a. der Brief an seine Verlobte Lily Stumpf vom 31. März 1905 beweist. Auf diesen Brief hatte übrigens schon Werckmeister (Otto Karl Werckmeister 1981 [wie Anm. 1], S. 134) hingewiesen.

30 Jessica Boissel, »Quand les enfants se mirent à dessiner. 1880–1914: Un fragment de l'histoire des idées«, in: *Les Cahiers du Musée national d'art moderne, Centre Georges Pompidou,* Nr. 31, 1990, S. 30. Zum Begriff des »Primitivismus« im Zusammenhang mit der Kinderzeichnung vgl. die ausgezeichnete, unpublizierte Arbeit Martin Hellers, *Zur Kunst der gebrannten Kinder. ›Kindlicher‹ Primitivismus zwischen 1939 und*

1960, Typoskript, Basel 1985, S. 9 ff. Ich danke dem Autor für die Möglichkeit der Einsichtnahme.

31 Zit. nach Jessica Boissel 1990 (wie Anm. 30), S. 30, Anm. 77.

32 »[...] wie neugeboren will ich sein, nichts wissen von Europa, gar nichts. Keine Dichter kennen, ganz schwunglos sein; fast Ursprung.« In: Paul Klee, *Tagebücher* (wie Anm. 24), Nr. 425.

33 Ebenda, Nr. 857.

34 »Aber bei der Primitivität kann man doch nicht gut verharren. Man wird einen Modus entdecken müssen, das armselige Endergebnis zu bereichern, ohne die übersichtlich-einfache Anlage zu zerstören, verwischen.« Möglicherweise handelt es sich dabei um einen undatierten Vorlesungstext. In: Paul Klee, *Das bildnerische Denken,* hrsg. und bearbeitet von Jürg Spiller, Basel und Stuttgart 1971, S. 103.

35 Vgl. Jürgen Glaesemer 1979 (wie Anm. 26), Nr. 120.

36 Eine interessante, noch gegenständliche Vorstufe zu *Kindheit* finden wir 1937 in Kleisterfarbenzeichnungen wie *Julia* (1937, 237), *Kind Ph* (1937, 238) oder *Rita* (1937, 239).

37 Vgl. Otto Karl Werckmeister 1987 (wie Anm. 4), S. 46; Wolfgang Kersten und Osamu Okuda 1995 (wie Anm. 29), S. 208.

38 Klees Haltung scheint in dieser Hinsicht radikaler als jene Picassos, der die kindliche Wahrnehmung in den Dienst eines anderen, fremden Sehens stellen wollte; vgl. Werner Spies, *Picasso. Die Welt der Kinder,* München 1994, S. 11. Aber auch Picasso benützte, wie Klee, Kinderdarstellungen, um zu einem »kulturellen Primitivismus« vorzustoßen (ebenda).

KAT. 8.3 PAUL KLEE · KINDER ALS SCHAUSPIELER · 1913, 101

KAT. 8.1 PAUL KLEE · EIN UNHEIMLICHER MOMENT · 1912, 127

Klee
1913 55 die fliehenden Polizisten

KAT. 8.7 PAUL KLEE · BOTE, DAS SECHSTE AM STEG · 1926, 200 (U 0)

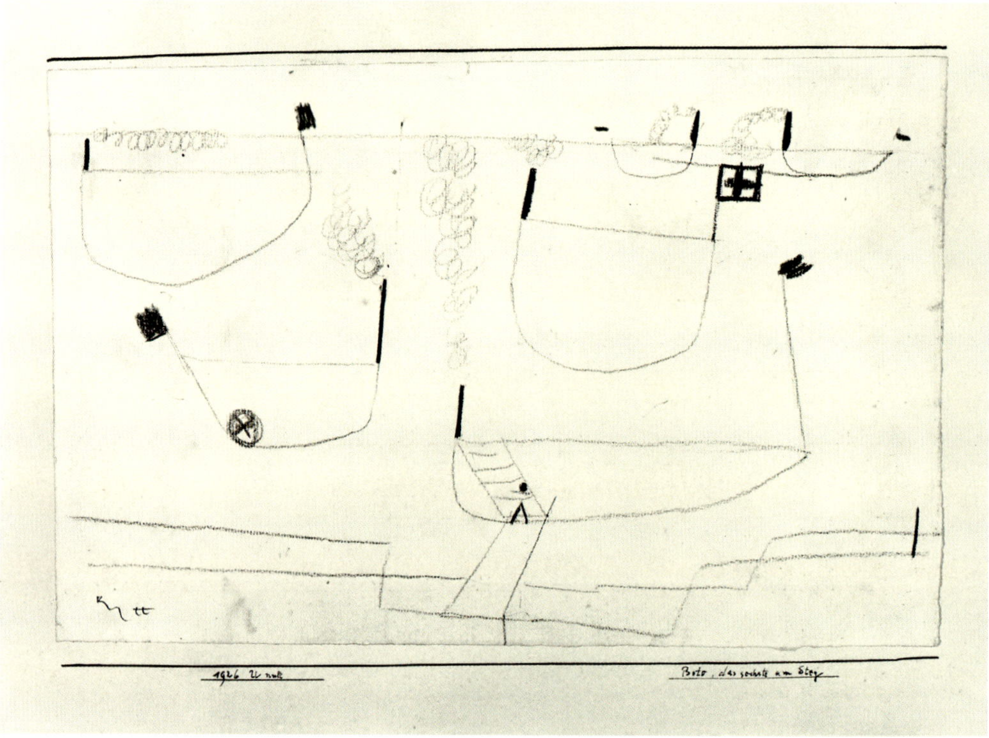

KAT. 8.5 PAUL KLEE · GARTEN IN DER EBENE II (MIT DEM GARTENHÄUSCHEN) · 1920, 185

KAT. 8.14   PAUL KLEE · RITTER · 1939, 667 (JJ 7)

KAT. 8.10 PAUL KLEE · TEICH IM PARK · 1938, 112 (H 12)

KAT. 8.13 PAUL KLEE · LUFT-UNGEHEUER · 1939, 628 (GG 8)

KAT. 8.17 PAUL KLEE · DER MOND ALS SPIELZEUG · 1940, 140 (T 20)

»... und begann von vorn wie ein Kind – frisch und neu«
Cobra und die Kinderzeichnung

Pia Dornacher

Als Asger Jorn 1964 das Ölbild *Eine Cobra-Gruppe* (Kat. 9.13) malte, waren bereits mehr als fünfzehn Jahre seit der Gründung der Künstlergruppe Cobra (1948–1951) vergangen. Ob die sechs hier dargestellten Figuren auf die Mitglieder der sich 1948 in Paris von Asger Jorn, Karel Appel, Constant, Corneille, Christian Dotremont und Joseph Noiret lose formierenden Gruppe verweisen, ist nicht eindeutig auszumachen. Deutlich wird jedoch, dass sie den Betrachter fragend und suchend anblicken. Die Zusammenarbeit mit den Künstlern von Cobra, die sich kurz nach dem Zweiten Weltkrieg ebenfalls als Fragende und Suchende zusammenfanden, war für Jorn eine fruchtbare Zeit; das Werk ist als Hommage an diese Jahre zu verstehen.

Der Name Cobra setzt sich aus den Anfangsbuchstaben der Städte *Co*-penhagen, *Br*-üssel und *A*-msterdam zusammen. Es sind die Hauptstädte der Länder, aus denen die Künstler kamen. Cobra sollte gleichsam auch als Anspielung auf die gefährliche Giftschlange verstanden werden. Die international bekanntesten Cobra-Künstler waren Pierre Alechinsky, Karel Appel, Eugène Brands, Constant, Corneille, Asger Jorn und Carl-Henning Pedersen. In einer Gemeinschaft wollten sie versuchen, ihre während der Kriegsjahre entstandenen künstlerischen Ideen zu realisieren und damit beim Aufbau einer neuen Gesellschaft mitzuwirken. Die unbekümmerte Lust an einer von Mut geprägten Bildwelt, das Bedürfnis nach figürlicher Bindung an den Malprozess und die Verwendung von kräftigen Farben stellten eine Abkehr vom Bretonschen Surrealismus und zugleich ein willkommenes Gegengewicht zu der damals in Paris vorherrschenden »Lyrischen Abstraktion« dar. So formulierte auch Jorn 1946: »Der Hauptfehler im malerischen Programm der Surrealisten ist sein literarisches Übergewicht. Man hat mit Visionen experimentiert, mit Bildern und mit Träumen, nicht aber mit der Malerei und nicht mit Farbe. Das Wesentliche hat man total vernachlässigt, nämlich den Prozess, den ein Bild, das auf der Leinwand entsteht, auslöst [...]. Das Unmalerische im Surrealismus musste eine Reaktion von seiten der jüngeren Maler nach sich ziehen.«[1]

Thematisch interessierte sich Cobra vor allem für alte und fremde Kulturen, Volkskunst und Kinderzeichnungen sowie für die Bildnerei der Geisteskranken. Asger Jorn berichtet 1944 begeistert von den bekritzelten Wänden in öffentlichen Toiletten und den beeindruckenden Zeichnungen, mit denen Kinder Mauern und Asphalt »segnen«.[2] Es war die unverbildete, spontane Unbefangenheit kindlicher Malerei, die die Künstler bejahten. »Das Kind kennt kein anderes Gesetz, als sein spontanes Lebensgefühl, und hat kein anderes Bedürfnis, als dieses zu äußern. [...] Eine neue Freiheit beginnt zu entstehen, die den Menschen in die Lage versetzen wird, sich so zu äußern, wie sein Instinkt es verlangt. [...] Unsere Kunst ist die Kunst einer Umbruchperiode, gleichzeitig die Reaktion auf eine untergehende Welt und die Ankündigung einer neuen, und deshalb beantwortet sie nicht die Ideale der ersteren, während sie die der anderen noch nicht zu verwirklichen vermag.«[3] Constants Text in der Nummer 1 der Zeitschrift *Reflex* formuliert die grundlegenden Intentionen der Cobra-Mitglieder. Man wollte bewusst die alten bürgerlichen Kunstvorstellungen der Gesellschaft infrage stellen und neue Wege aufspüren, deren Ursprung die Maler in der primitiven Kunst oder in der unverfälscht-schöpferischen Kreativität von Kindern und ihren Zeichnungen fanden. Man wollte das Experiment fördern, die Fantasie anregen und vor allem Spontaneität zulassen. »Ganz Cobra war ein jäher Schrecken, anti-akademisch. Zwar war Appel auf der Akademie gewesen, aber sie war ganz schön abhanden gekommen. Die Welt der Primitiven, der Kinderzeichnung, Afrika. Masken. Felszeichnungen. Aber auch die Welt der Sonntagsmaler, die Kunst der Schizophrenen. Darauf baute Cobra.«[4]

Kind mit Papierkrone von 1951 (Kat. 9.3) lautet der Titel einer Arbeit des niederländischen Autodidakten Eugène Brands. Der Maler trat 1948 der Gruppe bei, distanzierte sich aber schon ein Jahr später wieder nach heftigen Auseinandersetzungen während der ersten

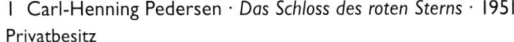

1 Carl-Henning Pedersen · *Das Schloss des roten Sterns* · 1951
Privatbesitz

constant

KAT. 9.13 ASGER JORN · EINE COBRA-GRUPPE · 1964

KAT. 9.2 KAREL APPEL · DER SCHREI · 1953

2 Karel Appel · *Fragende Kinder* · 1949
Wandmalerei in der Kantine des (ehemaligen) Amsterdamer Rathauses

3 Pressekarikatur zu Karel Appels Wandmalerei 1949 im Amsterdamer Rathaus

umfangreichen Gruppenausstellung im Stedelijk Museum in Amsterdam. Bereits vor der Cobra-Schau unter Leitung des damaligen Direktors Willem Sandberg fand eine Ausstellung mit Kinderzeichnungen statt, die als eine Art »Vorschau« auf die kommende Cobra-Ausstellung gesehen werden könnte. Einige Künstler hatten »kunst en kind« begeistert besucht und empfanden das Gesehene als Inspiration und Bestätigung für ihr eigenes Schaffen. Brands kleinformatiges, sich der Begrenzung der Leinwand gerne fügendes und daher sehr intim wirkendes Werk *Kind mit Papierkrone* zeigt ein Mädchen mit Zöpfen und Krone. Brands eigene Tochter dürfte damals etwa vier Jahre alt gewesen sein. Das Motiv der beigefügten Krone, die ursprünglich als königliches Würdezeichen galt, verleiht dem Mädchen etwas Märchenhaft-Engelsgleiches – der Umstand, dass es sich um eine Papierkrone handelt, inhaltlich ergänzend etwas Kindlich-Spielerisches. Auch in den zeitgleichen Arbeiten des Dänen Carl-Henning Pedersen sind immer wieder Figuren auszumachen, deren Häupter Kronen tragen (Abb. 1). »Und wo sonst, fragte man, hätten Bilder wie die Carl-Henning Pedersens und einiger seiner Freunde entstehen können als im Geburtsland des großen Märchenerzählers Hans Christian Andersen?«[5]

Es ging den Cobra-Malern aber nicht nur um die Auseinandersetzung mit der Welt der Kinder, sondern wichtig war auch das Kind als Bildsujet. Ähnlich wie der Hauptvertreter des Art brut, Jean Dubuffet, bejahte Cobra die rückhaltlose Wahrheit, mit der sich Kinder alltäglich, fast schockierend-ehrlich in der bürgerlichen Gesellschaft äußern. Dubuffet hatte »hohe Achtung vor den Werten der Wildheit: Instinkt, Leidenschaft, Launenhaftigkeit, Heftigkeit, Raserei«.[6]

Brands *Kind mit Papierkrone* ist in der Frontalität der Darstellung mit Karel Appels *Der Schrei* von 1953 (Kat. 9.2) vergleichbar. »Ich stehe vor meiner Leinwand«, so Appel, »und male, versuche niemals ein Bild zu machen, es ist ein Schrei oder ein Kind oder ein Tiger hinter Gitterstäben.«[7] In *Der Schrei* wird zunächst eine in rüder Malweise und pastosem Malauftrag gestaltete Figur sichtbar, bei der es sich vermutlich um die stark schematisierte Darstellung eines Kindes handelt, das mit offenem Mund und hochgerissenen Armen einem Erwachsenen gegenübersteht. Aufgrund der Proportionierung der Bildfigur wird zwar eine frontale, aber zusätzlich leicht von oben herabblickende Sichtweise des gegenüberstehenden Rezipienten, der in die Rolle des Erwachsenen zu rücken scheint, deutlich. Das Kind schreit und signalisiert durch die Armhaltung, dass es Hilfe sucht und hochgehoben werden möchte. Appels Vorliebe für das Kind als inspirierendes Bildmotiv zeigt sich bereits in seinem Œuvre in der zweiten Hälfte der vierziger Jahre. Einer seiner ersten öffentlichen Aufträge erhielt er 1949: Appel sollte eine Wandmalerei für die Kantine des Amsterdamer Rathauses gestalten. Er gibt dem Werk den Titel *Fragende Kinder* (Abb. 2). Entsprechend der Cobra-Devise wollte sich

Pousse.
tout fleurit

4 Karel Appel · *Kind IV* · 1951
Gemeentemuseum, Den Haag

5 Constant · *Der Krieg* · 1951
Privatbesitz

Appel nicht mit langen Vorarbeiten aufhalten, sondern seiner Kreativität freien Lauf lassen und spontan arbeiten. Thematisch wendet er sich, wie in zahlreichen Gemälden und Holzreliefs, den »fragenden Kindern« zu – angeregt durch die hungernden Kinder, die er im Nachkriegsdeutschland gesehen hatte. Als das Wandbild 1949 dem Publikum gezeigt wurde, herrschte reges Entsetzen. Nicht nur das Thema fand man bestürzend, sondern auch die Art und Weise der Wandgestaltung missfiel den Verantwortlichen. Das Fresko wurde als lieblose Schmiererei deklariert (Abb. 3). Dies war Anlass genug, das Werk erneut zu verhängen und erst Jahre später wieder zu enthüllen, dann nochmals zu übermalen, um es schließlich 1959 als Inkunabel der Cobra-Kunst freilegen zu lassen.[8]

Im Werk Appels findet man zahlreiche Beispiele, die voller Sinnen- und Farbenfreude auf die Vitalität der unbefangenen Welt der Kinder verweisen. So auch *Kind IV* von 1951 (Abb. 4). Einen positiven Bezugspunkt in Appels Malerei dürfte das farbenfrohe Schaffen seines Landsmanns Vincent van Gogh gewesen sein. In der für Appel eher untypisch flächenhaften Gestaltung – meist sind seine Werke, wie auch *Der Schrei,* pastoser gemalt und in der Oberflächenstruktur beinahe mit einem Relief vergleichbar – könnte *Kind IV* seine Bewunderung für Henri Matisse ausdrücken. Das sehr flächig wirkende Bild zeigt eine isolierte Figur, die durch den Titel als Kind identifiziert werden kann. Wieder taucht der Typus des fragenden Kindes auf, das »in all seiner Unschuld und Schutzlosigkeit den Wirren der Welt ohne Waffen gegenübersteht«.[9] Für Appel waren Kinder und Tiere Wesen, die auf wunderbare Weise die Einheit von Mensch und Natur, von Traum und Tat, aber vor allem von Denken und Handeln zum Ausdruck brachten.

Während Appels Bilder aus dieser Zeit vor Farbenreichtum und Energie zu strotzen scheinen, wirken Constants Gemälde hintergründiger und verhaltener. Die niederländischen Künstler standen noch ganz unter den belastenden Eindrücken, die der Naziterror und der Zweite Weltkrieg hinterlassen hatten. Constants Kriegsbilder (Abb. 5) transportieren die Botschaft wider Krieg und Zerstörung und spiegeln die aktuelle Lage. Den Einfluss der Kinderzeichnungen belegt sinnfällig die Farblithografie *Pousse. Tout fleurit* von 1949 (Kat. 9.8), die die für Constant 1948/49 so typischen fantastischen Fabelwesen aufweist. »Constants ›Allegorie des Lebens‹ läßt sich als Kreislauf wie auch als dramatisches Umbruchsgeschehen in Permanenz verstehen (la pousse, frz. = Schößling, Trieb, Zahnen etc., aber auch in einem abwärts gerichteten Sinn Schwaden, Abfall, Trübung etc.). Die Farblithographie zeigt Lebensanstieg links – über eine Leiter, eine ›femme fleur‹ und einen behaarten Vogel, einen gefiederten Fisch und ein totes Blatt mit Krallen und Tierschädel. Dabei besitzt die absteigende ›Todesseite‹ zugleich eine dynamische Aufstiegstendenz, kann auch nach links herum

Constant '49

KAT. 9.4 CONSTANT · OHNE TITEL · 1947

6 *Cobra,* 4, November 1949, S. II und S. ohne Pagina

gelesen werden. Der sich auf dem ›Lebensrad‹ vollziehende Einverleibungsvorgang unterstreicht die Umkehrbarkeit der Leserichtung.«[10] Ähnliche kompositorische Elemente und inhaltliche Symbole lassen sich in Constants Gemälde *Uns gehört die Freiheit* festhalten. Wie bereits erwähnt, bewunderte Cobra die 1948 im Stedelijk präsentierte Ausstellung von Kinderzeichnungen. Die Begeisterung der Maler führte sogar so weit, dass sie 1949 in der Nummer 4 von *Cobra* neben ihren eigenen Werken solche von Kindern abbildeten (Abb. 6). Die Constants Arbeit gegenübergestellte Bleistiftzeichnung eines Kindes zeigt in der Darstellung der fantastischen, vogelartigen Wesen und dem Verzicht auf räumliche Tiefe frappierende Kongruenz. Der Vogel als Symbol der Freiheit und Ungebundenheit, der Hund als treuer Begleiter des Menschen, der als gezähmte Bestie mitunter auch eine katzenhafte

7 Constant · *Hund* · 1949
Gemeentemuseum, Den Haag

Geschmeidigkeit verrät (Abb. 7) oder aber als Andeutung auf einen Höllenhund verstanden werden kann, sind beliebte Bildmotive Constants.[11] Während der Künstler allerdings die Ansammlung der Mischwesen fast als einzelne auf den Bildgrund gesetzte Elemente betrachtet, die ähnlich wie in *Pousse. Tout fleurit* inhaltlich als zusammengehörig interpretiert werden müssen, verbindet die Figuren- und Tierdarstellungen der oben erwähnten Kinderzeichnung eine erzählerische Zusammengehörigkeit. Im Alter von vier Jahren beginnen Kinder, beim Malen Geschichten zu erzählen.

In Constants Werk ist der Einfluss der von Kinderzeichnungen entlehnten Motivik ausgeprägter als bei allen anderen Gruppenmitgliedern. Um 1948 lebte Constant in der Nähe des Amsterdamer Zoos »Artis«. Der Maler »umgab sich mit Hunden, Katzen und Vögeln, hielt sich eine Zeitlang sogar einen Pavian und einen Leguan. Die Eisbären des Kopenhagener Zoos regten ihn 1948 zu einem Gemälde an.«[12] In *Festival der Traurigkeit* (Kat. 9.6) werden verschiedene Tiere sichtbar: Unten links erkennt man etwa einen Elefanten. Vielleicht bezieht sich der Titel des Gemäldes, der wie zahlreiche Bildtitel der Künstler auf eine Befindlichkeit anspielt, auf das traurige Dasein der Tiere in zoologischen Gärten, die Constant nachweislich gerne besuchte, wie dies auch Kinder tun.

Bereits 1949 hatte die Gruppe ihre *Cobra*-Hefte unter der Leitung des belgischen Dichters Christian Dotremont herausgegeben, der 1947 in Brüssel »Les Surréalistes Révolutionnaires« ins Leben rief – eine Vorläufergruppierung von Cobra.[13] Bei der Zusammenführung unterschiedlicher Künstler aus verschiedenen Ländern fungierte Dotremont als Initiator. Im Oktober 1948 schrieb er an Constant: »Wir müssen die belgischen, dänischen und niederländischen Gruppen, die eindeutig kulturelle Verbindung haben, vereinigen, ohne daß sie ihren eigenen Charakter verlieren. Wir warten mit Ungeduld auf Euch.«[14] Dotremont wurde zum internationalen »Chefredakteur« der Gruppe.

In der Nummer 7 von *Cobra* (Herbst 1950) entdeckt man die Abbildung eines kleinen Holzreliefs aus den Ardennen (Abb. 8), das Alechinsky *Eve-la-terrible* betitelte. Für ihn symbolisierte es den »nach-paradiesischen« Zustand.[15] Bereits ein Jahr zuvor entstand Constants Gemälde *Femme terrible* (Abb. 9), das in direkte Beziehung zu der Papierarbeit *Ohne Titel (Mutter mit Kindsymbol)* von 1950 gebracht werden kann (Kat. 9.9); beide Werke sind vermutlich in Kenntnis des Holzreliefs entstanden. Während die Frauendarstellung des Holzreliefs ein sphinx-

KAT. 9.6 CONSTANT · FESTIVAL DER TRAURIGKEIT · 1949

KAT. 9.9 CONSTANT · OHNE TITEL (MUTTER MIT KINDSYMBOL) · 1950

8 Holzrelief aus den Ardennen, in: *Cobra,* 7, 1950

9 Constant · *Femme terrible* · 1949
Gemeentemuseum, Den Haag

haftes Lächeln aufweist und das Geschlecht durch einen Totenkopf verdeckt wird, zeigen die beiden Arbeiten Constants fast zu volkskundlichen Masken erstarrte Köpfe mit auffallend großen Mündern und Zähnen. *Femme terrible* stellt in ihrer erschreckend wirkenden Gestaltung beinahe eine zum Tier mutierte Figur dar, die anstelle eines Totenkopfes den Blick auf ein schematisiertes Kindergesicht freigibt. Bei *Ohne Titel (Mutter mit Kindsymbol)* platziert Constant vor die Schamhaare der Frau eine mit einem Ziffernblatt vergleichbare runde Scheibe mit Zahlen und Buchstaben sowie zwei in kindlicher Manier gezeichnete Mondgesichter. Wie der Titel des Werks preisgibt, handelt es sich um ein Kindsymbol, vielleicht eine Anspielung auf die Kraft der Verführung durch die Frau und ihre Fähigkeit, Kinder zu gebären. Constants Arbeiten aus diesem Themenkreis belegen, wie verschiedene Einflüsse – etwa der Volkskunst, der Kinderzeichnung und der Kunst der Primitiven – als Kraft- und Inspirationsquelle bei Cobra in bildnerischen Einklang gebracht wurden.

Im Sommer 1949 arbeiten Constant und Jorn gemeinsam an der Ausmalung eines Kindergartens in Kopenhagen. In direktem Anschluss daran gestalten einige Cobra-Mitglieder in der Nähe der dänischen Hauptstadt die Innenräume eines Erholungsheims für Architekturstudenten in Bregnerød aus. Das Haus wurde den Malern überlassen, um dort gemeinsam zu wohnen und zu arbeiten. Bekannt ist, dass Jorns siebenjähriger Sohn Klaus die Türe eines Zimmers bemalte, während Carl-Henning Pedersen die sie umschließende Wandfläche gestaltete (Abb. 10).

Eine kleine Gemeinschaftsarbeit von Asger Jorn und seiner 1959 ebenfalls etwa siebenjährigen Tochter Bodil zeigt einen großen schwarzen Vogel (Kat. 9.10). Während anzunehmen ist, dass Bodil das übermächtig ins Bild gesetzte Motiv gezeichnet hat, könnte die unten links aufs Blatt gebrachte kleine Figur von Jorn stammen. Klar auszumachen oder gar zu belegen ist dies nicht. Sobald Künstler auf die gelernte Virtuosität und intellektuelle Kontrolle bewusst verzichten, Spontaneität zulassen und

10 Die von Carl-Henning Pedersen bemalte Wand in einem Haus in Bregnerød bei Kopenhagen, 1949 (Bemalung der Türe von Jorns siebenjährigem Sohn Klaus)

BODIL JORN
1959 DICEMBRE
20

KAT. 9.3 EUGENE BRANDS · KIND MIT PAPIERKRONE · 1951

ihrer Fantasie nachgehen, schlagen sich formale Ähnlichkeiten mit der Kinderkunst am deutlichsten nieder. Letztlich nicht genau erkennen zu können, was Vater oder Tochter gemalt hat, belegt, wie sehr Jorn die Zeichenkunst seiner Tochter schätzte.[16] Bodil signiert die Arbeit oben rechts, Asger Jorn unten links.

Auch Pierre Alechinsky, der erst 1949 der Gruppe Cobra beitrat, malte gemeinsam mit seinem Sohn Nicolas. Für den damals noch sehr jungen Alechinsky waren die Cobra-Jahre allerdings im Gegensatz zu einigen seiner Künstlerfreunde eher der Start seiner künstlerischen Laufbahn als deren Höhepunkt. Die Auseinandersetzung mit der Kinderzeichnung ist in seinem Œuvre nur anhand weniger Werke zu beobachten. In das Jahr 1969 fällt Alechinskys großformatiges *Post Hieronymous,* das eine für den Künstler typische zweiteilige Bildgestaltung aufweist. Er malt es in Zusammenarbeit mit seinem elfjährigen Sohn Nicolas (Abb. 11). Auffallend ist, dass in diesem Werk, anders als bei der Zeichnung von Asger und Bodil Jorn, die Arbeitsbereiche von Vater und Sohn deutlich voneinander getrennt sind. Während Alechinsky in Acryl auf Papier den größeren Teil des auf Leinwand aufgezogenen Werks gestaltet, bearbeitet sein Sohn mit Zeichenkreide die »Predella« aus Buchstaben im unteren Teil des Bildes nach einem Vorbild von Hieronymus Bosch. »Bei dieser Gemeinschaftsarbeit versucht der Vater die kindliche Direktheit des Ausdrucks – sowohl in den Motiven als auch im Stil – zu erreichen, während der Elfjährige mit der hochentwickelten Meisterschaft des Erwachsenen wetteiferte.«[17] Alechinsky selbst bemerkt einmal: »Es dauert Jahre, bis man das Kind in sich selbst findet. [...] Cobra ist eine Kunstform, die die Kindheit anstrebt [...] mit den Mitteln, die Erwachsenen zur Verfügung stehen.«[18] Betrachtet man das Œuvre Alechinskys, so ist festzuhalten, dass er die Kunst der Kinder achtet, sich von Kinderzeichnungen jedoch nicht in dem Maße wie seine Kollegen inspirieren lässt. Nachdem Alechinsky noch 1949 in Brüssel ein Atelierhaus (Ateliers du Marais) – sein eigentliches »Centre de Recherche COBRA« – begründet hatte, zieht er 1951 nach Paris. Dort entsteht alsbald eine Lithografie für die Zeitschrift *Derrière le Miroir* mit einem Schriftzug von Groucho Marx: »Das versteht schon ein vierjähriges Kind/Bringen Sie mir ein vierjähriges Kind.«[19] Alechinsky, der sich schon sehr früh mit fernöstlichen Schriftzeichen und mit der Verbindung von Text und Bild beschäftigt hatte, schätzte das Kind besonders als intuitiven Betrachter.

Im Herbst 1950 lassen sich auch Corneille, Constant und Appel, die immer sehr engen Kontakt miteinander pflegten, in Paris nieder. »Es war ein Triumvirat geworden, was man uns später sogar zum Vorwurf machte.«[20] Jorn lebte etwa sechs Monate, von Herbst 1950 bis Frühjahr 1951, mit Matie van Domselaer, der früheren Frau Constants, und deren Kindern in großer Armut am Stadtrand von Paris, bevor er sich für längere Zeit wegen einer Tuberkulose im Sanatorium seiner Heimatstadt Silkeborg aufhielt; Dotremont wurde im November ebenfalls dorthin eingewiesen. Ab 1951 ist bei allen Cobra-Künstlern ein verstärktes Interesse an ihrer eigenen Karriere festzustellen, sodass die Kontakte innerhalb der Gruppe immer loser wurden. Die gemeinsamen Aktivitäten ließen nach, und es zeichnete sich der Zusammenbruch der Gruppe ab. Kommerzielle Misserfolge und ideologische Meinungsverschiedenheiten führten schließlich zur Auflösung.

11 Pierre Alechinsky und sein Sohn Nicolas · *Post Hieronymous* · 1969
Sammlung N. A., Paris

Um 1960 erreichten viele ehemalige Cobra-Mitglieder den Höhepunkt ihres künstlerischen Werdegangs und wurden mit internationalen Ausstellungen gewürdigt. In jener Zeit malte Asger Jorn während einer seiner zahlreichen München-Aufenthalte bei dem Galeristen Otto van de Loo zwei kleinformatige Ölbilder *Ohne Titel.* Das eine zeigt vor grünem Hintergrund einen im Wesentlichen in Gelb gehaltenen Kopf mit einem grünen und einem orangenen Auge; besonders auffallend ist die rote aus dem Mund herausgestreckte Zunge. Unten links in der Farbmasse ist die eingeritzte Widmung »Für Connie 60 Jorn« lesbar (Kat. 9.11). Asger Jorn hatte für Otto van de Loos Sohn Connie (Konrad) und seine Tochter Marie-José

KAT. 9.11 ASGER JORN · OHNE TITEL · 1960

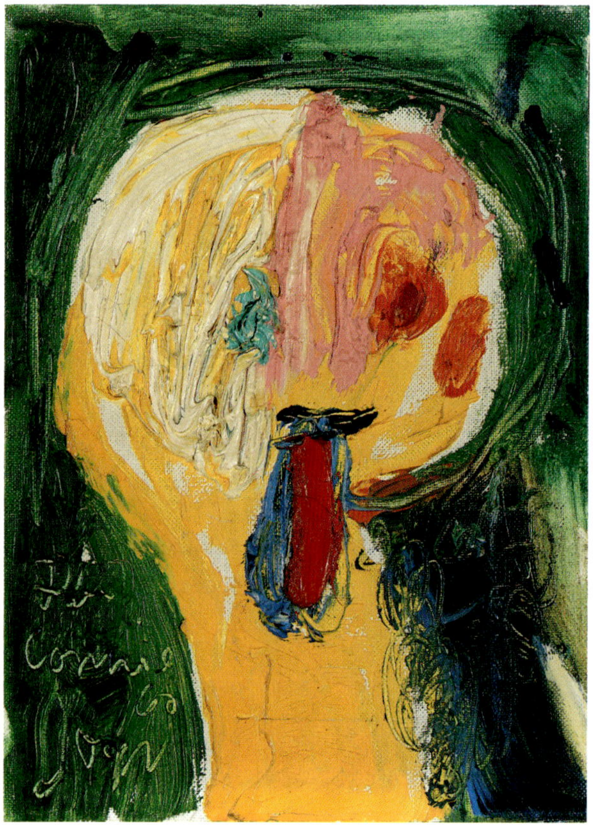

KAT. 9.12 ASGER JORN · OHNE TITEL · 1960

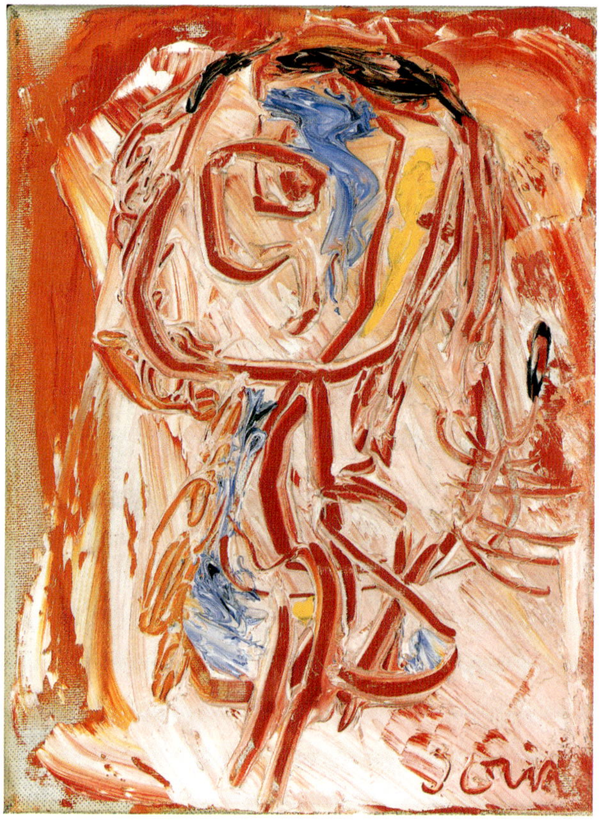

(Kat. 9.12), also die Kinder seines Galeristen, zwei eigens für sie bestimmte Werke geschaffen. Jorn hat sich folglich nicht nur von Kinderzeichnungen und dem Kind als Bildmotiv inspirieren lassen, sondern malte auch für die Kinder seines Freundes. Bevor 1964 Jorns Gemälde *Eine Cobra-Gruppe* (Kat. 9.13) in München entstand, hatte er bereits engen Kontakt zu den jungen Künstlern der Gruppe Spur geknüpft. Er lernte die Maler Heimrad Prem, Helmut Sturm und HP Zimmer sowie den Bildhauer Lothar Fischer in München durch seinen Galeristen Otto van de Loo und den Maler Hans Platschek kennen.[21] Als Prem 1962 von einer Kindergärtnerin eine Kiste mit unzähligen Kinderzeichnungen geschenkt bekam und begeistert danach zu zeichnen begann, war es vielleicht Prems Faszination für die Kunst der Gruppe Cobra, die er über den Kontakt zu Jorn lieben und schätzen gelernt hatte. Prems *Duell* (Abb. 12) zeigt anatomisch unklar zusammengefügte Figuren, die weder perspektivisch noch räumlich erfasst werden, was deutlich auf den Einfluss der geschenkten Sammlung von Kinderzeichnungen verweist.[22] Heimrad Prem war, wie Asger Jorn, Vater von sieben Kindern und malte auch gemeinsam mit ihnen in seinem Atelier. In Deutschland war es maßgeblich die Künstlergruppe Spur (1957–1965) – eine der bedeutendsten deutschen Künstlergemeinschaften nach dem Zweiten Weltkrieg –, die bei Cobra besonders die von Optimismus geprägten bildsprachlichen Elemente und den Mut zur Farbe begrüßte. Dies wirkte sich positiv auf ihre Bildwelt aus.[23]

»Als ich ernsthaft zu malen begann«, so erinnert sich Karel Appel noch 1972, »gründeten wir die Cobra-Gruppe, und wir trafen andere Leute, andere Künstler, die sich mit den gleichen Phänomenen, Problemen, Anliegen befaßten. Wir wurden gute Freunde. Cobra war die einzige wirklich neue Bewegung nach dem Krieg in Europa. Eine wirkliche Bewegung wie Dada, der Surrealismus, der Tachismus und so weiter. Alle diese Bewegungen existierten vor dem Krieg, und sie hatten nichts Neues zu bieten. Aber die Cobra-Gruppe begann neu, und als erstes warf sie alles über Bord, was wir kannten, und begann von vorn wie ein Kind – frisch und neu.«[24]

12 Heimrad Prem · *Duell* · 1962
Privatsammlung Otto van de Loo, München

constant

I-50
Alechinsky

C.K. Appel

ANMERKUNGEN

1 Asger Jorn, »Neue Tendenzen der Pariser Kunst«, in: *Ny Tid,* 8. August 1946, zit. nach Troels Andersen, *Asger Jorn in Silkeborg – Die Sammlung eines Künstlers,* Ausst.-Kat. Kunsthalle Bern, Bern 1981, S. 24.

2 Uwe M. Schneede, (Hrsg.), *COBRA 1948–51,* Ausst.-Kat. Kunstverein Hamburg, Hamburg 1982, S. 9.

3 Constant, in: *Reflex,* 1, 1948, zit. nach Uwe M. Schneede 1982 (wie Anm. 2), S. 15.

4 Eugène Brands, in: *Het Vrije Volk,* 1. Februar 1964, zit. nach Uwe M. Schneede 1982 (wie Anm. 2), S. 18.

5 Ebenda, S. 9.

6 1947 sieht Appel in Paris eine Ausstellung über Dubuffet und über die Bildnerei der Geisteskranken. Beide beeindruckten ihn zutiefst; vgl. Uwe M. Schneede 1982 (wie Anm. 2), S. 14; Karel Appel, zit. nach ebenda, S. 40.

7 Appel zit. nach Klaus Honnef, »Über Karel Appel, Eine Welt ohne Zwang«, in: *Kritisches Lexikon der Gegenwartskunst,* hrsg. von Lothar Romain und Detlef Bluemler, 32, 26, 1995, S. 10, Anm. 18.

8 Vgl. Axel Heil, »Karel Appel«, in: *Highlights aus dem Haags Gemeentemuseum,* Ausst.-Kat. Staatliche Kunsthalle Baden-Baden, Karlsruhe 1998, S. 106 f., hier S. 106.

9 Ebenda.

10 Marion Keiner und Jens Kräubig, *Künstler der Gruppen COBRA und SPUR. Sammlung Selinka,* Ausst.-Kat. Schloss Achberg bei Ravensburg, Herforder Kunstverein, Galerie der Stadt Kornwestheim, Ravensburg 1998, S. 54.

11 Vgl. ebenda.

12 Ebenda.

13 Vgl. Per Hovdenakk, *COBRA. Zwei Verläufe,* Ausst.-Kat. Städtische Galerie im Lenbachhaus, München, Hellerup 1989, S. 126.

14 Christian Dotremont in einem Brief an Constant, 7. Oktober 1948, zit. nach Uwe M. Schneede 1982 (wie Anm. 2), S. 18.

15 Vgl. Axel Heil, »Karel Appel«, in: *Highlights aus dem Haags Gemeentemuseum* (wie Anm. 8), S. 116.

16 Jorn kannte auch das Buch *The Child's Conception of the World,* das erstmals 1929 in London erschien und mit dessen Inhalt er sich auseinander setzte. Vgl. Graham Birtwistle, *Lebendige Kunst. Asger Jorns Kunsttheorie von Helhesten bis COBRA 1946–1949,* hrsg. von der Galerie van de Loo, München 1996, S. 51.

17 Jonathan Fineberg, »Cobra und das Kind in uns«, in: *Mit dem Auge des Kindes. Kinderzeichnungen und moderne Kunst,* hrsg. von Helmut Friedel und Josef Helfenstein, Ausst.-Kat. Lenbachhaus, Kunstbau, München, und Kunstmuseum Bern, Stuttgart 1995, S. 210.

18 Pierre Alechinsky, zit. nach Jean-Clarence Lambert, *Cobra,* New York 1984, S. 183.

19 Vgl. Hans Platschek, »Über Pierre Alechinsky – Jenseits der Schrift. Malerei als Fingerspitzengefühl«, in: *Kritisches Lexikon der Gegenwartskunst* (wie Anm. 7), 37, 1, 1997, S. 5.

20 Corneille, zit. nach Ralph Köhnen, »Über Corneille. Masken des Begehrens«, in: *Kritisches Lexikon der Gegenwartskunst* (wie Anm. 7), 43, 20, 1998, S. 14.

21 Vgl. Otto van de Loo (Hrsg.), *Asger Jorn in München. Dokumentation seines malerischen Werkes,* München 1996.

22 Hinweis von Helmut Sturm in einem Gespräch vom 8. Oktober 1992, in: Pia Dornacher, *Heimrad Prem 1934–1978. Leben und Werk. Monographie und Werkverzeichnis,* Diss., München 1995, S. 93. Ab 1967 bis 1971 gibt Helmut Sturm in seinem Haus in Pullach bei München Malkurse für Kinder. 1970 ist er Mitbegründer des Kinderforums in den Räumen der Forumgalerie van de Loo in München. Der Hauptinitiator des Kinderforums war der Galerist Otto van de Loo. Vgl. Otto van de Loo (Hrsg.), *Das Kinderforum. Kinder Leben Kunst,* Berlin 1995.

23 Vgl. Helmut Sturm in einem Interview mit Roberto Ohrt, in: *Gruppe SPUR 1958–1965. SPUR-Buch zur Art Cologne 1991,* hrsg. von der Galerie Christa Schübbe, Düsseldorf und Mettmann 1991, S. 127.

24 Karel Appel in einem Interview, in: *Appel's Appels,* Stratford, Ontario, 1972, zit. nach Uwe M. Schneede 1982 (wie Anm. 2), S. 54.

Die längeren Beine des Monsieur Dubuffet

Mechthild Haas

1 Michel Tapié im Schauraum zum Art Brut im Keller der Galerie Drouin, um 1947

ART BRUT UND KINDERKUNST

Viermal nimmt Jean Dubuffet (1901–1985) Anlauf, Künstler zu werden. Dreimal kehrt er, angewidert vom akademischen Kunst- und Kulturmarkt, ins väterliche Weingeschäft zurück. Erst 1942, im Alter von 41 Jahren, verpachtet er seine Firma, um sich ganz der Kunst zu verschreiben. Von nun an setzt sich Dubuffet leidenschaftlich in Widerspruch zu den akademischen Regeln und etablierten Normen unserer abendländischen Ästhetik; er will eine Gegenkultur begründen. Nach dem Zweiten Weltkrieg machen der überstandene Terror und die neu entstandenen Sachzwänge die Revision ästhetischer Maximen unumgänglich. Dubuffet findet sein Ideal in einem künstlerischen Schaffen, das alle Traditionen über Bord wirft. Dreh- und Angelpunkt für diese Neuorientierung der Künste wird der Art Brut (Kunst im Rohzustand/in roher Reinheit). »Die Position von Art Brut ist diejenige, die sich dem Wissen entgegenstellt und dem, was das Abendland (ein wenig lautstark) seine ›Kultur‹ nennt. Es ist der Entschluss bei Null anzufangen.«[1] Als der Künstler 1948 gemeinsam mit Pariser Intellektuellen die »Compagnie de L'Art Brut« als gemeinnützigen Verein ins Leben ruft, ist das erklärte Ziel, Werke zu sammeln, die »einen spontanen und ausgeprägt erfinderischen Charakter aufweisen, der herkömmlichen Kunst und kulturellen Schablonen so wenig wie möglich verpflichtet sind und von Unbekannten stammen, denen die professionellen Künstlermilieus fremd sind«.[2]

In der Sammlung (Abb. 1) sind die Arbeiten von Psychiatriepatienten prozentual stark vertreten. Dabei ist es keineswegs die vermeintliche Geisteskrankheit der Produzenten, die eine Garantie für Art Brut liefert. Nach der Normalität oder Anormalität der Kunstautoren zu fragen ist für Dubuffet irrelevant und unergiebig, denn »es gibt genauso wenig eine Kunst von Geisteskranken wie eine Kunst von Magen- oder Kniekranken«.[3] Der Grund für den Überschuss an Arbeiten aus Irrenanstalten in Dubuffets Art-Brut-Kollektion ist ein sozial-historischer: Bis zur Mitte des vergangenen Jahrhunderts war es psychiatrische Praxis, die Patienten in den Kliniken zu isolieren, womit sie den kulturellen Einflüssen des gesellschaftlichen Lebens entzogen wurden. Damit war Dubuffets wichtigste Voraussetzung für Art Brut gegeben: Die Autoren sind unabhängig vom ästhetischen Mainstream, sie sind Außenseiter. Neben diesem Kriterium existiert keine klare Definition darüber, was genau unter Art Brut zu fassen ist, selbst Dubuffet wechselt mehrmals seine Meinung. Bereits 1946 formuliert er als zukünftiges Publikationsprogramm für die *Cahiers de L'Art Brut,* die Begleithefte zur Sammlung, seinen Plan, neben die Arbeiten aus psychiatrischen Anstalten unter anderem auch Volkskunst sowie Kinderzeichnungen aus Ägypten und England zu stellen.[4] Diese Idee gibt Dubuffet im Laufe der Weiterentwicklung seines Konzepts jedoch wieder auf. 1971 trennt er die Sammlung endgültig in zwei Abteilungen, die er »Collections de l'Art Brut« und »Collections annexes« (Nebensammlungen) nennt. Heute wird die Art-Brut-Sammlung in Lausanne im Château de Beaulieu aufbewahrt, die Nebensammlungen führen den Namen »Neuve Invention«, hierher gehören neben der Volkskunst und den »Problemfällen« umstrittener Art-Brut-Künstler auch die Kinderzeichnungen, die zum Großteil in den vierziger Jahren zusammengetragen wurden.[5] Dubuffet rechnet die Kinderkunst also nicht zum Art Brut, dennoch ist sie Orientierungspunkt für die Entwicklung seiner Bildsprache. Erst im historischen Kontext der Nachkriegsjahre kann Dubuffets Verhältnis zur Kinderkunst als künstlerische Position beschrieben werden.

KINDERKUNST ALS AUSSTELLUNGSSCHLAGER

Aus dem Matthäus-Evangelium stammt der bekannteste Sinnspruch zur kindlichen Unschuld: »Wahrlich ich sage euch, wenn ihr nicht umkehrt und wie die Kinder werdet, so werdet ihr nicht in das Himmelreich eingehen« (Mt. 18, 3). Sehnsucht nach Trost in einer heilen, vergangenen Welt charakterisiert die Stimmung der Nachkriegsbevölkerung. In ihrem besonderen Interesse an Kunst von Kindern drückt sich die Hoffnung aus, über die »unschuldige« Kinderseele reine und ursprüngliche Kreativität, eine Quelle der Erneuerung zu finden. »Es genügt heutzutage, eine Ausstellung von Kinderzeichnungen anzukündigen, damit die Öffentlichkeit sich dort zusammendrängt. Die instinktive Sprache der Kindheit verschafft zugleich der Elite und dem Volk Entzücken.«[6] Mit diesen Worten kommentiert die Zeitung *Carrefour* eine Pariser Großausstellung von rund achthundert Zeichnungen französischer Kinder, die im April 1945, also noch vor Kriegsende, im Haus der Radiodiffusion Française stattfindet. Die erfolgreiche Ausstellung zieht in der französischen Hauptstadt eine wahre Schwemme an Kinderkunstpräsentationen nach sich: 1946 organisieren die Ecole des Beaux-Arts, der British Council und die Union des Arts Plastiques gemeinsam mit dem Centre de Recherche et d'Etudes Pédagogiques eine Ausstellung von Zeichnungen englischer und französischer Kinder. Diese Synopse dient dazu, die unterschiedliche Verarbeitung der Kriegserlebnisse von Kindern zweier alliierter Streitmächte miteinander zu vergleichen.[7] 1947 zeigt das Musée du Luxembourg Kinderzeichnungen,[8] 1949 und 1951 das Musée Pédagogique, 1953 folgen Kinderkunstausstellungen in der Librairie, Art et Lecture und in der Académie du Jeudi.[9] Die Faszination, die von der kindlichen Sichtweise der Welt ausgeht, bleibt nicht auf Frankreich beschränkt. So zeigt etwa die Kunsthalle Mannheim von August bis Oktober des Jahres 1949, das ausdrücklich als »Jahr des Kindes« ausgerufen wird, die Ausstellung *Kind und Kunst,* in der in drei Abteilungen Kinderzeichnungen aus aller Welt, Spielzeug, Bilderbücher sowie Plastiken und Zeichnungen deutscher Künstler präsentiert werden.[10] Der Zweite Weltkrieg hatte die Bildungsideale der westlichen Zivilisation infrage gestellt und ihre Macht- und Wertlosigkeit gezeigt. Wenn die Kindheit als »unverbildeter« Zustand idealisiert wird, steht das Erlebnis der Kriegskatastrophe als Synonym für den Verlust der kindlichen Unschuld mit dem Erwachsenwerden und der Ernüchterung durch die grausame Realität. Die Konfrontation der Kunst der Gegenwart mit der Kinderkunst zielt darauf, die Kinderkunst für die Moderne fruchtbar zu machen und sie als Korrektiv und Vorbild zu nutzen. In den Nachkriegsjahren gilt es als Auszeichnung für einen Künstler, wenn seinem Schaffen die »Reinheit« der Kinderkunst attestiert wird; selbst Picasso kann – nach zeitgenössischem Urteil – trotz seines Genies diesen Anspruch nur selten einlösen.[11]

In Frankreich ist die Popularität der Kinderkunst geprägt durch Jean-Jacques Rousseau, der mit seinem 1762 publizierten Erziehungsroman *Emile* der Sichtweise des kindlichen Daseins eine neue Ausdeutung gibt: Rousseau betrachtet das Kind nicht mehr als »Vorstufe« des erwachsenen Menschen, zu dem es erst geführt wird durch die Bildung, durch das Einüben moralischer Werte und Kenntnisse. Nach Rousseau besitzt das Kind bereits die menschlichen Werte, sie müssen nicht durch Erziehung vermittelt werden, vielmehr gilt es, sie zu erhalten und auszubilden. Das Kind ist unschuldig, weil es durch gesellschaftliche Verhältnisse und Intellekt noch nicht korrumpiert worden ist.[12] Bezeichnenderweise führt man bei den Kinderkunstausstellungen der Nachkriegsjahre die Enttäuschung über die Eintönigkeit vieler Arbeiten nicht etwa auf übersteigerte Erwartungen, sondern auf den Unterricht zurück: »[...] zu viel Hinterlist, zu viel Bewusstsein, zu viel visueller Realismus für so wenig einfallsreichen Realismus, zu viele kleine Hände, die dirigiert werden von der des Pädagogen!«[13]

Über die vordergründige Ähnlichkeit der Moderne mit Arbeiten von Kindern entsteht die Meinung, das kindliche Gemüt garantiere einen schnellen Zugang zur modernen Kunst, und Kinder könnten diese Arbeiten leichter verstehen als wir Erwachsene. Zu diesem Thema startet die Zeitschrift *Arts* Anfang 1952 mit zeitgenössischen Künstlern eine Diskussion. Den Auftakt macht André Breton, der auf den Brief eines französischen Mädchens aus Washington antwortet.[14] Aus dem Kindermund spricht die Stimme des Volkes, das der modernen Kunst genauso hilflos wie das kleine Mädchen gegenübersteht. Der Schriftsteller vertritt die Meinung, da ein Kind schrittweise die Entwicklung der Menschheit durchmache, müssten auch die Kunstwerke, mit denen es sich beschäftigt, seinem geistigen Entwicklungsstand entsprechen. Das zwölfjährige Mädchen sei für Matisse bereits reif genug,

2 Jean Dubuffet · *Villa am Weg* · 1957
The Scottish National Gallery of Modern Art, Edinburgh

jedoch soll es für Picasso noch einige Jahre warten. Bis heute besitzt die Frage, ob Kinder für moderne Kunst ein ästhetisches Urteilsvermögen besitzen, Zündstoff. So entfachte im Herbst 1997 eine Reportage der *Saarbrücker Zeitung* unter dem Titel »›Das ist ja wie runtergerissene Tapete‹. Mit der zehnjährigen Caroline in der Modernen Galerie des Saarland Museums – Keine Chance für zeitgenössische Kunst« eine erbitterte Leserbriefdebatte gegen die Diffamierung moderner Kunst.

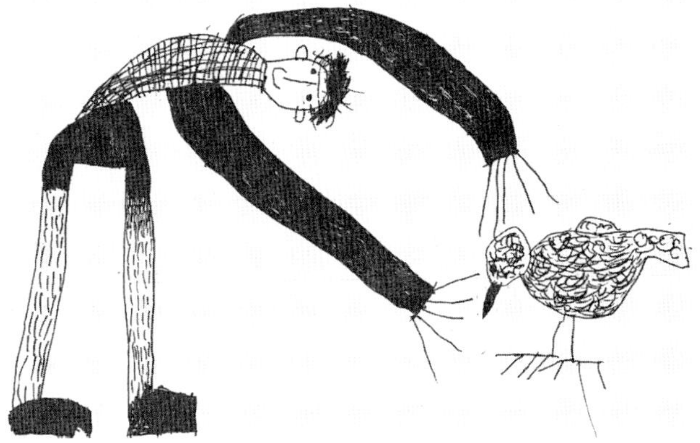

3 Anonym (6 Jahre) · Kinderzeichnung · ohne Jahr

PSEUDOKINDERZEICHNUNGEN

Häufig ist der Vorwurf, Kinder hätten Dubuffets Bilder genausogut malen können, und der Künstler würde die kindliche Malmanier nachäffen.[15] Der optische Befund belegt die Nähe: Wie Kinder konstruiert Dubuffet seine Darstellungen nicht perspektivisch, sondern klappt sie in die zweidimensionale Fläche. Im Bild dominiert der rechte Winkel, Richtungsunterschiede sind nicht ausdifferenziert, sodass Bewegtes starr und die Darstellung steif erscheint. Dieses »schroff gespreizte« Aussehen ist charakteristisch für Kinderzeichnungen.[16] Typisches Merkmal von Bildern aus Kinderhand ist das Fehlen der festen Lagebeziehung, einzelne Gegenstände sind mittels der horizontal-vertikalen Beziehung ausgearbeitet. Deshalb können, wie in Dubuffets Bildern, Figuren waagerecht zu Häusern oder Wegen stehen (Abb. 2). In Kinderzeichnungen entsprechen die Größenverhältnisse und Proportionen nicht den realen Gegebenheiten, was manchmal inhaltlich begründet ist; auch in einigen von Dubuffets Arbeiten findet sich dieser Aspekt. Bei Kindern wie bei Dubuffet werden Gliedmaßen gebogen, als seien sie aus Gummi, oder werden entgegen der menschlichen Anatomie bis zum Zielpunkt verlängert (Abb. 3). Wie das Kind, das sich um ein einfaches, klar und überschaubar aufgebautes Bild bemüht, vermeidet es Dubuffet, Formen zu überdecken oder zu überschneiden: Autos werden gezeichnet, als seien sie durch eine Blechwalze gezogen worden. Die Fülle an kindertypischen Charakteristika in Dubuffets Bildern scheint unerschöpflich: Neben der Vorliebe für die Collage (Abb. 4), der Freude am Zusammensetzen der Motive aus Schnipseln und Fundstücken, dem Entwickeln von Puzzlesystemen, sei nicht zuletzt die Farbigkeit genannt, die selten der Lokalfarbe entspricht.

Auch wenn die populäre Presse die Nähe und Ähnlichkeit zwischen Kinderkunst und moderner Kunst zu sehen glaubt, betonen insbesondere die Künstler, dass das intellektuelle Defizit der kindlichen Auffassungsgabe den Unterschied ausmache. Dubuffet hat sich zu Kinderzeichnungen geäußert, selten bezog der Künstler so klar und dezidiert Stellung. In seinen »Anmerkungen für die Schöngeister« aus dem Jahr 1946 betont er, kaum jemals unverbildete, nicht manierierte Kinderzeichnungen gesehen zu haben. Der Geist der Kinder sei genauso engstirnig wie der seine, aber dafür könne er dank seiner »längeren Beine viel schneller und damit auch viel weiter laufen als sie«.[17]

Das unterschiedliche Abstraktionsniveau lässt sich exemplarisch am Kopffüßler studieren, den Dubuffet immer wieder, durch alle Schaffensphasen hindurch, zur

4 Annie Chaissac (7 Jahre) · Papiercollage · um 1950
Dubuffet-Sammlung Neuve Invention, Château de Beaulieu, Lausanne

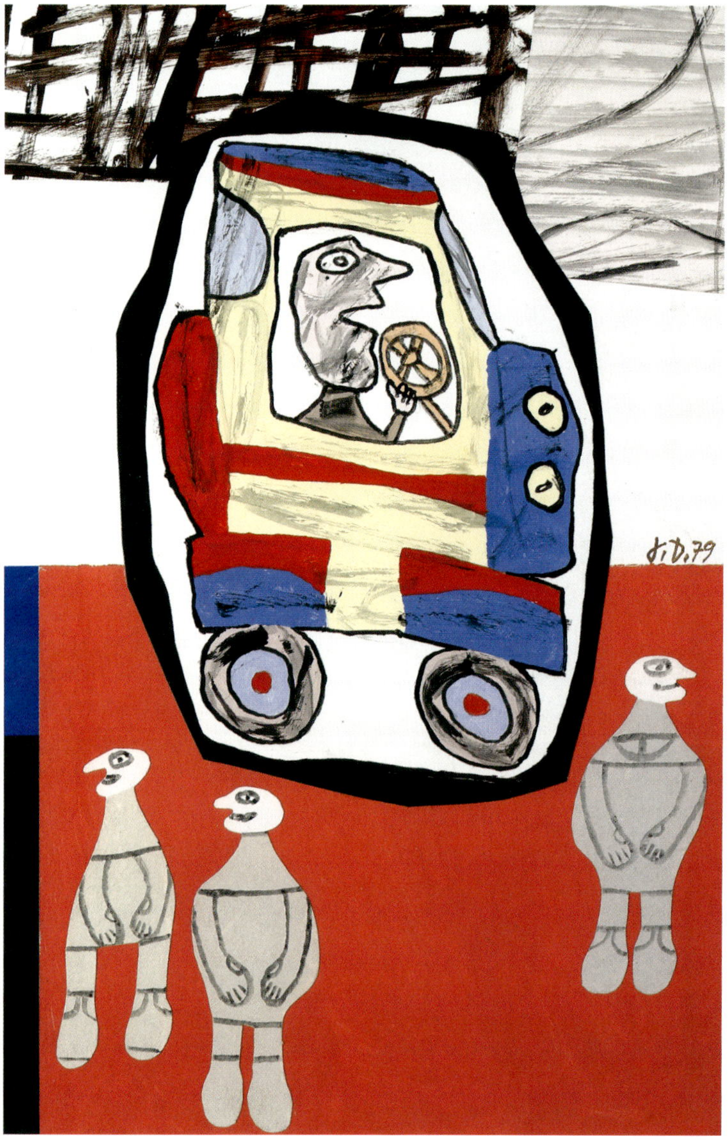
J.D.79

KAT. 10.6 JEAN DUBUFFET · DIE PATROUILLE · 1982

5 Caroline Saxer (4 Jahre) · Kinderzeichnung · 1999
Privatsammlung

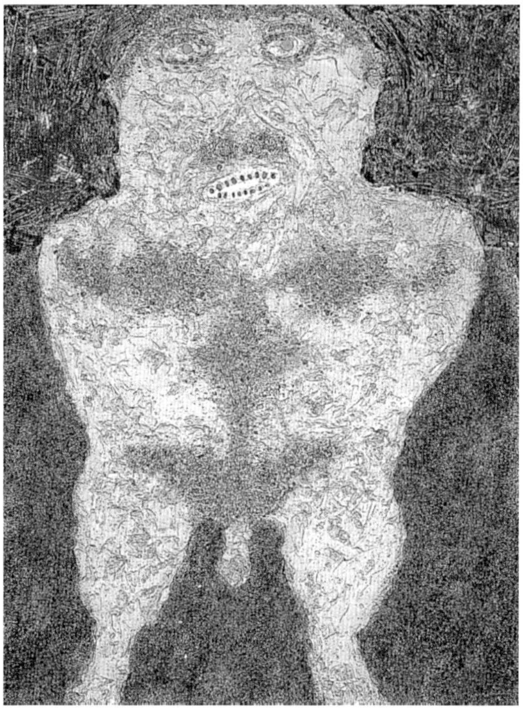

7 Jean Dubuffet · *Wille zur Macht* · 1946
The Solomon R. Guggenheim Museum, New York

Bildung von Figuren verwendet. Der Kopffüßler ist für die Bilder vierjähriger Kinder typisch und gilt als »normales, zeichnerisches Durchgangsstadium«.[18] Nach der Kritzelphase, die sich von der Mitte des zweiten bis zur Mitte des dritten Lebensjahres erstreckt, gelingt es den Kindern, ihre zeichnerischen Bewegungen zu steuern. Allmählich wird eine geschlossene Rundform darstellbar – die Voraussetzung zum Abbilden von Menschen und Gegenständen. Nun tauchen vermehrt Kopffüßler auf, die in der Realitätsauffassung des Kindes einen Menschen vollgültig darstellen. Die Figur, an die immer Beine und häufig auch Arme angesetzt werden, hat ihr Zentrum in Kopf und Körper zugleich (Abb. 5). »Richters Bezeichnung eines *binnendiffusen massigen Insgesamt von Haupt und Leib* darf als zutreffend erachtet werden.«[19] Bei einem Kopffüßler sind Kopf und Körper nicht getrennt, sie sind zu einer Masse verschmolzen.

6 Karl Brendel · *Drei Kopffüßler* · um 1913–1920
Publiziert in: Hans Prinzhorn, *Bildnerei der Geisteskranken*, Heidelberg 1922

Kopffüßler von Kindern sind asexuelle Wesen; ausgestattet mit Genitalien, findet man sie bei Künstlern,[20] in der Kulturgeschichte[21] und bei psychisch Kranken. Karl Brendels Holzskulpturen zählen zu den bekanntesten Darstellungen von Kopffüßlern des 20. Jahrhunderts (Abb. 6). Brendel, der an Schizophrenie erkrankt war, gestaltete seine Kopffüßler im wahren Sinne des Wortes: Die Beine sitzen tatsächlich am Kopf, der Leib ist weggelassen. Das Phänomen des Kopffüßlers bedeutet bei Brendel eine durch die Krankheit bedingte Regression der Ich-Funktionen hin zu einer infantilen Stufe. Hartmut Kraft spricht von einem »typisch schizophrenen Defektzustand«.[22] Hingegen greift Dubuffet bewusst auf das Kopffüßlerschema zurück (Abb. 7). Er kopiert nicht den Typus, sondern zitiert den bekannten Formenkanon, um damit Irritationselemente als schöpferisches Potenzial in seine Darstellungen einzuschleusen. Der Künstler zeigt Regressionsphänomene und verweist mit den Pseudokinderzeichnungen auf die einfachste, komprimierteste und erste Art bildnerischen Gestaltens.

KAT. 10.3 JEAN DUBUFFET · KOPF EINES BÄRTIGEN MANNES · 1959

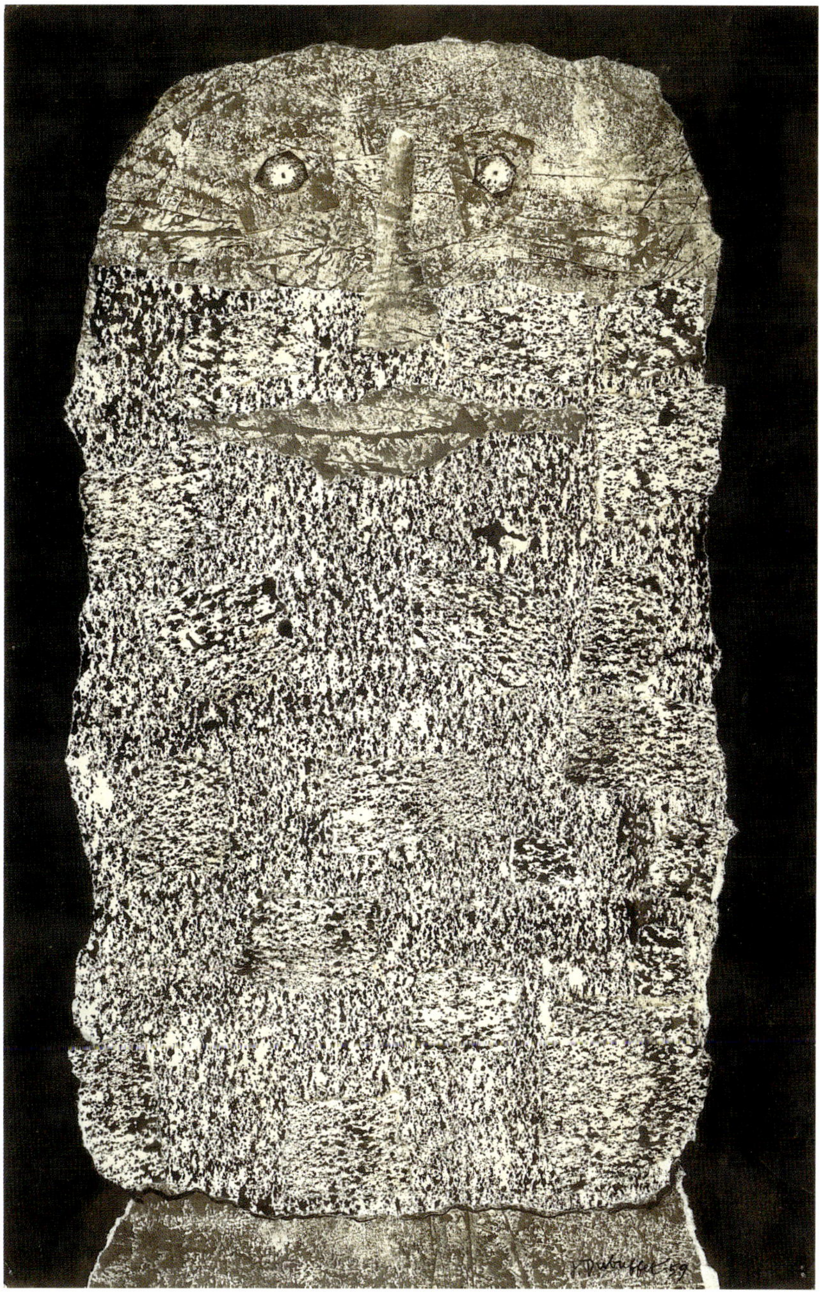

KAT. 10.2 JEAN DUBUFFET · OHNE TITEL (BERGFORMATION) · 1954

SCHMIEREN UND KRATZEN

Die bisherige Forschung analysierte Dubuffets Rezeption der Kinderzeichnung vorwiegend ikonografisch.[23] Diese traditionelle kunsthistorische Untersuchungsmethode soll durch einen auf das Malmaterial bezogenen und werkgenetisch orientierten Ansatz erweitert werden. Denn Dubuffet praktiziert seine künstlerische Strategie nicht allein auf formaler Ebene, sondern vor allem über die Art und Weise der Materialverarbeitung in seinen Bildern. »Man sieht sofort, dass ich hier mit meinem Finger gearbeitet habe, dort mit einem Löffel oder der Spitze eines Kratzeisens.«[24] So kommentiert Dubuffet seine Arbeitsweise im Katalog seiner ersten Gemäldeausstellung »Mirobolus, Macadam & Cie, Hautes Pâtes« 1946 in Paris. In der Arbeit mit der Hand liegt der intimste Umgang mit Material. Beim Kleinkind, das alles anfassen möchte und in der »pâte« matschen will, hat die Begeisterung für das Berühren und Durchdringen der Substanzen ihren Ursprung.[25] Beim Erwachsenen, der mit der Hand arbeitet, tritt zu dem visuellen Betrachten ein taktiles Erleben. Wenn ein Akteur bei der Handarbeit die Augen schließt, versucht er, sich in seine Tätigkeit zu versenken und darin aufzugehen. Das Verhältnis zum Material, das bearbeitet wird, ist ein körperliches. Mit den Worten »avec mon doigt« (mit meinem Finger) macht sich Dubuffet zum Künstler, der seine Substanzen mit den Fingern penetriert und damit nicht entfremdete Arbeit verrichtet; gleichzeitig rekurriert er auf die frühkindliche haptische Wahrnehmung von Welt.

Dubuffets Behauptung, mit einem Löffel gemalt zu haben, stellt die künstlerische Tätigkeit in den Kontext des Essens. Der Löffel ist ein Instrument, das primär zur Aufnahme von Lebensmitteln in flüssig-cremiger Konsistenz dient, wie Suppe und Brei. Er ist das einzige Esswerkzeug, mit dem Kleinkinder hantieren dürfen, also neben den Fingern die erste Art, Nahrungsmittel zu (be-)greifen. Damit muss das Instrument Löffel genauso wie der Finger als eine Anspielung auf die Anfänge menschlicher Kreativität verstanden werden. Dass der Künstler mit einfachsten Mitteln – etwa Stöcken oder Fingern – auf simplen Unterlagen wie Stein, Sand und Dreck Kunstwerke kreieren kann, gehört als Klischee zur Legende von der Entdeckung des schöpferischen Talents und findet sich in vielen Künstlerbiografien als Schlüsselerlebnis im Kindesalter.[26] Gerade in den Nachkriegsjahren kann an die Aussage, ein Künstler arbeite mit dem Löffel, auch die Idee einer existenziellen Bedeutung geknüpft sein. Das unterstützen die Berichte über Graffiti in (Gestapo-)Gefängnissen, die von den Inhaftierten mit dem Löffel oder dem Löffelstiel in die Zellenwände gegraben wurden.[27]

8 Jean Dubuffet · *Araber mit Fußspuren* · 1948
Staatliche Kunsthalle Karlsruhe

Wenn Dubuffet mitteilt, mit der Spitze eines Kratzeisens gearbeitet zu haben, gebraucht er ein Werkzeug, das zur Bearbeitung harter Oberflächen, zum Aufrauen oder Abschaben von Mauern benutzt wird. Dubuffet rückt seine Malerei in die Nähe der Graffiti, die meistens von Kindern und Jugendlichen stammen und vor der Erfindung der Spraydose nicht nur mit Kreide gemalt, sondern mit spitzen Gegenständen in Mauern geritzt wurden. Insbesondere in seinen Gemälden der vierziger und fünfziger Jahre praktiziert Dubuffet das Kratzen in Farbgründe, die in mehreren Schichten von hell nach dunkel übereinander gestrichen wurden. Wegen ihres Überraschungsmoments ist diese Maltechnik bei Kindern beliebt, denn die Farbe der übermalten darunter liegenden Schicht kommt erst beim Kratzen zum Vorschein (Abb. 8).

Dubuffet zeichnet nicht auf den Bildträger, sondern er arbeitet in der Bildsubstanz. Für ihn ist »die entscheidende Handbewegung des Malers das Einschmieren«,[28] es geht ihm um das »savoir-enduire«[29] (Schmieren-Können) und nicht um das »savoir-faire« (Machen-Können) der professionellen Kunstschulen.[30] Die Saliromanie – der Trieb, Dinge zu besudeln oder zu zerfetzen – wird in den Akt der Bildherstellung übertragen, sie ist kein Malen mehr, sondern ein Beschmieren, Zerknittern, Zerkratzen, Zerreißen, Zerschneiden, Durchbohren.

9 Jean Dubuffet · *Strümpfestopferin* · 1945
National Gallery of Art, Washington

KACKAISMUS

Unter dem Titel »Réhabilitation de la boue« (Ehrenrettung des Schmutzes) veröffentlicht die Zeitung *Juin* am 7. Mai 1946 Dubuffets Katalogtext zu seiner ersten Gemäldeausstellung.[31] Zum damaligen Zeitpunkt basiert des Künstlers Malpaste noch ganz auf der traditionellen Ölfarbe, der Ausdruck »boue« ist eine Metapher.[32] »Boue« steht für Dreck und Schmutz, bezeichnet einen Matsch, nicht trocken und nicht flüssig, seine Konsistenz ermöglicht eine maximale Variationsbreite der Verarbeitung. Dubuffets »boue« ist monochrom, ohne Wechsel der Farben, der Tonwerte, des Glanzes oder der Struktur. »La boue« wird durch gestische Spuren geformt, darin, nicht in den Farben, sieht Dubuffet die spezielle Möglichkeit der Malerei.[33] Indem Dubuffet sein Malmaterial als »boue« betitelt, will er auf dessen materielle wie ideelle Wertlosigkeit verweisen. Wieder versucht sich Dubuffet als Künstler auf die Seite der Kinder zu schlagen, denn er beklagt, in unserer Kultur seien die kleinen Kinder die einzigen Menschen, die noch einen Blick in die Rinnsteine werfen, sich gerne mit Schmutz beschäftigen und den Abfall zu schätzen wissen.[34]

Durch die Erziehung evoziert bei Erwachsenen unserer Kulturgesellschaft die Materie »boue« das Gefühl des Abscheus und Ekels. Der mit dem strengsten Tabu belegte Schmutz sind Fäkalien. Das Wort »boue« hat neben der Bedeutung von Matsch und Dreck auch die Bedeutung von Kot. Relativ häufig werden Dubuffets Bilder in Verbindung mit Kot und Urin gebracht. Einerseits ist es die gelbbraunschwarze Monochromie des Farbpastenreliefs, die den Kunstwerken etwas Skatologisches verleiht, andererseits ist es die klumpig-bröselige Konsistenz der aufgetrockneten Malsubstanzen. Urin wird weniger über die Farbigkeit assoziiert als vielmehr über das Gesudel und Verspritzen dünnflüssiger Farbsubstanzen auf der Leinwand. Bei Dubuffet handelt es sich um eine bewusste Auseinandersetzung mit der Idee des Exkrements, sowohl als Thema wie auch als formales Prinzip: In seinen Atelierheften benutzt Dubuffet das Adjektiv »merdoie«, um bestimmte Malmaterialien zu beschreiben (Abb. 9).[35] Indem er nicht das Substantiv »merde« (Scheiße), sondern das Eigenschaftswort »merdoie« (scheißeartig) verwendet, modifiziert er den vulgären Sinngehalt des Wortes und impliziert ein metaphorisches Verständnis.

1946 kreiert die Satirezeitschrift *Le Canard enchaîné* das Schimpfwort »Cacaïsme« für Dubuffets Malerei: »Auf Dreck sinnt Herr Dubuffet, auf Dreck, die Abfälle und den Schmutz, die des Menschen Begleiter während seines ganzen Lebens sind (Herr Dubuffet spricht für sich, er täte gut daran, eine Dusche zu nehmen, und wenn es nur wäre, um sich zu waschen.) [...] Nach dem Dadaismus hier also der Kackaismus.«[36] Die Presse diffamiert Dubuffets Kunst als »Kotschmiererei«: Ein Kritiker spricht von »idiotisch angespritztem Straßenschmutz« und meint, er lasse lieber »Mirobolus, Macadam und Compagnie in ihrem Kot alleine«.[37] Dubuffets Malerei wird als eine »Schicht aus Fäkalienmaterie« bezeichnet.[38] Man behauptet, Dubuffets Leinwände bestünden aus »einer Grundlage von Kies, Dreck und Fäkalienmaterien«.[39] »Zeichnung aus der Bedürfnisanstalt«, urteilt Jean-José Marchand.[40] Ein Kommentator findet es »ziemlich schrecklich, diesen zerriebenen Dreck zu sehen, der sich Malerei nennt«.[41] Das Wort »merde« für Dubuffets Malmaterial benutzt ausdrücklich ein Kritiker der Zeitung *Gavroche*. Er brauche keinen Beweis dafür, »dass die Lächerlichkeiten von Herrn Dubuffet, der auf Baby macht und in pompöser Weise seine Schmierereien dem Publikum präsentiert, uns anzeigen, dass er mit Abfällen malt. Allerdings! Dass er also mit der Scheiße malt.«[42] Oder man urteilt, Dubuffet sei »stehen geblieben beim Freudschen Spiel des Analkomplexes und seiner wohlbekannten Folge: Dem Geld [...]. Im Vergleich zu seinem Werk, welche großartigen Meisterwerke, die schöne Ausstellungen verdienen würden, wischt da der Pariser Straßenkehrer täglich auf dem Asphalt aus!«[43] Hier werden Exkrement und künstlerisches Schaffen miteinander verknüpft. Sigmund Freuds Vorstellungen sind

KAT. 10.1 JEAN DUBUFFET · DIE KARTOFFELERNTE · 1953

KAT. 10.4 JEAN DUBUFFET · UNSICHERES BILDNIS XXVIII · 1975

deterministisch behandelt, die künstlerische Produktion wird als sublimierter Analdrang verstanden.

In seiner *Einführung in die Psychoanalyse* macht Freud jedoch deutlich, wie sehr in unserer Kultur das Analtabu zugleich an ein gesellschaftliches Sozialdiktat gekoppelt wird, das der Mensch im Säuglingsalter zu erlernen hat: »Er [der Säugling] soll seine Exkrete nicht in dem ihm beliebigen Moment von sich geben, sondern wann andere Personen es bestimmen. Um ihn zum Verzicht auf diese Lustquellen zu bewegen, wird ihm alles, was diese Funktionen betrifft, als unanständig, zur Geheimhaltung bestimmt, erklärt. Er soll hier zuerst soziale Würde für Lust eintauschen. Sein Verhältnis zu den Exkreten selbst ist von Anfang an ein ganz anderes. Er empfindet keinen Ekel vor seinem Kot, schätzt ihn als einen Teil seines Körpers, von dem er sich nicht leicht trennt, und verwendet ihn als erstes ›Geschenk‹, um Personen auszuzeichnen, die er besonders schätzt.«[44] Mit einer psychoanalytischen Interpretation, die Sigmund Freuds Vorstellungen eben nicht deterministisch behandelt, sondern als Hinweis auf eine historisch bedingte Verknüpfung von latenten und offenkundigen Bedeutungen versteht, können Bilder, die den Analkomplex thematisieren, als politische und gesellschaftskritische Werke verstanden werden.[45]

Ein fäkales »Bewusstsein« macht das fragliche Kunstwerk entschieden weniger fäkal. Genauso produziert ein vom Künstler für sich proklamiertes Schmieren nur ein Pseudogeschmiere, oder ein Erwachsener, der wie ein Kind zeichnen will, kann immer nur eine Pseudokinderzeichnung hervorbringen. Die künstlerische Behauptung ist als ästhetisches Mittel zu verstehen, gleichzeitig wird die Signifikanz dieser Verfahrensweise als Konstrukt dekodierbar. Dahinter steht das Prinzip vom Trompe-l'œil der Anti-Artifizialität: Je überzeugender das Trompe-l'œil umgesetzt ist, umso mehr werden es Kritiker für bare Münze halten, desto lauter wird der Aufschrei des Entsetzens und umso schärfer wird die Diffamierung sein. In diesem ambivalenten Spiel begründet Dubuffets Kunst ihre kritische Funktion. Sie intendiert nicht, sich vom Anal- beziehungsweise Regressionsverbot als Vorurteil zu befreien – das wäre zu banal. Vielmehr fordert sie dazu auf, den pauschalisierenden Begriff des Irrationalismus zu entmischen. In einer Gesellschaft, die die Kunst des so genannten »Primitivismus« ausbeutet und in Ausstellungen von außereuropäischen Kulturen, Kindern und psychisch Kranken goutiert, ohne ihr eigenes Kultursystem hinterfragen zu müssen, wird der polymorph-pervers agierende Künstler zum modernen »Primitiven«. Ziel ist es, mit der schockierenden künstlerischen Aktion die Tabuzonen der Zivilisation wie der künstlerischen Tradition anzugreifen und zu überschreiten. Künstler wie Jean Dubuffet versuchen, sich der kulturellen Ausbeutung zu widersetzen und ihrer »homogenen Ordnung« mit »heterogener Phantasie und Kreativität«[46] ein revolutionäres Potenzial entgegenzusetzen. Dieses Transgressionsbedürfnis sucht keine neue utopische Idealität, sondern eine Entgrenzung, in der alles spielerisch möglich wird.

ANMERKUNGEN

Die Übersetzungen aus dem Französischen stammen, falls nichts anderes angegeben, immer von Mechthild Haas.

1 Jean Dubuffet, *Prospectus et tous écrits suivants,* hrsg. von Hubert Damisch, Bd. 1, 2, Paris 1967, Bd. 1, S. 513.
2 Ebenda, Bd. 1, S. 167.
3 Ebenda, Bd. 1, S. 202. 1949 beendet Dubuffet das Vorwort zum Katalog der großen Art-Brut-Ausstellung »L'Art Brut préféré aux arts culturels« in der Pariser Galerie René Drouin mit diesem berühmt gewordenen Satz.
4 Vgl. Lucienne Peiry, *L'Art Brut. Die Träume der Unvernunft,* Weimar 1999, S. 57.
5 Vgl. Jonathan Fineberg, »Jean Dubuffet: Kindheit als Strategie«, in: *Mit dem Auge des Kindes. Kinderzeichnung und moderne Kunst,* Ausst.-Kat. Lenbachhaus, Kunstbau, München, und Kunstmuseum Bern, Stuttgart 1995, S. 162–187, hier S. 165.
6 Frank Elgar, »Peintures de petits et peintures de grands«, in: *Carrefour,* 21. April 1945, S. 5.
7 Besprechung von Denys Chevalier, »Dessins d'enfants d'Angleterre et de France«, in: *Arts,* 22. März 1946, S. 1.
8 Besprechung von Pierre Descargues, »L'Art de l'enfance«, in: *Arts,* 6. Juni 1947, S. 5.
9 Besprechung: »L'Enfance révèle un monde magique«, mit Stellungnahmen von Künstlern zum Thema Kinderzeichnungen (Fernand Léger, Marc Chagall, Jean Cocteau u. a.), in: *Arts,* 29. Mai 1953, S. 12.
10 *Kind und Kunst,* Ausst.-Kat. Kunsthalle Mannheim, 1949, zit. nach Martin Papenbrock, *»Entartete Kunst«. Exil-Widerstandskunst in westdeutschen Ausstellungen nach 1945. Eine kommentierte Bibliographie,* Weimar 1997, S. 311.
11 F. Delanglade, »Influences du dessin d'enfant dans l'œuvre de Picasso«, in: *Gavroche,* 9. November 1944, S. 5.
12 Vgl. Werner Schmalenbach, *Die Kunst der Primitiven als Anregungsquelle für die europäische Kunst bis 1900,* Basel 1961, S. 25 f.
13 Frank Elgar 1945 (wie Anm. 6).
14 Der Brief und Bretons Antwort sind abgedruckt in: *Arts,* 15. Februar 1952, S. 1, 7.
15 Beispiele aus Presserezensionen zu Dubuffet zitiert François Gagnon, »Coupures de presse. Analyse de la critique journalistique sur Dubuffet entre 1943 et 1952«, in: *Dubuffet* (Cahiers de l'Herne, 22), 1973, S. 123–128.
16 Alfred Bareis, *Vom Kritzeln zum Zeichnen und Malen. Bildnerisches Gestalten im Vorschulalter,* Donauwörth 1972, S. 17.
17 Jean Dubuffet 1967 (wie Anm. 1), Bd. 1, S. 76; im gleichen Sinn äußert er sich außerdem auf S. 517 f. oder in seinem Einleitungstext »Petites ailes« zu einer Ausstellung von Kinderkunst 1965 in Le Havre, in: ebenda, Bd. 2, S. 54–57, 419 f.
18 Hartmut Kraft, *Die Kopffüßler. Eine transkulturelle Studie zur Psychologie und Psychopathologie der bildnerischen Gestaltung,* Stuttgart 1982, S. 16. In dem Buch finden sich viele Bildbeispiele und weitere Literatur zum Thema.
19 Ebenda, S. 17; Kraft bezieht sich hier auf Hans Günther Richter, *Anfang und Entwicklung der zeichnerischen Symbolik. Eine Gegenüberstellung der Theorien über den Ursprung und Verlauf der bildhaft-symbolischen Aktivitäten im Kinder- und Jugendalter,* Kastellaun 1976, S. 109.
20 Z. B. bei Paul Klee, Victor Brauner, Jean Miró und Horst Antes.
21 Beispiele dieses Phänomens gibt es u. a. in der afrikanischen Kunst, außerdem findet man sexualisierte Kopffüßler auch unter den Fabelwesen des Mittelalters; vgl. Salome Zajadacz-Hastenrath, »Fabelwesen«, in: *Reallexikon zur deutschen Kunstgeschichte,* hrsg. vom Zentralinstitut für Kunstgeschichte München, Bd. 6, München 1973, Sp. 748–753.
22 Hartmut Kraft 1982 (wie Anm. 18), S. 115.
23 Gaëtan Picon, *Le Travail de Jean Dubuffet,* Genf 1973, S. 191 f.; Rolf Wedeweder, »Dubuffet – Zur Bedeutung und Ikonographie der Primitivfigur«, in: *Kunst in Hessen und am Mittelrhein,* 17, 1977, S. 97 f., vergleicht Dubuffet-Zeichnungen mit zwei Zeichnungen von fünf- und sechsjährigen Kindern; Laurent Danchin, *Jean Dubuffet,* Lyon 1988, S. 146–148; Jonathan Fineberg 1995 (wie Anm. 5); wichtiger zeitgenössischer Text zu Kinderzeichnungen und ihr Verhältnis zu Dubuffet von R. V. [Robert Vrinant], »L'Enfant et le dessin«, in: *L'Age nouveau,* 26. März 1948, S. 71–74.
24 Jean Dubuffet 1967 (wie Anm. 1), Bd. 2, S. 63.

25 Gaston Bachelard, *L'Eau et les rêves. Essai sur l'imagination de la matière,* Paris 1942, S. 126 f., sieht eine Parallele zwischen der Freude am Durchdringen von Materialien mit der Hand und der Begeisterung des Kindes für seine Exkremente.

26 Vgl. Ernst Kris und Otto Kurz, *Die Legende vom Künstler* (1934), Frankfurt am Main 1980, S. 49–51, 55 f.

27 Vgl. Jean-Pierre Thibaudat, »Le Dernier mot. ›Les murs de Fresnes‹. Graffiti de la dernière guerre recueillis par Henri Calet«, in: *Libération,* 23. Dezember 1993.

28 Jean Dubuffet 1967 (wie Anm. 1), Bd. 1, S. 71.

29 Ebenda, Bd. 1, S. 72.

30 Vgl. ebenda, Bd. 2, S. 63.

31 *Juin,* 7. Mai 1946, S. 5.

32 Dubuffet selbst nennt sein Malmaterial »une seule boue«, vgl. Jean Dubuffet 1967 (wie Anm. 1), Bd. 2, S. 63 f.; Bd. 1, S. 71.

33 Vgl. Jean Dubuffet, ebenda, Bd. 2, S. 64; Bd. 1, S. 71 f.

34 Ebenda, Bd. 2, S. 66. Die Vorstellung, im alltäglichen Schmutz sei Wundervolles zu entdecken und das kleine Unbedeutende könne den Schlüssel zu Großartigem liefern, findet sich schon in Leonardos Malereitraktat, vgl. Leonardo da Vinci, *Trattato della pittura,* in: *Das Buch von der Malerei,* hrsg. von Heinrich Ludwig, Wien 1882, Nr. 63.

35 Z. B. in Heft 1 am 3. Januar und am 24. April 1947, zit. nach Mechthild Haas, *Jean Dubuffet. Materialien für eine »andere Kunst« nach 1945,* Diss. Hamburg 1995, Berlin 1997, S. 285 f. Die Eigenschaft »merdoie« (scheißeartig) nennt Dubuffet auch in seinen »indications descriptives« (beschreibenden Hinweisen) zu dem Gemälde *Raccommodeuse de chaussette* (Strümpfestopferin), August 1945, in der Ausstellung »Mirobolus, Macadam & Cie, Hautes Pâtes«, siehe Jean Dubuffet 1967 (wie Anm. 1), Bd. 2, S. 423.

36 Henri Jeanson, »Le Peintre en boniments«, in: *Le Canard enchaîné,* 15. Mai 1946, S. 4.

37 Sylvain France, »Dubuffet«, in: *Cité Soir,* 27. Mai 1946, S. 2.

38 Marcel Espiau, »M. Dubuffet, peintre echappe de la camisole de force«, in: *France réelle,* 26. März 1954, S. 3.

39 Anonym, »Dubuffet, qui peint avec la bouse de vache fait surveiller ses tableaux par trois G. Men«, in: *Samedi soir,* 1. November 1947, S. 6.

40 Jean-José Marchand, »Portraits par M. Jean Dubuffet«, in: *Combat,* 15. Oktober 1947, S. 2.

41 Maurice Croizard, »Impasse ou voies nouvelles?«, in: *Libertés,* 24. Mai 1946, S. 4.

42 Jean Texcier, »La Trahison des snobs«, in: *Gavroche,* 30. Mai 1946, S. 1 f.

43 F. Delanglade, »Un enterrement de première classe«, in: *La France au Combat,* 23. Mai 1946, S. 6.

44 Sigmund Freud, *Studienausgabe,* hrsg. von Alexander Mitscherlich u. a., 10 Bde. und ein Ergänzungsband, Bd. 1, Frankfurt am Main 1982, S. 311.

45 Diese Verfahrensweise geht auf die Surrealisten, insbesondere Salvador Dalí, zurück. Vgl. Peter Gorsen, »Salvador Dalí, der ›kritische Paranoiker‹«, in: Peter Gorsen, *Kunst und Krankheit. Metamorphosen der ästhetischen Einbildungskraft* (Ausgewählte Schriften, Bd. 1), Frankfurt am Main 1980, S. 213–316, bes. S. 213–218.

46 Vgl. Georges Bataille, *Das obszöne Werk,* übersetzt von Marion Luckow, Reinbek bei Hamburg 1977, S. 227 f.

»Das Ende der Unschuld«
Das Thema Kindheit in der zeitgenössischen Kunst

Astrid Mania

Vor dem Hintergrund einer zunehmenden Beschäftigung mit den Problemen von Kindern und Jugendlichen in unserer Gesellschaft, mit ausgelöst durch Debatten um Kindesmissbrauch und -misshandlung, aber auch durch vereinzelte Bemühungen von Politikern und Soziologen, die Bedürfnisse von Kindern stärker in den Mittelpunkt zu stellen, ist es unausweichlich, dass Künstler, die gesellschaftliche Entwicklungen beobachten, dokumentieren und interpretieren, sich auch mit dem Thema Kindheit auseinander setzen. Zwar befassen sich viele Künstler und deren Arbeiten mit diesem Themenkomplex oder damit verwandten Bereichen, gewähren jedoch kaum einen Einblick in die Gedanken- und Gefühlswelt von Kindern selbst – handelt es sich doch um Kunstwerke, die aus der reflektierten Sicht des Erwachsenen heraus entstanden sind. So findet die Thematisierung der Kindheit im größeren Kontext einer Untersuchung über allgemeine gesellschaftliche Rahmenbedingungen und deren Strukturen statt, über die von Erwachsenen geschaffenen Bilder und Vorstellungen vom Kindsein, über Geschlechterrollen, über kindliche Sexualität. Auch spielt die Aufarbeitung der eigenen Biografie für viele Künstler eine wesentliche Rolle, während sich andere des Themas annehmen, um sich und den Betrachtern einen Zugang zu einer verdrängten, kindlichen Spielfreude zu eröffnen.

1 Richard Prince · *Brooke Shields (Spiritual America)* · 1983
Sammlung Gabi und Wilhelm Schürmann

KINDHEIT UND SEXUALITÄT

Als Richard Prince 1983 in seiner eigenen Galerie *Spiritual America* als einziges Exponat *Brooke Shields (Spiritual America)* (Abb. 1) präsentierte, entfesselte er einen Skandal. Auf der Fotografie bietet sich die damals zehnjährige Brooke Shields nackt in der Pose eines Playmates dem Betrachter dar. Der Arbeit von Richard Prince liegt eine Aufnahme des Fotografen Gary Gross zugrunde, die er während der Entstehung des Films *Pretty Baby* gemacht hatte, in dem Brooke Shields eine minderjährige Prostituierte spielt. Dadurch, dass Prince die Aufnahme von Gross noch einmal unverändert abgelichtet und so verdoppelt hat, entsteht eine Metaebene, die es erlaubt, das Dargestellte distanziert zu hinterfragen. Es wird überdeutlich, wie die (amerikanischen) Massenmedien – als deren Stellvertreter Gross hier fungiert – das Kind zum Objekt sexueller Begierde degradieren. Prince schlägt Gross mit seinen eigenen Waffen, indem er durch die Reproduktion des Originalfotos dessen ganze Schlüpfrigkeit und Perviertheit offenbart, ohne dabei den moralischen Zeigefinger zu heben.[1] Dieser Fall offenbart, wie komplex und problematisch die Beschäftigung zeitgenössischer Künstler mit dem Thema Kind und Kindheit geraten kann.

Wenn Künstler sich in ihrer Arbeit auf dieses Thema einlassen, um Stellung zu gesellschaftlichen Vorgängen zu beziehen, dann rühren sie oftmals an hochgradig sensible und tabuisierte Bereiche. Die Vermarktung von Kindern in den Medien – ob als Filmstars, Fotomodelle oder Schönheitsköniginnen – bewegt sich häufig an der Grenze zur sexuellen Ausbeutung. Die künstlerische Auseinandersetzung mit dem Missbrauch von Kindern nimmt daher immer stärkeren Raum ein.

2 Jake & Dinos Chapman · *Zygotic acceleration, biogenetic, de-sublimated libidinal model (enlarged x 1000)* · 1995
Saatchi Collection, London

3 James Rielly · *Secrecy* · 1997
Privatsammlung Darmstadt

Auf sehr schockierende Weise geschieht dies bei Jake & Dinos Chapman: Die Skulptur *Zygotic accelaration, biogenetic, de-sublimated libidinal model (enlarged x 1000)* (Abb. 2) zeigt eine Gruppe von zwölf lebensgroß dargestellten, nackten Kindern, die wie siamesische Zwillinge an den Leibern zusammengewachsen und zu einer grotesken Monstrosität verschmolzen sind. Die Künstler haben einigen der Mädchenfiguren anstelle von Nase und Mund Genitalien ins Gesicht gesetzt. Impliziert der Titel die Manipulationen durch Gentechnik und Biogenetik, einen übersteigerten Ausdruck für die Angst vor den Auswüchsen fehlgeschlagener genetischer Experimente und Manipulationen, so sind es doch die direkten sexuellen Anspielungen in dieser Skulptur, die drastisch auf den sexuellen Missbrauch von Kindern verweisen.

Angesichts der Schreckensmeldungen von Missbrauch und sexueller Ausbeutung von Kindern, angesichts der zunehmenden Diskussion des Themas in der Öffentlichkeit, vor allem in den Medien, bewegt sich jede Auseinandersetzung mit der kindlichen Sexualität auf schwierigem Terrain. Obwohl Kinder heute gemeinhin nicht mehr als unwissende, asexuelle Wesen gelten, ist die explizite Darstellung einer selbstbestimmten Sexualität des Kindes oder seines erwachenden Interesses an ihr äußerst diffizil und tabuisiert, auch weil die Vorstellung des nicht unschuldigen Kindes bedrohlich und unbequem sein kann. Künstler wie Jeff Wall, Nicky Hoberman oder auch James Rielly verweisen in ihren Werken auf das Erwachen der kindlichen Sexualität. Es ist der Grenzbereich, der Kontrast zwischen kindlichem und erwachsenem Habitus, den die Künstler untersuchen.

James Rielly lotet in seinen Gemälden die Überschreitung von Rollen und gesellschaftlichen Stereotypen der Kinder- und Erwachsenenwelt aus. Viele seiner Arbeiten sind gemalte »Collagen«, in denen Rielly Elemente und Motive der Welt des Kindes und des Erwachsenen zusammenfügt: So sind in *Secrecy* (Abb. 3) und *Productive*[2] von 1998 ein kleines Mädchen und ein kleiner Junge mit brennenden Zigaretten dargestellt. Mehr noch als der Junge, der sich in einer aufreizenden, unkindlichen Pose vor dem Betrachter räkelt, erscheint besonders das kleine Mädchen in ihrem Kleidchen und der Zopffrisur dem Betrachter als viel zu jung, um zu rauchen. Dennoch präsentiert Rielly hier keine artifizielle Pose, sondern zeigt das durchaus typische Verhalten eines Kindes, das Erwachsensein probt und mit diesem Verhalten den Erwartungen widerspricht.

Auch in Jeff Walls inszenierter Fotografie *The Drain* (Abb. 4) wird jener Grenzbereich thematisiert, in dem sich Kinder an der Schwelle zum Erwachsensein befinden. Vor einer dunklen, bedrohlichen Röhre posieren zwei Mädchen: neugierig und ängstlich zugleich. Die Fotografie bezieht ihre Spannung aus dem Kontrast zwischen der mädchenhaft-kindlichen Kleidung und der erotischen Symbolik sowie den gespreizten Posen und auffordernden Blicken der Mädchen.

Von den Kindern in Nicky Hobermans Bildwelten dagegen scheint eine latente Bedrohung auszugehen, die sich nicht genau definieren oder an einzelnen Attributen

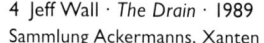

4 Jeff Wall · *The Drain* · 1989
Sammlung Ackermanns, Xanten

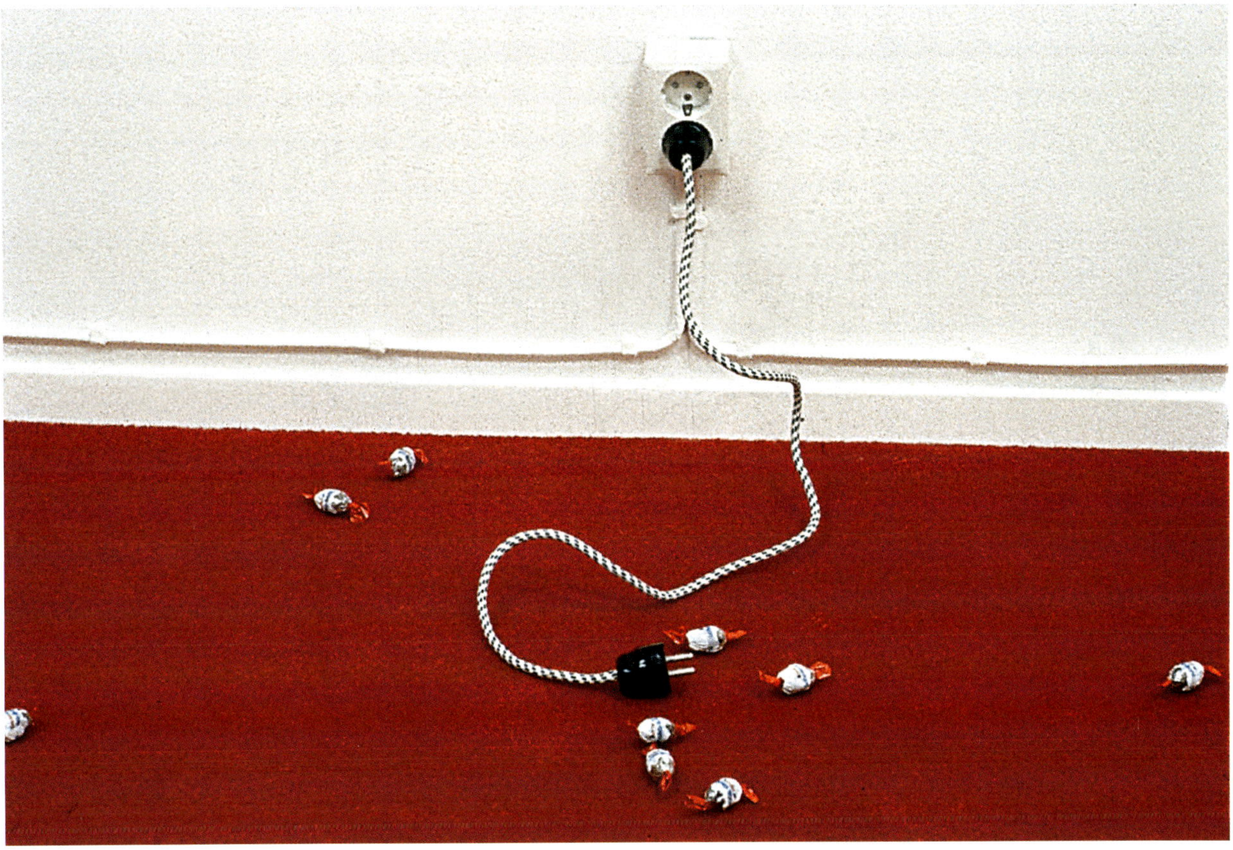

KAT. 11.5 CARSTEN HÖLLER · JENNY · 1992

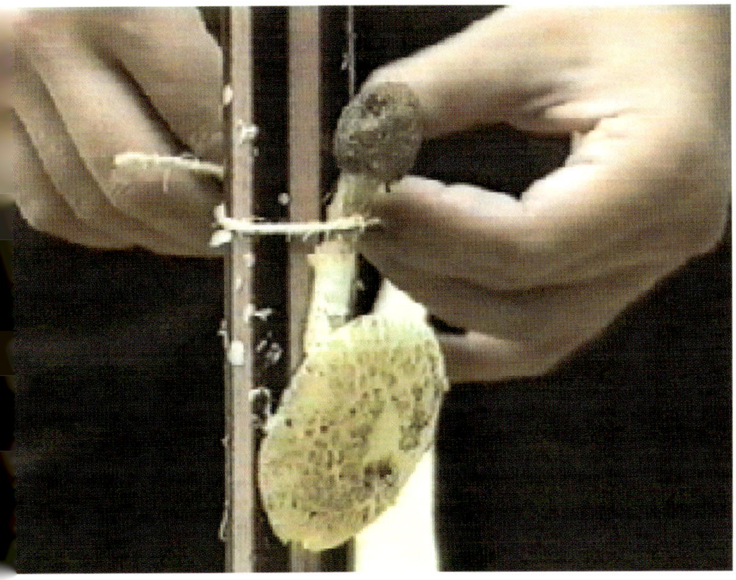

KAT. 11.14 PIA STADTBÄUMER · CLARA, TÜTÜ UND VAMPIRZÄHNE · 1998/99

KAT. 11.15 PIA STADTBÄUMER · MAX, WIMPER UND WANDERSTOCK · 1998/99

festmachen lässt. Auf dem Gemälde *Honeybun*[3] von 1997 sieht sich der Betrachter einer Gruppe von Mädchen gegenüber, die ihn mit unmittelbaren und beunruhigenden Blicken fixiert. Hoberman hat den Mädchen als Spielzeug und Attribut weiße Kaninchen beigegeben, die durch ihre erotische Konnotation einerseits und ihre Rolle als Kuscheltiere andererseits die Ambivalenz zwischen Erotik, Unschuld und Aggressivität spiegeln. Verstärkt noch durch die grelle Farbigkeit des Gemäldes, das Fehlen einer Raumkonstruktion und der Verankerung der Figuren im Bild, durch den hohen Blickwinkel, durch den sich die Köpfe der Mädchen übergroß aufblähen, wirkt das Gemälde wie ein psychedelischer Albtraum: beklemmend und unheimlich.

KINDER UND GEWALT

Eine Reihe von Künstlern lotet neben der Mehrdeutigkeit von Kindlichkeit und erwachsener Koketterie, von Unschuld und wissender Erotik die täglich in der Realität erfahrbare, zunehmende Gewaltbereitschaft und Brutalität von Kindern aus. Auch dieses gesellschaftliche Faktum steht in extremem Gegensatz zu der Wunschvorstellung und dem Klischee von kindlicher Friedfertigkeit und Harmlosigkeit. Diese Spannung wird in vielen künstlerischen Arbeiten ganz bewusst ausgenutzt. Die im Kunstwerk dargestellte Aggressivität des Kindes wirkt umso bedrohlicher und unheimlicher, da der Erwachsene zumeist nicht mit kindlicher Gewalt umgehen kann, weil er diese nicht erwartet.

So wird der Betrachter bei Pia Stadtbäumers Skulpturen aus der Serie *Max und Clara*[4] (Kat. 11.14, 11.15) mit lebensgroßen Kunststoff- und Wachsfiguren von Kindern konfrontiert, die zum Teil mit realen Kleidungsstücken, Spielzeugwaffen, Messern, Scheren und Vampirzähnen ausgestattet sind. Die Verunsicherung des Betrachters durch das Rollenspiel der Kinder und ihre aggressiven Signale wird noch dadurch gesteigert, dass die Figuren sich in einem Schwebezustand zwischen Künstlichkeit und Wirklichkeitsnähe befinden: Sie sind farblich verfremdet und somit eindeutig als artifiziell ausgewiesen; dennoch wirken sie durch ihre Größe, durch die Detailtreue und durch die der Gebrauchswelt entstammenden Attribute eigentümlich real.

Ähnlich verstörend ist auch Gil Shachars Serie von Büsten aus den Jahren 1998/99 (Kat. 11.9–11.12), die tatsächlich durch Abformungen vom lebendigen Modell entstanden sind. Die Gesichter weisen individuelle Züge auf und offenbaren, dass es sich um Porträts handelt. Gil Shachar, dessen Werk um den Unterschied von Vorbild und Abbild, Original und Kopie kreist, zeigt die Kinder in der Kleidung von Comic-Helden. Im Gegensatz zur Kleidung sind die Gesichter nicht farbig ausgestaltet. Bewusst wird hier mit einer illusionistischen oder naturalistischen Repräsentation gebrochen. Die Augen der Kinder sind geschlossen oder aber von Masken verdeckt, sodass ein direkter Blickkontakt verwehrt wird. Den Büsten haftet eine unheimliche Nähe zu Totenmasken an; das Künstliche und Leblose wird betont. Dies ist umso schockierender, weil es sich hier um die Darstellung von Kindern handelt.

Auch Ulrike Rosenbach verwandelt in ihrer Videoinstallation *Im Palast der neugeborenen Kinder*[5] von 1997 die vorgeblich unschuldigen Geschöpfe in potenziell aggressive Kreaturen: Auf Leinwände, die den Betrachter umschließen, werden überlebensgroß die Bilder von Kindern projiziert, die einen monotonen, unheimlichen Wiegetanz ausführen. Wenn Kinder das Sinnbild der Zukunft sind, dann verwandelt sich das gemeinhin positiv besetzte Bild in diesem Werk zu einer düsteren Vision.

Kunstwerke, die den Betrachter mit einer unmittelbaren oder unterschwelligen Gewalt und Bedrohung durch das Kind konfrontieren, zwingen ihn, sich auch mit seiner eigenen Einstellung dem Kind gegenüber auseinander zu setzen und seine Position zu überdenken. Nicht nur das Verhalten des Kindes ist geprägt durch Erwartungshaltungen und Normen, sondern auch das Verhalten des Erwachsenen dem Kind gegenüber ist normiert.

Es hat etwas subversiv Befreiendes, wenn Carsten Höller in seinem Video *Jenny* (Kat. 11.5) vergiftete Süßigkeiten an Kinder verteilt und damit die ganze Verkrampftheit des gesellschaftlich verordneten Gebots »Seid nett zu Kindern« entlarvt und gleichzeitig die Vorstellung von einem angeborenen, »natürlichen« Schutzinstinkt dem Kind gegenüber hinterfragt.

DAS KIND ALS PROJEKTIONSFLÄCHE DES ERWACHSENEN

Kinder werden und wurden zu allen Zeiten als Projektionsflächen für die Vorstellungen des Erwachsenen vom Kindsein benutzt. Vielfach müssen die Zöglinge die Wünsche und Träume ihrer Eltern ausleben oder befriedigen. Das Modell des unschuldigen, braven Kindes wird von außen – vonseiten der Erwachsenen – an die Kinder herangetragen und gesellschaftlich verankert. Wenn Nan Goldin in ihrer Serie *Children*[6] adrett herausgeputzte

»Vorzeigekinder« fotografiert, die dem Wunsch- und Idealbild vieler Erwachsener von einem »ordentlichen« Kind entsprechen, so untersucht sie, wie weit die Vorgaben des Erwachsenen ein allgemeines Bild von Kindheit prägen. Die Identifikations- und Rollenbilder, die die heutige Gesellschaft Kindern anbietet, werden von vielen Künstlern kritisch hinterfragt.

Sinje Dillenkofers Fotoserie *Innocentia* (Abb. 5) entlarvt die gängigen Vorstellungen und Kategorisierungen von Kindheit als fiktive Projektionen der Erwachsenen. Die Künstlerin hat Kinder in ihr Atelier eingeladen, sie nach deren eigenen Ideen kleiden und schminken lassen und anschließend vor die Kamera geholt. Das Ergebnis dieser Arbeit sind sehr unterschiedliche Bildnisse, auf denen die Kinder bisweilen wie kleine Erwachsene, manchmal wie Wesen aus Märchen- und Fabelwelten, aber auch wie Abziehbilder aus Mode- oder Musikmagazinen erscheinen. Allen Fotografien haftet durch die Verkleidung und durch die manierierten Posen, in die Dillenkofer die Kinder versetzt hat, eine große Künstlichkeit an, die sich noch durch die absichtsvoll verkitschten, überladenen Rahmen, in denen die Porträts präsentiert werden, verstärkt. Die Kinder erscheinen in sehr disparaten Rollen, die Dillenkofer in dieser Serie als von Erwachsenen vorgegebene Muster aufdeckt: Die gesellschaftlichen Rollen und fiktiven Personen, die Kindern in den Medien, in Erzählungen und Märchen als Identifikationsmodelle angeboten werden, erweisen sich hier als hochgradig artifiziell. Schließlich offenbart sich im Habitus eines auf einem Gemälde oder einer Fotografie Porträtierten sehr viel von dem Bild, das dieser vermittelt oder nach außen hin vermitteln möchte. Kinder sind in ihrer Selbstdarstellung häufig noch unbeholfen und unentschlossen, wie sie gesehen werden wollen.

Diese Phase der »Selbstfindung« fängt die Fotografin Rineke Dijkstra ein. Über viele Jahre hinweg hat sie für die Serie *Beach Portraits* Jugendliche aus aller Welt in Badekleidung an Stränden fotografiert. In schüchtern-linkischen Posen präsentieren sich die Kinder vor dem Objektiv. Die unterschiedlichen Körperhaltungen offenbaren die Versuche der Kinder und Jugendlichen, bestimmte Rollen oder Verhaltensmuster einzunehmen, indem sie sich an Posen von Filmstars versuchen oder einem als typisch männlich/weiblich empfundenen Auftreten nacheifern. Die Fotografien können auch als soziologische oder anthropologische Dokumente gelesen werden. Dijkstras Video *Annemiek* (Kat. 11.3) von 1997 zeigt in Nahaufnahme das Gesicht eines jungen Mädchens, das

5 Sinje Dillenkofer · *Innocentia XVIII* · 1989–1991

einen Song der Popgruppe Backstreet Boys mitsingt. Auch hier wird die Balance zwischen der unbarmherzigen Nähe und Kälte der Kamera – der kein Wimpernzucken entgeht – und einer respektvollen Distanz eingehalten, die – ähnlich wie bei den Fotografien – die Protagonistin nicht der Lächerlichkeit oder des Voyeurismus preisgibt: Es ist die Unmittelbarkeit, mit der sich Dijkstras kindliche und jugendliche Modelle porträtieren lassen, die an den Fotografien und Videos so berührt.

Die Installation *Unter den Sternen*[7] (Kat. 11.4) des chinesischen, in Deutschland lebenden Künstlers Wang Fu besteht aus zwölf Polyesterskulpturen, die schlafende Kinder darstellen, in deren Gesichtern die Züge des »Niedlichen« stark betont sind. Die Bettdecken wurden mit unterschiedlichen kindlichen Motiven und Mustern bemalt. Die Installation scheint die romantisch verklärte Idee von der kindlich träumenden Unschuld in kaum mehr zu steigernder Weise zu verkörpern. Die Skulpturen, die den Eindruck erwecken, als würden sie schweben, sind streng aufgereiht. Stets ist es die gleiche vervielfältigte Form, jeweils unterschiedlich bemalt, die den Puppencharakter der – austauschbaren – Kinder noch unterstreicht, die an Kitsch grenzende Künstlichkeit betont. Die geschlossenen Augen der Kinder verweigern den Kontakt zur Welt; die Perfektion bleibt auf der Oberfläche.

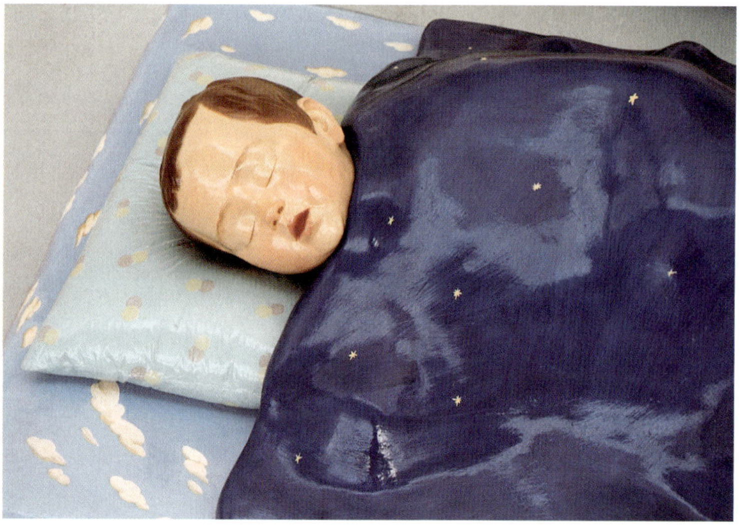

KAT. 11.4 WANG FU · UNTER DEN STERNEN · 1999

KAT. 11.3 RINEKE DIJKSTRA · ANNEMIEK · 1997

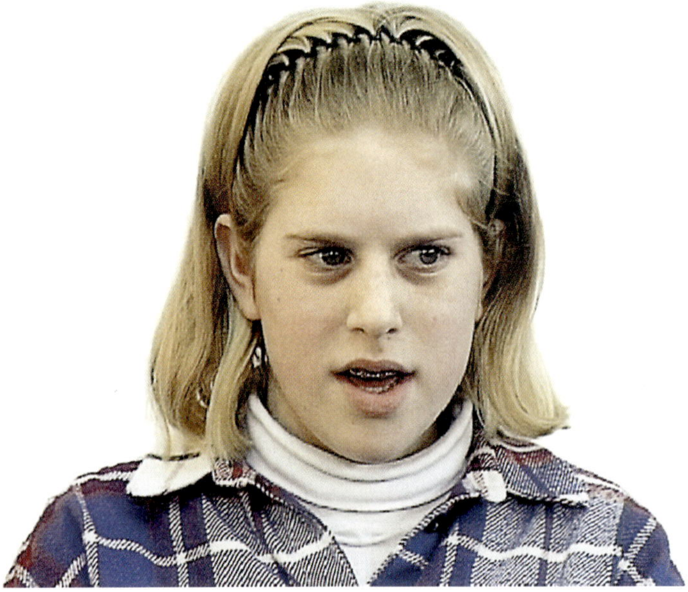

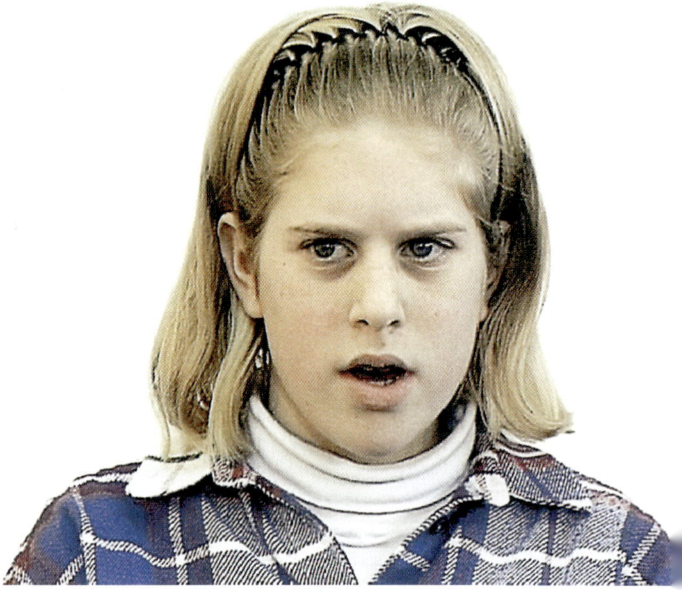

DER RÜCKBLICK

Einen breiten Raum bei der künstlerischen Beschäftigung mit Kindheit nehmen die gesellschaftlichen Institutionen ein, die das Leben des Kindes strukturieren und in denen das Kind einen Großteil seiner Zeit verbringt: Kindergärten und Tagesstätten, Schulen und andere Ausbildungsorte. Die hier gemachten glücklichen, aber auch traumatischen Erfahrungen prägen oft ein Leben lang. Viele Künstler streben im autobiografischen Rückblick die Loslösung von den leiblichen Eltern oder deren gesellschaftlichen und institutionellen Stellvertretern an. Bei Ilya Kabakov und Mike Kelley findet dieser Prozess in einem größeren Kontext statt: Sie verknüpfen die persönlichen Momente mit der Hinterfragung des spezifischen gesellschaftlichen und ideologischen Hintergrundes, in dem die autoritären Institutionen angesiedelt sind.

Kabakovs Installation *School No. 6* (Abb. 6) präsentiert in Originalgröße die Räumlichkeiten einer Dorfschule der ehemaligen Sowjetunion. Verschiedene Räume der Schule wurden mit vorgefundenen Versatzstücken ausgestattet. Durch die bewusst geschaffene Unordnung wird der Eindruck suggeriert, die Schüler und Lehrer hätten erst vor wenigen Augenblicken das Gebäude verlassen, um es bald darauf wieder zu betreten. Kabakovs künstlich erschaffene Schulwelt erscheint derart real, dass es dem Betrachter möglich wird, in eine andere Welt und in eine andere Zeit zugleich einzutreten. *School No. 6* hängt eng zusammen mit Kabakovs Auseinandersetzung mit den künstlerischen und gesellschaftlichen Parametern der ehemaligen Sowjetunion: Durch die exakte Nachbildung, durch die »Verdoppelung« der wesentlichen und prägenden Institutionen der sozialistischen Ideologie können die Erfahrungen aus der Sowjetzeit – einer Therapie gleich – noch einmal erlebt und somit verarbeitet werden.

6 Ilya Kabakov · *School No. 6* · 1993
Chinati Foundation, Marfa, Texas

7 Mike Kelley · *Educational Complex* · 1995
Whitney Museum of American Art, New York

Einen ähnlichen Ansatz verfolgt auch Mike Kelley in seiner Skulptur *Educational Complex* (Abb. 7), die aus maßstabsgetreu verkleinerten, einheitlich weißen Modellen von allen Schul- und Akademiegebäuden besteht, die Kelley im Laufe seiner Ausbildung besucht hat. Kelley verbindet immer wieder persönliche Momente mit sehr komplexen ästhetischen und kunsttheoretischen Fragestellungen. Seine Arbeit ist Ausdruck der von ihm erfahrenen (künstlerischen) Indoktrination und der Versuch – hier zeigen sich Parallelen zu Kabakov –, sich von dieser Last zu befreien. Vor dem Hintergrund von Kelleys radikaler Abkehr von seiner ästhetischen Ausbildung durch die dominierenden Richtungen der formalistischen und minimalistischen Schule sind auch jene Installationen zu sehen, in denen er vorgefundene Stoffpuppen und Plüschtiere verarbeitet. Die bisweilen schon sehr in Mitleidenschaft gezogenen und recht kärglichen Stoffwesen werden wie konventionelle malerische oder bildhauerische Materialien behandelt und nach formalen Gesichtspunkten zu Installationen oder in Patchworktechnik zu Teppichen und Wandbehängen komponiert. Kelley setzt Material und Technik bewusst subversiv ein, um sich gegen die Position der »Überväter« der herrschenden Kunstrichtungen und der Kunstkritik zu stellen. Neben diesen ästhetischen Erwägungen bieten die Stofftiere aber auch eine Vielzahl von Deutungsebenen, da sie stark emotional aufgeladene

Objekte sind, die beim Betrachter unwillkürlich Vorstellungen von (der eigenen) Kindheit evozieren – von Zuneigung und Trost, von Schuld und Verlassenwerden: »Das Stofftier ist ein lädiertes und verkrüppeltes Ideal, von Erwachsenen auf Kinder projiziert, der Inbegriff der Person als Ware und der erpressten Emotionen.«[8]

SPURENSUCHE

Eine Vielzahl von Künstlern arbeitet mit der Kinderwelt entstammenden Versatzstücken und Attributen, um diese als Katalysatoren für das Erzählen und Bewahren von Geschichte(n) einzusetzen. Besonders die jedem Erwachsenen vertrauten alltäglichen Objekte aus Kinderzeiten bergen ein stark assoziatives Potenzial, das jeder den eigenen Erfahrungen und Erinnerungen gemäß ausschöpfen kann.

Mariusz Kruk arrangiert Spielzeug wie Stofftiere, Puppen, Harlekine oder Möbel und Kleiderstücke zu reduzierten, aber umso intensiveren Installationen. Dadurch, dass Kruk mit überwiegend alltäglichen, vertrauten Objekten arbeitet, ist jeder Betrachter gleichermaßen angesprochen, die Objekte in einen narrativen Zusammenhang zu bringen. Eine Installation ohne Titel aus dem Jahr 1993 (Kat. 11.7) zeigt einen kleinen Kinderstuhl und einen großen Stuhl, die Rücken an Rücken gestellt sind. An den kleinen Stuhl angebunden und in einigem Abstand liegen ein Teddybär und Stoffpuppen, die ebenfalls aneinander gefesselt sind. Vielfältige Sehweisen und Lesarten sind möglich, Erinnerungen an Kinderspiele wie »Räuber und Gendarm« kommen einem in den Sinn, doch das Seil und die schroff voneinander abgewandten Stühle verweisen gleichzeitig auf menschliche Dramen. Die leeren Stühle lassen die Abwesenheit von Menschen, ein beklemmendes Gefühl von Verlassenheit spüren.

Mit Fundstücken, die stark emotional und psychologisch aufgeladen sind, arbeitet auch Christian Boltanski, der im Kontext einer künstlerischen Spurensuche mit seinen Installationen gegen das Vergessen ankämpft und versucht, Geschichte zu archivieren und dabei gleichzeitig zu individualisieren. Ebenso stehen Boltanskis Objekte stellvertretend für deren frühere Besitzer und Benutzer und wecken unzählige Assoziationen. Das Kernstück von Boltanskis Arbeit *Das Archiv: Diese Kinder suchen ihre Eltern* (Kat. 11.2) besteht aus Suchanzeigen aus dem Zweiten Weltkrieg, in denen Fotografien und kurze Lebensläufe von Kindern, die ihre Eltern verloren haben, abgedruckt sind. In einem kargen Metallregal hat Boltanski schlichte Pappkartons gestapelt, auf denen die Kinderfotografien angebracht sind. Wie in einem Archiv oder Lagerraum harren die Kästen einer Durchforstung und Bearbeitung. Die Kinderporträts machen beklemmende Einzelschicksale vorstellbar. Bei Boltanski nehmen die anonymen Fakten und Zahlen der Geschichtsbücher individuelle Gestalt an und werden noch einmal eindringlich ins Bewusstsein der Öffentlichkeit gerückt.

SPIEL UND SPIELZEUG

Ein weiterer Aspekt, der eng mit dem Komplex Kindheit verbunden ist, stellt das Spiel dar. Selbst wenn es sich um eine respektable Beschäftigung für Erwachsene handelt, so ist es doch das unreglementierte Spiel, das nicht auf Gewinn ausgerichtet ist, das gemeinhin mit der Kinderzeit in Verbindung gebracht wird. Diese unbeschwerte Seite von Kindsein ist Thema der Künstler, deren Anliegen es ist, dem Erwachsenen eine kindliche Leichtigkeit und Spielfreude zugänglich zu machen. Pipilotti Rist, deren Künstlername bereits programmatisch für die Identifizierung der Künstlerin mit der unkonventionellen, frechen Kinderheldin Pippi Langstrumpf steht, hat mit ihrer Installation *Das Zimmer*[9] von 1994 einen Raum geschaffen, in dem der Erwachsene auf übergroßen Möbeln Platz nehmen und so gewissermaßen auf Kindergröße zurückschrumpfen kann.

Das Spiel mit verzerrten und sich wandelnden Größenverhältnissen, das Reisen in Miniaturwelten oder Riesenlandschaften, bildet ein stets wiederkehrendes Motiv in der Kunst, besonders in der Literatur. Je nachdem, welches Abenteuer Alice im Wunderland durchlebt, wird sie größer oder kleiner, ihrer jeweiligen Gefühlslage oder Stimmung entsprechend. In Ravels Oper *L'Enfant et les Sortilèges* wird ein kleiner Junge von seinem ständig wachsenden Spielzeug bedroht. Es bestraft den Jungen für seine Launen und schrumpft erst wieder, nachdem er sich freundlich ihm gegenüber zeigt. In Tschaikowskis *Nussknacker* dagegen wachsen die Spielzeuge zu liebenswerten Kameraden heran.

Auch den drei großen Teddybären (Abb. 8) von Dieter Krieg haftet so gar nichts Bedrohliches an. Die drei Plüschtiere – fast in Menschengröße – sind zu einem Dreierreigen arrangiert, der an die Komposition der drei Grazien auf Raffaels gleichnamigem Gemälde erinnert. Die Teddybären werden zur despektierlichen Popvariante der hehren Kunst. Daneben sind sie außerordentlich sympathische und beliebte Objekte, die das Kind im Mann und in der Frau wecken.

KAT. 11.7 MARIUSZ KRUK · OHNE TITEL · 1993

KAT. 11.1 CHRISTIAN BOLTANSKI · ENFANTS DE ROCHECHOUART · 1990

KAT. 11.2 CHRISTIAN BOLTANSKI · DAS ARCHIV: DIESE KINDER SUCHEN IHRE ELTERN · 1993
Abb. S. 255

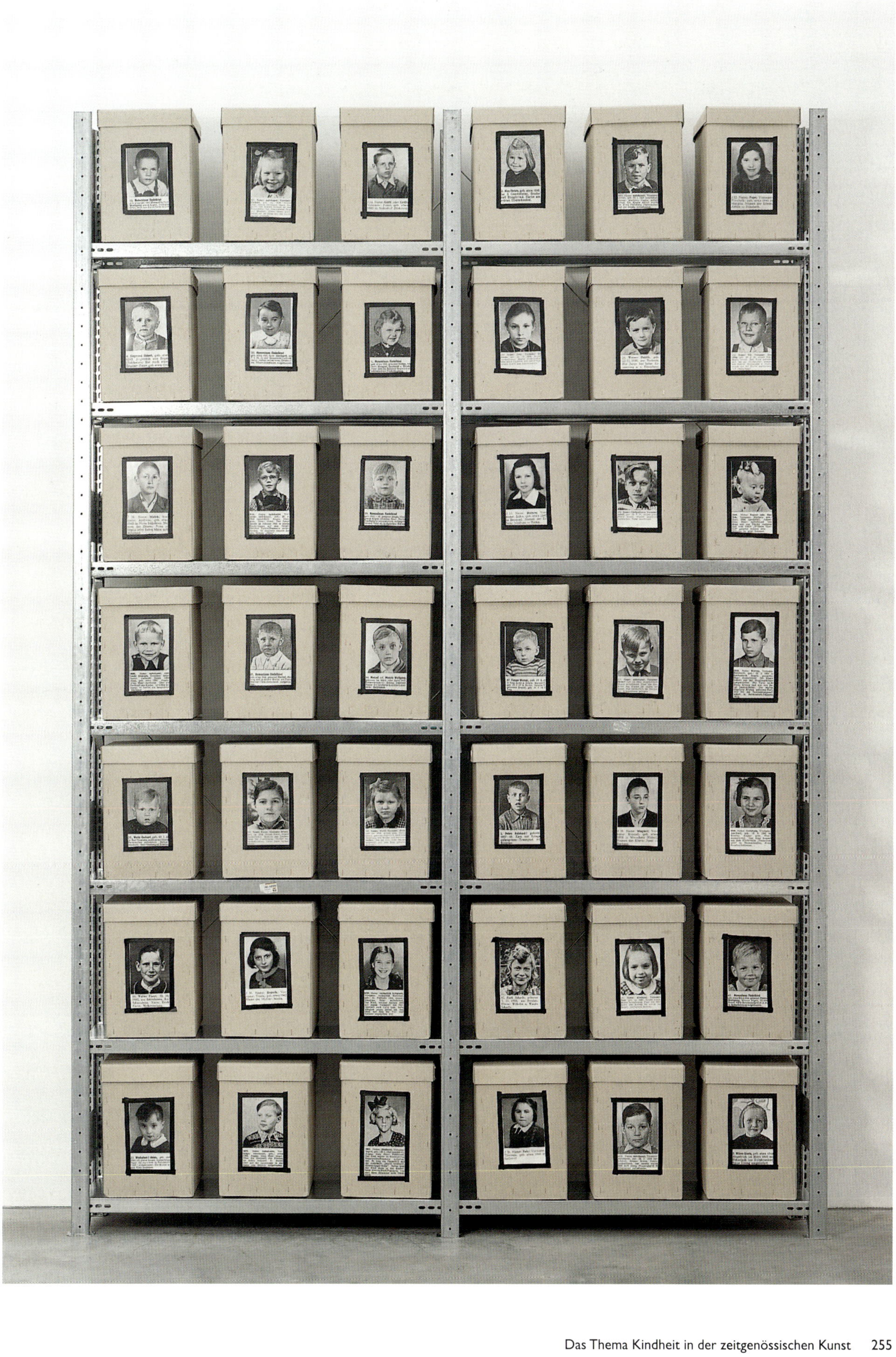

8 Dieter Krieg · *Drei Teddybären* · 1979
Sammlung Murken

Wiebke Siems Holzskulpturen *Spielzeuge* (Kat. 11.13) wirken dagegen sehr viel kühler und weitaus formalistischer. Die Künstlerin bedient sich grundlegender geometrischer Körper wie Kugel, Kegel und ihren Varianten, die ebenfalls einfachen Kinderspielzeugen zugrunde liegen. Diese vertrauten Objekte entwickeln durch die Umsetzung in unbemaltes Holz und die starke Vergrößerung eine Eigenständigkeit, die es ermöglicht, grundsätzliche Überlegungen zur Skulptur im Raum anzustellen, deren ursprüngliche Funktion aber dennoch stark durchscheint: »Mit diesen Arbeiten nimmt Wiebke Siem Bezug auf den anfänglichen, identitätsbildenden Umgang des Kindes mit den Dingen und dessen frühe Sicht auf die Welt und unterstreicht mit der formalen Strenge und monumentalen Konzentration der Objekte heutige Ferne und Unerreichbarkeit des kindlichen Wirklichkeitsbezugs.«[10]

Über Generationen hinweg haben gesellschaftliche Klischees und deren Umsetzung in Kunst Ideen davon geschaffen, wie Kinder sein sollen und wie man sie in der Literatur, Malerei oder Fotografie darzustellen habe. Die zeitgenössischen Künstler durchbrechen sowohl gesellschaftliche als auch künstlerische Vorstellungen und irritieren, weil sie ganz bewusst Erwartungshaltungen unterlaufen. So erweist sich das Thema Kindheit in der zeitgenössischen Kunst als außerordentlich verbreitet und gleichzeitig komplex.[11] Das Interesse an einer Auseinandersetzung mit »Kindheit« scheint gleichermaßen bei Künstlern, Kuratoren wie auch Rezipienten groß, wofür die Vielzahl der Kunstwerke, die sich auf sehr verschiedene Weise dieses Sujets annehmen, ebenso spricht wie die Reihe der Ausstellungen, die sich in jüngster Zeit mit dem Thema nicht nur in der zeitgenössischen Kunst beschäftigt haben.[12] Bei keinem der hier vorgestellten Werke geht es darum, Kindern eine Plattform für ihre Äußerungen zu bieten. Die Künstler arbeiten und argumentieren aus der Sicht von Erwachsenen, die über eine theoretische sowie praktische ästhetische Ausbildung verfügen und sich gegen herrschende Schulen und Kunsttraditionen behaupten, ihre Position definieren und abgrenzen müssen.

Mike Kelley setzt in seinem Werk Plüschtiere und Stoffpuppen ein, um sich radikal gegen eine »väterliche«, formalistische und minimalistische Sprache in der Kunst zu wenden. Auf einer sehr viel subjektiveren und inhaltlichen Ebene argumentieren jene Künstler, die sich mit kindlicher Gewalt und kindlicher Sexualität auseinander setzen. Die Erkenntnis, dass Kinder nicht nur friedliebende, harmlose, asexuelle Geschöpfe sind, und die gleichzeitige Verdrängung dieses Wissens in der Gesellschaft werden in vielen Kunstwerken thematisiert: So wird bei Jeff Wall oder bei Nicky Hoberman die Vorstellung vom Kind als geschlechtslosem Wesen ohne Wissen um und Interesse an der eigenen Sexualität als Fiktion entlarvt. Die Auseinandersetzung mit dem Komplex Kind und Kindheit stellt aber auch eine Möglichkeit dar, ein Ventil für die Sehnsüchte und Wünsche des Erwachsenen nach (kindlicher) Unbeschwertheit und Ausgelassenheit zu öffnen. Dem durch Erziehung und gesellschaftliche Normierung bisweilen gehemmten Erwachsenen wird eine »Spielkur« verordnet, die es ihm erlaubt, sich noch einmal austoben und ausleben zu können. Und es ist immer wieder zu beobachten, wie etwa die Benutzung der von Carsten Höller in den Berliner Kunst-Werken montierten Rutsche sichtlich die Gesichtszüge von manch strengem Kunstbetrachter entspannt.

KAT. 11.13 WIEBKE SIEM · SPIELZEUGE (KUGEL, KREISEL) · 1997

ANMERKUNGEN

1 Brooke Shields und ihre Mutter versuchten – wie zuvor schon bei Gary Gross – die weitere Veröffentlichung der Fotografie zu verhindern, was ihnen jedoch nicht gelang.

2 James Rielly, *Productive,* 1998, Privatsammlung Darmstadt.

3 Nicky Hoberman, *Honeybun,* 1997, Saatchi Collection, London.

4 Vgl. dazu *Pia Stadtbäumer. Max und Clara* (Interventionen, 17), Ausst.-Kat. Sprengel-Museum Hannover, Hannover 1999.

5 Ulrike Rosenbach, *Im Palast der neugeborenen Kinder,* 1997, Videoinstallation für die Kunst- und Ausstellungshalle der Bundesrepublik Deutschland, Bonn.

6 Nan Goldin, *Children,* 1976, Fotografie.

7 Vgl. dazu Doreet LeVitte Harten, »Unter den Sternen«, in: *Wang Fu. Das zauberhafte Instrument,* Ausst.-Kat. Kunsthalle Göppingen, Städtische Galerie Villingen-Schwenningen und Kunstverein Lingen, Deizisau 2000, S. 73–77.

8 Mike Kelley, zit. nach Tom Kummer, »Der Schreck der Kuscheltiere«, in: *Süddeutsche Zeitung Magazin,* 6, 10. Februar 1995, S. 23.

9 Pipilotti Rist, *Das Zimmer,* 1994, The Flick Collection.

10 Ulrich Loock, »Bekleidungen«, in: *Wiebke Siem,* hrsg. von der Kunsthalle Bern, Ausst.-Kat. Kunsthalle Bern und Castello di Rivara, Bern 1997, S. 14.

11 So blieben durch die zeitliche Beschränkung auf die achtziger und neunziger Jahre wichtige künstlerische Positionen des Realismus der siebziger Jahre unbeachtet, die für das Thema eine Reihe wesentlicher Werke hervorgebracht haben. Hier sind stellvertretend zu nennen: Peter Nagel, Gernot Bubenik, Harald Duwe, Siegfried Neuenhausen, vgl. hierzu den Beitrag von Jörg Funhoff, »Bemerkungen zu einigen neueren Kinderbildern«, in: *Die gesellschaftliche Wirklichkeit der Kinder in der bildenden Kunst,* hrsg. von der Neuen Gesellschaft für Bildende Kunst, Staatliche Kunsthalle Berlin, Berlin 1979, S. 320–336.

12 *Vergiß den Ball und spiel weiter. Das Bild des Kindes in zeitgenössischer Kunst und Wissenschaft,* hrsg. von Eckart Liebau, Ausst.-Kat. Kunsthalle Nürnberg, Köln 1999; *Rosa für Jungs – Hellblau für Mädchen,* Ausst.-Kat. Neue Gesellschaft für Bildende Kunst und Kunstamt Kreuzberg/Bethanien, Berlin, Berlin 1999; *Kinder des 20. Jahrhunderts. Malerei, Skulptur, Fotografie,* hrsg. von Christa Murken, Ausst.-Kat. Galerie der Stadt Aschaffenburg und Mittelrhein-Museum Koblenz, Köln 2000; in Planung: *Veränderte Kindheit,* Ludwig Forum für Internationale Kunst, Aachen 2000/2001.

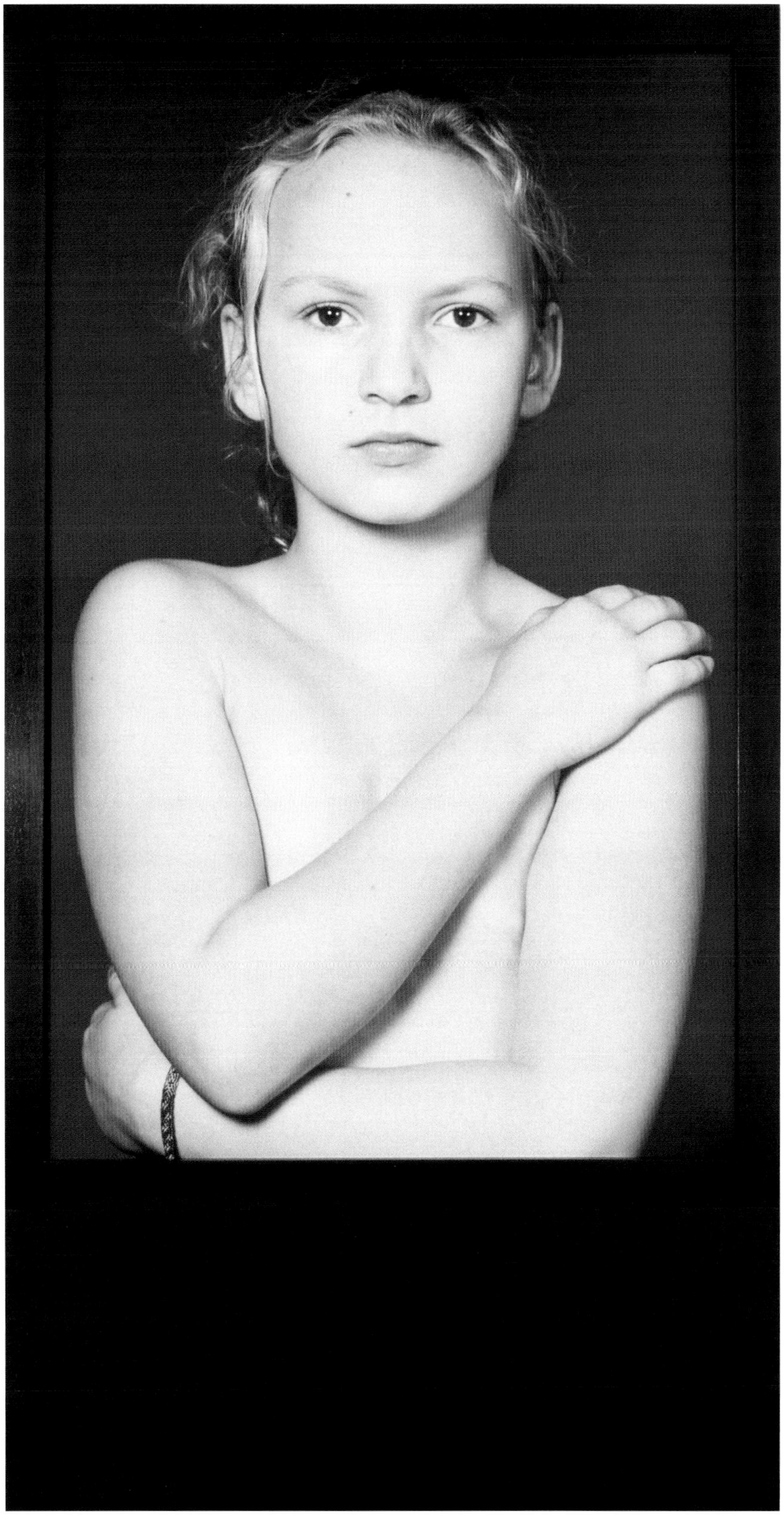

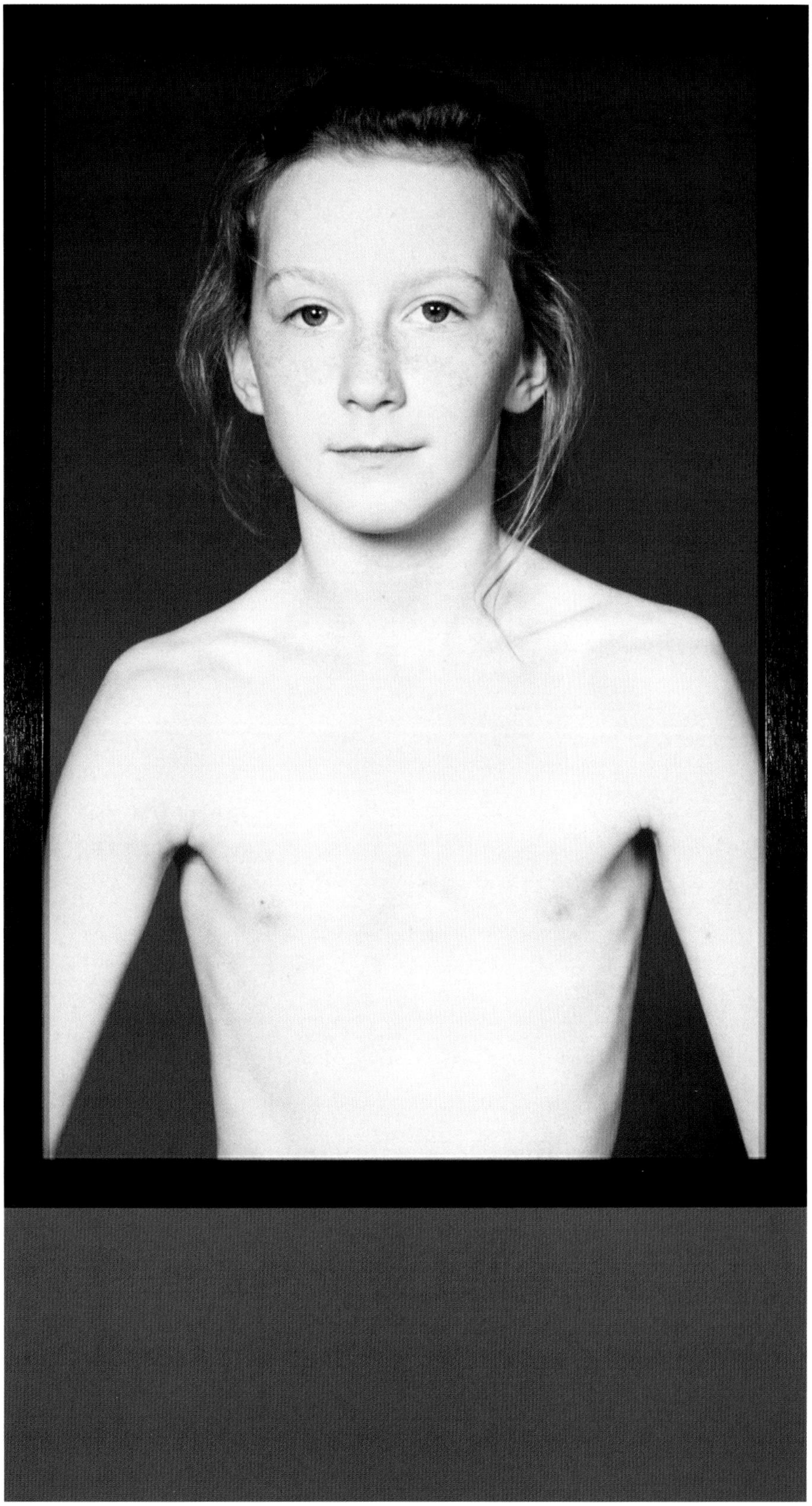

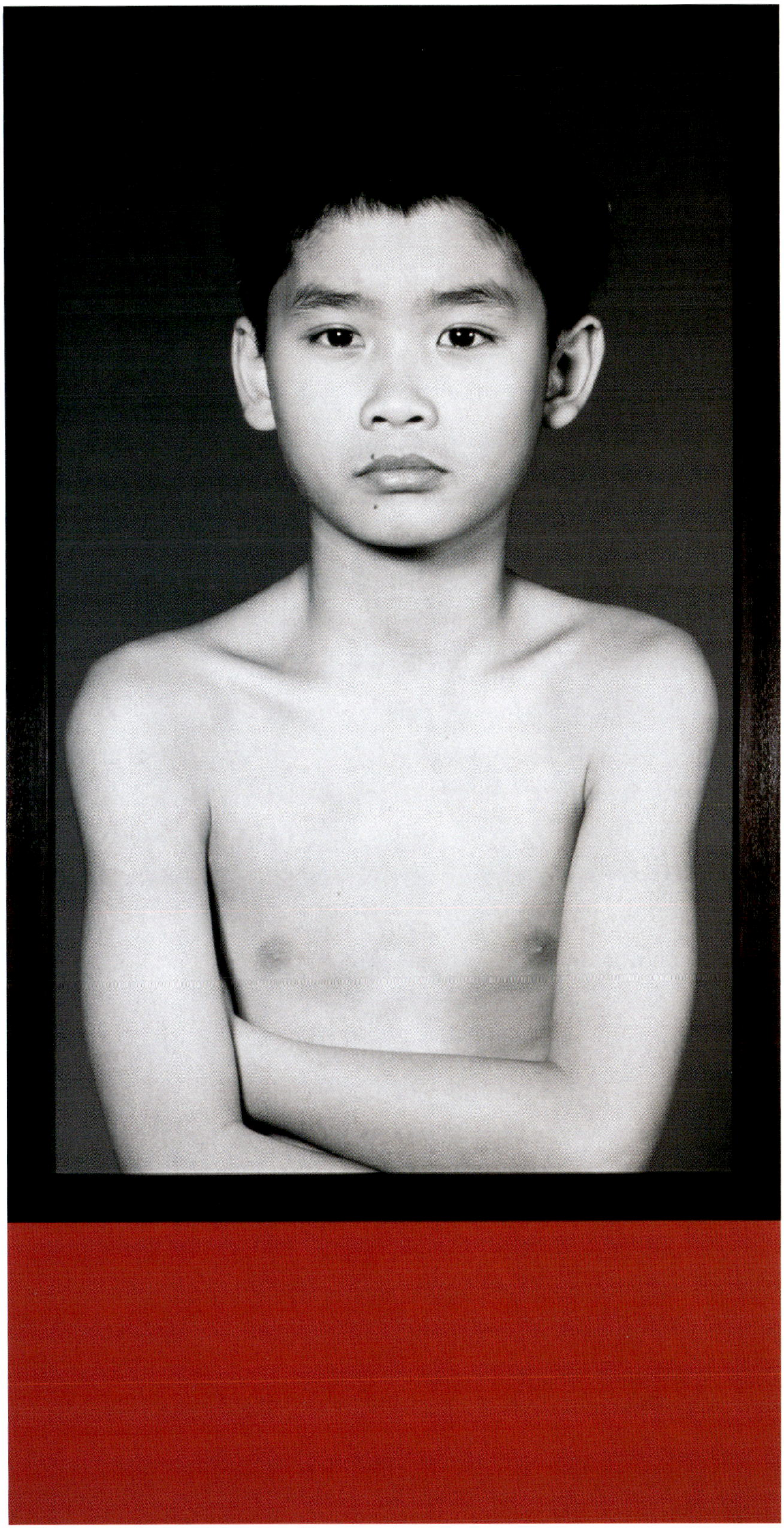

Katalogverzeichnis

MAX LIEBERMANN UND FRITZ VON UHDE

1.1
MAX LIEBERMANN
KLEINKINDERSCHULE · 1875
Öl auf Leinwand
59,5 x 80,7 cm
Privatbesitz
Abb. S. 14

1.2
MAX LIEBERMANN
SPIELENDES KIND IN DER HAUSTÜR · 1875
Öl auf Holz
46,0 x 37,0 cm
Privatbesitz
Abb. S. 16

1.3
MAX LIEBERMANN
GEHENDES MÄDCHEN · 1897
Öl auf Leinwand
51,0 x 35,0 cm
Privatbesitz
Abb. S. 18

1.4
MAX LIEBERMANN
SCHULGANG IN LAREN
Kompositionsstudie · 1898
Öl auf Papier auf Karton
30,0 x 50,0 cm
Privatbesitz
Abb. S. 19

1.5
MAX LIEBERMANN
ENKELIN UND KINDERFRAU AUF DER GARTENBANK – 2. STUDIE · 1919
Öl auf Leinwand
36,0 x 48,5 cm
Privatbesitz
Abb. S. 27

1.6
FRITZ VON UHDE
KINDERSTUDIE · 1884
Öl auf Leinwand
159,0 x 91,0 cm
Privatbesitz Fritz Andreae
Abb. S. 20

1.7
FRITZ VON UHDE
DAS BILDERBUCH · 1889
Öl auf Leinwand
145,0 x 116,0 cm
Hamburger Kunsthalle
Abb. S. 25

1.8
FRITZ VON UHDE
KINDERPROZESSION IM REGEN · 1897
Öl auf Leinwand
50,0 x 62,0 cm
Privatbesitz
Abb. S. 13

1.9
FRITZ VON UHDE
ZWEI MÄDCHEN · 1909
Öl auf Leinwand
110,0 x 89,0 cm
Kunsthalle Bremen
Abb. S. 23

PAULA MODERSOHN-BECKER

2.1
PAULA MODERSOHN-BECKER
KNABE AM WEG UNTER BIRKEN · 1900
Öl auf Pappe
36,4 x 50,1 cm
Paula Modersohn-Becker Museum, Bremen
Abb. S. 35

2.2
PAULA MODERSOHN-BECKER
KINDER MIT LATERNEN · 1901
Öl auf Pappe
38,5 x 52,5 cm
Privatbesitz
Abb. S. 35

2.3
PAULA MODERSOHN-BECKER
ZWEI KINDER IN DER SONNE AM WIESENZAUN STEHEND · 1902
Öl auf Pappe
71,0 x 47,0 cm
Privatbesitz
Abb. S. 45

2.4
PAULA MODERSOHN-BECKER
JUNGE MIT ZIEGE · UM 1902
Öl auf Pappe
35,5 x 23,0 cm
Galerie Koch, Hannover
Abb. S. 44

2.5
PAULA MODERSOHN-BECKER
MÄDCHEN ZWISCHEN BIRKEN · UM 1904
Öl auf Papier
50,0 x 38,0 cm
Staatliche Museen zu Berlin, Nationalgalerie
Abb. S. 43

2.6
PAULA MODERSOHN-BECKER
MÄDCHEN MIT ZIEGE ZWISCHEN BIRKENSTÄMMEN · 1904
Öl auf Pappe
70,3 x 52,2 cm
Privatbesitz
Abb. S. 42

2.7
PAULA MODERSOHN-BECKER
KOPF EINES MÄDCHENS · UM 1905
Öl auf Karton
21,5 x 16,5 cm
Kunsthaus Zürich
Abb. S. 39

2.8
PAULA MODERSOHN-BECKER
ZWEI SITZENDE KINDERAKTE · 1906
Öl auf Pappe auf Holz
73,0 x 100,0 cm
Stedelijk Museum, Amsterdam, Schenkung Baron Eduard Von der Heydt
Abb. S. 47

2.9
PAULA MODERSOHN-BECKER
NACKTES MÄDCHEN MIT APFEL · 1906
Öl auf Leinwand
45,4 x 23,2 cm
Paula Modersohn-Becker Museum, Bremen
Abb. S. 36

BRÜCKE

3.1
ERICH HECKEL
KIND MIT PUPPE · 1909
Bleistift
23,0 x 29,7 cm
Nachlass Erich Heckel, Hemmenhofen
Abb. S. 56

3.2
ERICH HECKEL
STEHENDES KIND · 1910
Farbholzschnitt
37,5 x 27,8 cm
Nachlass Erich Heckel, Hemmenhofen
Abb. S. 59

3.3
ERICH HECKEL
FRÄNZI LIEGEND · 1910
Farbholzschnitt
23,0 x 41,6 cm
Nachlass Erich Heckel, Hemmenhofen
Abb. S. 58

3.4
ERICH HECKEL
KINDER AUF DER BANK · 1910
Holzschnitt
18,6 x 26,0 cm
Nachlass Erich Heckel, Hemmenhofen
Abb. S. 64

3.5
ERNST LUDWIG KIRCHNER
LIEGENDER NACKTER MANN MIT KIND AUF DEM RÜCKEN · 1909
Farbige Kreiden
42,7 x 34,4 cm
Grafische Sammlung der Staatsgalerie Stuttgart
Abb. S. 61

3.6
ERNST LUDWIG KIRCHNER
BADENDE AN DEN MORITZBURGER TEICHEN (LINKS FRÄNZI) · 1909/10
Zimmermannsblei
18,2 x 17,4 cm
E. L. Kirchner Stiftung
(Kirchner Museum Davos)
Abb. S. 54

3.7
ERNST LUDWIG KIRCHNER
LIEGENDE FRÄNZI IM GESPRÄCH MIT ERICH HECKEL · 1910
Bleistift
26,0 x 34,0 cm
E. L. Kirchner Stiftung
(Kirchner Museum Davos)
Abb. S. 57

3.8
ERNST LUDWIG KIRCHNER
FRÄNZI, SICH WASCHEND · 1910
Schwarze Kreide und Gouache
45,0 x 35,0 cm
Schlossmuseum der Stadt Aschaffenburg
Abb. S. 62

3.9
MAX PECHSTEIN
ARTISTIN (MARCELLA) · 1910
Abklatsch von Holzschnitt, wahrscheinlich von Ernst Ludwig Kirchner koloriert
14,0 x 9,0 cm
Privatbesitz Süddeutschland
Abb. S. 52

NEUE SACHLICHKEIT

4.1
HEINRICH MARIA DAVRINGHAUSEN
STILLEBEN MIT BAUKLÖTZEN · 1923
Öl auf Leinwand
80,0 x 80,0 cm
Stiftung Bauhaus Dessau
Abb. S. 94

4.2
ADOLF DIETRICH
KIND AUF LEITERWAGEN · 1921
Öl auf Karton
26,0 x 44,5 cm
Kunstmuseum des Kantons Thurgau
Abb. S. 72

4.3
ADOLF DIETRICH
KNABE MIT APFEL AUF OFENBANK · 1925
Öl auf Karton
80,0 x 56,0 cm
Privatbesitz
Abb. S. 73

4.4
RUDOLF DISCHINGER
PUPPEN · 1932
Bleistift, aquarelliert
47,3 x 72,8 cm
Grafische Sammlung der Staatsgalerie Stuttgart
Abb. S. 92

4.5
OTTO DIX
URSUS MIT KREISEL · 1928
Mischtechnik auf Sperrholz
80,0 x 60,0 cm
Privatbesitz
Abb. S. 68

4.6
CONRAD FELIXMÜLLER
LUCA IM PAPIERHUT · 1926
Öl auf Leinwand
85,0 x 75,0 cm
Privatbesitz
Abb. S. 69

4.7
CONRAD FELIXMÜLLER
ZEITUNGSJUNGE (A17) · 1928
Öl auf Leinwand
105,0 x 75,0 cm
Lindenau-Museum, Altenburg
Abb. S. 83

4.8
BARTHEL GILLES
ICH UND MEIN KIND · 1931
Eitempera auf Holz
90,6 x 59,6 cm
Museen der Stadt Nürnberg
Abb. S. 78

4.9
HANS GRUNDIG
AM STADTRAND · 1926
Öl auf Leinwand
80,5 x 120,5 cm
Staatliche Museen zu Berlin,
Nationalgalerie
Abb. S. 85

4.10
KARL HUBBUCH
DER VEILCHENVERKÄUFER · 1930/32
Öl auf Leinwand
44,0 x 48,0 cm
Privatbesitz
Abb. S. 80

4.11
PAUL KÄLBERER
BILDNIS WERNER STOCKMAYER · 1927
Öl auf Leinwand
66,5 x 53,0 cm
Privatbesitz
Abb. S. 75

4.12
WILHELM LACHNIT
NACKTES MÄDCHEN AUF ROTEM STUHL · 1924/25
Öl auf Leinwand
58,0 x 43,5 cm
Staatliche Galerie Moritzburg Halle,
Landeskunstmuseum Sachsen-Anhalt
Abb. S. 76

4.13
WILHELM LACHNIT
SCHWANGERES PROLETARIER-MÄDCHEN · 1924/26
Öl auf Leinwand
60,0 x 50,0 cm
Lindenau-Museum, Altenburg
Abb. S. 77

4.14
FRANZ LENK
THOMAS' SPIELZEUG · 1935
Wasserfarbe auf Papier
48,0 x 68,0 cm
Privatbesitz
Abb. S. 93

4.15
OTTO NAGEL
WEDDINGER JUNGEN · 1913
Öl auf Leinwand
91,0 x 62,0 cm
Staatliche Museen zu Berlin,
Nationalgalerie
Abb. S. 81

4.16
WILHELM SCHNARRENBERGER
KINDERZIMMER · 1925
Öl auf Leinwand
56,5 x 45,5 cm
Privatbesitz
Abb. S. 91

4.17
GEORG SCHRIMPF
MUTTER UND KIND · 1923
Öl auf Leinwand
47,0 x 41,0 cm
Privatbesitz
Abb. S. 87

4.18
EBERHARD VIEGENER
GROSSMUTTER MIT KIND · 1924
Öl auf Leinwand
28,0 x 21,0 cm
Privatbesitz Brilon
Abb. S. 89

4.19
EBERHARD VIEGENER
MUTTER MIT KIND · 1925
Öl auf Holz
45,0 x 38,0 cm
Privatbesitz
Abb. S. 88

SPIELZEUG UND BILDERBÜCHER

5.1
LYONEL FEININGER
LOKOMOTIVE · 1913
Holz, geschnitzt und bemalt
11,7 x 4,5 x 2,6 cm
Privatbesitz, Sammlung Karsch
Abb. S. 117

5.2
LYONEL FEININGER
EISENBAHNZUG · 1913
Holz, geschnitzt und bemalt
6-teilig
5,0 x 111,0 x 3,4 cm
Privatbesitz, Sammlung Karsch
Abb. S. 117

5.3
LYONEL FEININGER
HÄUSER UND FIGUREN · UM 1950
Holz, geschnitzt und bemalt
35-teilig
Sammlung Achim Moeller, New York
Abb. S. 116

5.4
HERMANN FINSTERLIN
TEILE DES STIL-SPIELS · 1921
Holz, bemalt
Gopura: 9-teilig, 18,5 x 21,0 x 8,0 cm
Chinesischer Tempel: 10-teilig,
Höhe: 22,5 cm, Durchmesser: 20,0 cm
Moschee: 11-teilig, 23,5 x 10,0 x 10,0 cm
Privatbesitz
Abb. S. 112

5.5
HERMANN FINSTERLIN
KUGELFISCH · UM 1928
Holz, bemalt
6,7 x 15,0 x 7,5 cm
Privatbesitz
Abb. S. 113

5.6
HERMANN FINSTERLIN
RAUPE · UM 1928
Holz, bemalt
7,5 x 9,0 x 7,0 cm
Privatbesitz
Abb. S. 113

5.7
HERMANN FINSTERLIN
GROTTENOLM · UM 1928
Holz, bemalt
4,0 x 15,0 x 8,5 cm
Privatbesitz
Abb. S. 113

5.8
HERMANN FINSTERLIN
SCHILDKRÖTE · UM 1928
Holz, bemalt
13,5 x 12,5 x 11,0 cm
Privatbesitz
Abb. S. 113

5.9
LUDWIG HIRSCHFELD-MACK
OPTISCHER FARBENMISCHER · 1922/23 · NACHBAU VON 1977
Holz und Karton
Städtische Galerie Bietigheim-Bissingen
Abb. S. 109

5.10
GRETE REICHARDT
HAMPELMANN · 1926
Holz, beweglich montiert und bemalt
23,0 x 22,0 cm
Stiftung Bauhaus Dessau
Abb. S. 107

5.11
GRETE REICHARDT
STECKPÜPPCHEN MIT DREI KÖRPERN · 1926
Holz, bemalt, und Metallstäbe
Durchmesser: 8,0 cm; 14,0 x 8,0 cm; 8,4 x 4,4 cm
Stiftung Bauhaus Dessau
Abb. S. 107

5.12
EBERHARD SCHRAMMEN
TEILE DES BAUSPIELS · 1922
Holz, teilweise gedrechselt
Kunstsammlungen zu Weimar
Abb. S. 111

5.13
ALMA SIEDHOFF-BUSCHER
SCHIFFSBAUSPIEL · 1923
Holz, bemalt
Kunstsammlungen zu Weimar, Leihgabe Lore Siedhoff
Abb. S. 104

5.14
ALMA SIEDHOFF-BUSCHER
BÜTZELSPIEL · 1923
Holz, bemalt
Privatbesitz Joost Siedhoff
Abb. S. 104

5.15
ALMA SIEDHOFF-BUSCHER
PUPPENTHEATER MIT SPIELPUPPEN · 1923
Nachbau von 1997
Holz, farbig lackiert
48,0 x 58,0 x 45,0 cm
Deutsches Schloss- und Beschläge-museum, Velbert
Abb. S. 103

5.16
EL LISSITZKY
SUPREMATISCHE ERZÄHLUNGEN VON ZWEI QUADRATEN IN SECHS KONSTRUKTIONEN
SKYTHEN-VERLAG · BERLIN 1922
11 Bl.
Privatbesitz
Abb. S. 122

5.17
KURT SCHWITTERS UND KÄTE STEINITZ
DER HAHNEPETER
MERZVERLAG K. SCHWITTERS · HANNOVER 1924
Broschüre, 16 Bl.
Lithografie
Privatbesitz
Abb. S. 123

5.18
KURT SCHWITTERS UND KÄTE STEINITZ
DAS MÄRCHEN VOM PARADIES
APOSSVERLAG · HANNOVER 1924
32 S.
Privatbesitz
Abb. S. 121

5.19
KURT SCHWITTERS, KÄTE STEINITZ UND THEO VAN DOESBURG
DIE SCHEUCHE
APOSSVERLAG · HANNOVER 1925
Broschiertes Kinderbuch, 12 S.
Privatbesitz
Abb. S. 123

PABLO PICASSO

6.1
PABLO PICASSO
DIE GAUKLER · 1905
LES SALTIMBANQUES
Kaltnadel
28,8 x 32,6 cm
Werner-Coninx-Stiftung, Zürich
Abb. S. 129

6.2
PABLO PICASSO
DAS BAD · 1905
LE BAIN
Kaltnadel
34,4 x 29,1 cm
Werner-Coninx-Stiftung, Zürich
Abb. S. 128

6.3
PABLO PICASSO
DIE TOILETTE DER MUTTER · 1905
LA TOILETTE DE LA MERE
Kaltnadel und Ätzung
23,7 x 18,0 cm
Werner-Coninx-Stiftung, Zürich
Ohne Abbildung

6.4
PABLO PICASSO
DIE GAUKLERFAMILIE MIT DEM AFFEN · 1905
LA FAMILLE DES SALTIMBANQUES AU MACAQUE
Kaltnadel
23,8 x 17,8 cm
Werner-Coninx-Stiftung, Zürich
Abb. S. 127

6.5
PABLO PICASSO
BLINDER MINOTAURUS BEI NACHT, VON EINEM KLEINEN MÄDCHEN GEFÜHRT · 1934
MINOTAURE AVEUGLE GUIDE PAR UNE FILLETTE DANS LA NUIT
Aquatinta
24,7 x 34,7 cm
Werner-Coninx-Stiftung, Zürich
Abb. S. 135

6.6
PABLO PICASSO
LA MINOTAUROMACHIE · 1935
Radierung
49,7 x 68,9 cm
Ulmer Museum
Abb. S. 131

6.7
PABLO PICASSO
CLAUDE UND PALOMA · 1950
Lithografien
32,0 x 24,0 cm und 32,0 x 27,0 cm
Grafische Sammlung der Staatsgalerie Stuttgart
Abb. S. 136

6.8
PABLO PICASSO
PALOMA UND IHRE PUPPE AUF WEISSEM GRUND · 1952
PALOMA ET SA POUPEE SUR FOND BLANC
Lithografie
72,0 x 54,0 cm
Werner-Coninx-Stiftung, Zürich
Abb. S. 141

6.9
PABLO PICASSO
PALOMA UND IHRE PUPPE AUF SCHWARZEM GRUND · 1952
PALOMA ET SA POUPEE SUR FOND NOIR
Lithografie
70,0 x 55,0 cm
Grafische Sammlung der Staatsgalerie Stuttgart
Abb. S. 140

6.10
PABLO PICASSO
DIE MUTTER UND DIE KINDER · 1953
LA MERE ET LES ENFANTS
Lithografie
47,0 x 73,5 cm
Grafische Sammlung der Staatsgalerie Stuttgart
Abb. S. 137

6.11
PABLO PICASSO
DER KLEINE ZEICHNER · 1954
LE PETIT DESSINATEUR
Farblithografie
64,0 x 49,5 cm
Werner-Coninx-Stiftung, Zürich
Abb. S. 138

6.12
PABLO PICASSO
AKT LIEGEND, KIND UND HAHN · 1967
NU COUCHE, ENFANT ET COQ
Bleistift, gewischt
56,0 x 76,0 cm
Grafische Sammlung der Staatsgalerie Stuttgart
Abb. S. 142

BLAUER REITER

7.1
LYONEL FEININGER
VULKAN · 1918
Holzschnitt
10,8 x 12,8 cm
Privatsammlung, Kunstsammlungen Chemnitz
Abb. S. 166

7.2
LYONEL FEININGER
MÄNNER, HÄUSER, LATERNE UND SCHIEBKARREN · 1918
Holzschnitt
9,2 x 12,2 cm
Privatsammlung, Kunstsammlungen Chemnitz
Abb. S. 168

7.3
LYONEL FEININGER
TROMPETER UND KIND · 1918
Holzschnitt
11,8 x 8,9 cm
Privatsammlung, Kunstsammlungen Chemnitz
Abb. S. 169

7.4
LYONEL FEININGER
DA – DA 1 · 1918
Holzschnitt
11,6 x 8,8 cm
Privatsammlung, Kunstsammlungen Chemnitz
Ohne Abbildung

7.5
LYONEL FEININGER
DA – DA 2 · 1918
Holzschnitt
8,9 x 11,9 cm
Privatsammlung, Kunstsammlungen Chemnitz
Ohne Abbildung

7.6
LYONEL FEININGER
DIE EISENBAHNBRÜCKE · 1919
Holzschnitt
33,3 x 42,8 cm
Privatsammlung, Kunstsammlungen Chemnitz
Abb. S. 167

7.7
LYONEL FEININGER
TANNEN UND SONNE · 1920
Holzschnitt
14,2 x 17,1 cm
Privatsammlung, Kunstsammlungen Chemnitz
Ohne Abbildung

7.8
LYONEL FEININGER
STEHKRAGEN · 1920
Holzschnitt
9,9 x 9,2 cm
Privatsammlung, Kunstsammlungen Chemnitz
Abb. S. 169

7.9
ALEXEJ JAWLENSKY
ZWEI WEISSE WOLKEN (DACH, WOLKE, BERGE) · UM 1909
Öl auf Karton auf Holz
33,0 x 43,8 cm
Privatbesitz
Abb. S. 162

7.10
ALEXEJ JAWLENSKY
OBERSTDORF – WINTER · 1912
Öl auf Karton
54,0 x 50,0 cm
Museum Ludwig, Köln
Leihgabe aus Privatbesitz
Abb. S. 163

7.11
WASSILY KANDINSKY
IMPROVISATION 7 · 1911
Holzschnitt
19,0 x 12,4 cm
Stiftung Museum Schloss Moyland, Sammlung van der Grinten
Abb. S. 151

7.12
WASSILY KANDINSKY
REITERWEG · 1911
Holzschnitt
16,3 x 21,1 cm
Stiftung Museum Schloss Moyland, Sammlung van der Grinten
Abb. S. 151

7.13
WASSILY KANDINSKY
GROSSE AUFERSTEHUNG · 1911
Farbholzschnitt
21,9 x 21,8 cm
Städtische Galerie Bietigheim-Bissingen
Abb. S. 156

7.14
WASSILY KANDINSKY
KAHNFAHRT · 1911
Farbholzschnitt
21,8 x 22,2 cm
Städtische Galerie Bietigheim-Bissingen
Abb. S. 157

7.15
WASSILY KANDINSKY
KLÄNGE
R. PIPER & CO. VERLAG · MÜNCHEN 1913
25 Holzschnitte und 31 Holzschnitt-vignetten, 115 S.
Grafische Sammlung der Staatsgalerie Stuttgart
Abb. S. 155

7.16
GABRIELE MÜNTER
LANDSTRASSE IM WINTER · 1911
Öl auf Karton
48,5 x 66,0 cm
Privatbesitz
Abb. S. 161

7.17
GABRIELE MÜNTER
IM ZIMMER (FRAU IM WEISSEN KLEID) · 1913
Öl auf Leinwand
88,0 x 100,0 cm
Sammlung Südschwarzwald
Abb. S. 159

PAUL KLEE

8.1
PAUL KLEE
EIN UNHEIMLICHER MOMENT · 1912, 127
Feder auf Papier
17,2 x 18,0 cm
Paul-Klee-Stiftung, Kunstmuseum Bern
Abb. S. 187

8.2
PAUL KLEE
DIE FLIEHENDEN POLIZISTEN · 1913, 55
Feder auf Papier auf Karton
19,6 x 15,5 cm
Paul-Klee-Stiftung, Kunstmuseum Bern
Abb. S. 188

8.3
PAUL KLEE
KINDER ALS SCHAUSPIELER · 1913, 101
Feder, Pinsel und Bleistift auf Papier
6,6 x 16,5 cm
Paul-Klee-Stiftung, Kunstmuseum Bern
Abb. S. 186

8.4
PAUL KLEE
KLEINWELT · 1914, 120
Radierung auf Zink
14,3 x 9,6 cm
Privatbesitz Schweiz
Ohne Abbildung

8.5
PAUL KLEE
GARTEN IN DER EBENE II (MIT DEM GARTENHÄUSCHEN) · 1920, 185
Ölfarbe auf Papier auf Karton
18,5 x 25,5 cm
Privatbesitz Schweiz
Abb. S. 191

8.6
PAUL KLEE
BÖSER HUND · 1923, 216
Bleistift und Nadel auf Papier auf Karton
21,0 x 28,7 cm
Paul-Klee-Stiftung, Kunstmuseum Bern
Abb. S. 189

8.7
PAUL KLEE
BOTE, DAS SECHSTE AM STEG · 1926, 200 (U 0)
Kreide auf Papier auf Karton
22,0/22,5 x 34,8/35,4 cm
Privatbesitz Schweiz
Abb. S. 190

8.8
PAUL KLEE
KIND BEI EINEM FEST · 1934, 136 (QU 16)
Kleisterfarbe und Aquarell auf braunem Grund auf Papier mit Leimtupfen auf Karton
29,5/30,0 x 20,3/20,8 cm
Schenkung LK, Klee-Museum, Bern
Abb. S. 181

8.9
PAUL KLEE
ES WURMT IHN · 1938, 55 (E 15)
Kleisterfarbe auf Karton
17,8 x 28,0 cm
Privatbesitz Schweiz
Abb. S. 195

8.10
PAUL KLEE
TEICH IM PARK · 1938, 112 (H 12)
Kleisterfarbe auf Karton
21,0 x 49,5 cm
Privatbesitz Schweiz
Abb. S. 193

8.11
PAUL KLEE
SCHLACHT UNTER KINDERN · 1938, 435 (Z 15)
Bleistift auf Papier mit Leimtupfen auf Karton
20,9 x 29,9 cm
Schenkung LK, Klee-Museum, Bern
Abb. S. 177

8.12
PAUL KLEE
EISENBAHN-ZUG · 1939, 609 (FF 9)
Bleistift auf Konzeptpapier mit Leimtupfen auf Karton
27,0 x 43,0 cm
Paul-Klee-Stiftung, Kunstmuseum Bern
Abb. S. 180

8.13
PAUL KLEE
LUFT-UNGEHEUER · 1939, 628 (GG 8)
Bleistift auf Papier mit Leimtupfen auf Karton
20,9 x 29,7 cm
Paul-Klee-Stiftung, Kunstmuseum Bern
Abb. S. 194

8.14
PAUL KLEE
RITTER · 1939, 667 (JJ 7)
Aquarell, Kleisterfarbe und Bleistift auf Papier und Karton
29,7 x 20,9 cm
Privatbesitz Schweiz
Abb. S. 192

8.15
PAUL KLEE
KNABE WEINT · 1939, 969 (AB 9)
Bleistift auf Papier mit Leimtupfen auf Karton
29,5 x 21,0 cm
Paul-Klee-Stiftung, Kunstmuseum Bern
Abb. S. 196

8.16
PAUL KLEE
DAS SPIEL ARTET AUS · 1940, 1 (Z 1)
Bleistift auf Simili-Japanpapier mit Leimtupfen auf Karton
20,9 x 29,6 cm
Paul-Klee-Stiftung, Kunstmuseum Bern
Abb. S. 177

8.17
PAUL KLEE
DER MOND ALS SPIELZEUG · 1940, 140 (T 20)
Fettkreide auf Konzeptpapier mit Leimtupfen auf Karton
29,7 x 21,0 cm
Schenkung LK, Klee-Museum, Bern
Abb. S. 197

COBRA

9.1
PIERRE ALECHINSKY
SITUATION SANS ILLUSION · 1959
Öl auf Leinwand
97,0 x 162,0 cm
Privatbesitz Süddeutschland
Abb. S. 214

9.2
KAREL APPEL
DER SCHREI · 1953
LE CRI
Öl auf Leinwand
116,0 x 89,0 cm
Privatbesitz Süddeutschland
Abb. S. 202

9.3
EUGENE BRANDS
KIND MIT PAPIERKRONE · 1951
Öl auf Leinwand
75,0 x 60,0 cm
Privatbesitz Süddeutschland
Abb. S. 213

9.4
CONSTANT
OHNE TITEL · 1947
Gouache und Tusche auf Papier
25,0 x 35,0 cm
Galerie van de Loo, München
Abb. S. 207

9.5
CONSTANT
DER MAGIER · 1948/49
LE MAGICIEN
Öl auf Leinwand
70,0 x 60,0 cm
Gemeentemuseum, Den Haag
Abb. S. 200

9.6
CONSTANT
FESTIVAL DER TRAURIGKEIT · 1949
FETE DE LA TRISTESSE
Öl auf Leinwand
85,0 x 110,0 cm
Museum Boijmans Van Beuningen, Rotterdam
Abb. S. 209

9.7
CONSTANT
OHNE TITEL · 1949
Pastell, Gouache und Tusche auf Papier
45,0 x 55,0 cm
Galerie van de Loo, München
Abb. S. 206

9.8
CONSTANT
POUSSE. TOUT FLEURIT · 1949
Farblithografie und Ölkreide
49,0 x 39,0 cm
Privatbesitz Süddeutschland
Abb. S. 204

9.9
CONSTANT
OHNE TITEL (MUTTER MIT KINDSYMBOL) · 1950
Mischtechnik auf Papier
100,0 x 70,0 cm
Galerie van de Loo, München
Abb. S. 210

9.10
ASGER JORN
GEMEINSCHAFTSBILD MIT TOCHTER BODIL · 1959
Tusche
18,6 x 24,3 cm
Galerie van de Loo, München
Abb. S. 212

9.11
ASGER JORN
OHNE TITEL · 1960
Öl auf Leinwand
24,3 x 18,6 cm
Sammlung Konrad van de Loo, München
Abb. S. 216

9.12
ASGER JORN
OHNE TITEL · 1960
Öl auf Leinwand
24,2 x 18,3 cm
Sammlung Marie-José van de Loo, München
Abb. S. 216

9.13
ASGER JORN
EINE COBRA-GRUPPE · 1964
Öl auf Leinwand
132,0 x 164,0 cm
Privatbesitz Süddeutschland
Abb. S. 201

9.14
ASGER JORN
TROELS JORNS BOG
BORGENS FORLAG,
3. AUFL. · KOPENHAGEN 1995
56 S.
Sammlung Marie-José van de Loo, München
Ohne Abbildung

9.15
ASGER JORN, CHRISTIAN DOTREMONT (HRSG.)
BIBLIOTHEQUE DE COBRA
EDITIONS EJNAR MUNKSGAARD · KOPENHAGEN 1950
Diverse monografische Hefte, je 16 S.
Privatbesitz
Abb. S. 218

JEAN DUBUFFET

10.1
JEAN DUBUFFET
DIE KARTOFFELERNTE · 1953
LA RECOLTE DES POMMES DE TERRE
Öl auf Leinwand
90,0 x 117,0 cm
Staatsgalerie Stuttgart
Abb. S. 231

10.2
JEAN DUBUFFET
OHNE TITEL (BERGFORMATION) · 1954
Papiercollage und Accrochage
64,5 x 49,5 cm
Grafische Sammlung der Staatsgalerie Stuttgart
Abb. S. 228

10.3
JEAN DUBUFFET
KOPF EINES BÄRTIGEN MANNES · 1959
Papiercollage und Umdruck in schwarzer und grauer Tusche
50,9 x 33,3 cm
Grafische Sammlung der Staatsgalerie Stuttgart
Abb. S. 227

10.4
JEAN DUBUFFET
UNSICHERES BILDNIS XXVIII · 1975
EFFIGIE INCERTAINE XXVIII
Vinyl auf Papier
64,5 x 46,0 cm
Collection Fondation Dubuffet, Paris
Abb. S. 232

10.5
JEAN DUBUFFET
FUSSGÄNGER UND AUTO · 1979
PIETONS ET AUTO
Acryl auf Papier
51,0 x 34,5 cm
Collection Fondation Dubuffet, Paris
Abb. S. 224

10.6
JEAN DUBUFFET
DIE PATROUILLE · 1982
Acryl auf Papier
67,0 x 100,0 cm
Collection Fondation Dubuffet, Paris
Abb. S. 225

ZEITGENÖSSISCHE KUNST

11.1
CHRISTIAN BOLTANSKI
ENFANTS DE ROCHECHOUART · 1990
8 Farbfotografien auf Spanplatte
Je 40,0 x 30,0 cm
Courtesy Galerie Jule Kewenig, Frechen-Bachem
Abb. S. 254

11.2
CHRISTIAN BOLTANSKI
DAS ARCHIV: DIESE KINDER SUCHEN IHRE ELTERN · 1993
Pappkartons, Metallregal und Schwarzweißfotografien
255,0 x 190,0 x 35,0 cm
Courtesy Galerie Jule Kewenig, Frechen-Bachem
Abb. S. 255

11.3
RINEKE DIJKSTRA
ANNEMIEK · 1997
Video
Besitz der Künstlerin
Abb. S. 250

11.4
WANG FU
UNTER DEN STERNEN · 1999
Polyesterharz, Glasfaser und Ölfarbe
12-teilig
Je 29,0 x 70,5 x 131,0 cm
Besitz des Künstlers
Abb. S. 248, 249

11.5
CARSTEN HÖLLER
JENNY · 1992
Video, 12 Minuten
Courtesy Schipper & Krome, Berlin
Abb. S. 240, 241

11.6
CARSTEN HÖLLER
KINDERFALLE · 1993
Kabel mit 2 Steckern, Schokobonbons
Courtesy Schipper & Krome, Berlin
Abb. S. 239

11.7
MARIUSZ KRUK
OHNE TITEL · 1993
Holzstühle, Stoffpuppen und Schnüre
60,0 x 90,0 x 60,0 cm
Galerie Kain, Riehen/Basel
Abb. S. 253

11.8
MARIE-JO LAFONTAINE
KINDER DER RUHR · 1996–2000
Schwarzweißfotografie, Öl und Wachs auf Holz
Jeweils 224,0 x 135,0 cm
Courtesy Walter Storms Galerie, München
Abb. S. 259–261

11.9
GIL SHACHAR
OHNE TITEL · 1998
Kunstharz, Wachs, Industriefarbe und Pigment
50,0 x 40,0 x 15,0 cm
Courtesy Galerie Löhrl, Mönchengladbach
Abb. S. 244

11.10
GIL SHACHAR
OHNE TITEL · 1999
Kunstharz, Wachs, Industriefarbe und Pigment
48,0 x 40,0 x 14,0 cm
Courtesy Galerie Löhrl, Mönchengladbach
Abb. S. 244

11.11
GIL SHACHAR
OHNE TITEL · 1999
Kunstharz, Wachs, Industriefarbe und Pigment
50,0 x 40,0 x 30,0 cm
Courtesy Galerie Löhrl, Mönchengladbach
Abb. S. 245

11.12
GIL SHACHAR
OHNE TITEL · 1999
Kunstharz, Wachs, Industriefarbe und Pigment
50,0 x 40,0 x 30,0 cm
Courtesy Galerie Löhrl, Mönchengladbach
Abb. S. 245

11.13
WIEBKE SIEM
SPIELZEUGE · 1997
Kanadische Fichte
Räder: 168,0 x 168,0 x 82,0 cm; Kugel: Durchmesser: 107,0 cm; Kreisel: Höhe: 154,0 cm, Durchmesser: 157,0 cm
Landesbank Baden-Württemberg
Abb. S. 257

11.14
PIA STADTBÄUMER
CLARA, TÜTÜ UND VAMPIRZÄHNE · 1998/99
Wachs und verschiedene Materialien
Höhe: 120,0 cm
Galerie Rüdiger Schöttle, München
Abb. S. 242

11.15
PIA STADTBÄUMER
MAX, WIMPER UND WANDERSTOCK · 1998/99
Zellan, gefärbt, und verschiedene Materialien
Höhe: 120,0 cm
Galerie Rüdiger Schöttle, München
Abb. S. 243

EINSTIEGSBILDER DER EINZELNEN KAPITEL

MAX LIEBERMANN MIT SEINER ENKELIN MARIA · 1922
Abb. S. 10

PAULA MODERSOHN-BECKER UND STIEFTOCHTER ELSBETH IM GARTEN · UM 1901
Abb. S. 30

FRÄNZI · UM 1909/10 (FOTO: ERNST LUDWIG KIRCHNER)
Abb. S. 50

CONRAD FELIXMÜLLER MIT SOHN LUCA BEIM ZEICHNEN · 1926
Abb. S. 66

LUDWIG HIRSCHFELD-MACK MIT SCHÜLERN DER FREIEN SCHULGEMEINDE WICKERSDORF · UM 1927
Abb. S. 98

PABLO PICASSO MIT PALOMA UND CLAUDE, VALLAURIS · 1950
Abb. S. 124

ALEXEJ JAWLENSKY MIT SOHN ANDREAS IM ATELIER, MÜNCHEN · UM 1910/11
Abb. S. 146

PAUL UND FELIX KLEE, BERN · 1914
Nachlass der Familie Klee, deponiert in der Paul-Klee-Stiftung, Kunstmuseum Bern
Abb. S. 172

ASGER JORN MIT DER TOCHTER VON JEAN WEBER, PARIS · 1968 (FOTO: JEAN WEBER)
Abb. S. 198

JEAN DUBUFFET IN SEINEM ATELIER, PARIS · 1954
Abb. S. 220

BESUCHER IN DER AUSSTELLUNG »HEAVEN« IN DER KUNSTHALLE DÜSSELDORF, IN: FRANKFURTER ALLGEMEINE ZEITUNG · 25. SEPTEMBER 1999 (FOTO: DIETER RÜCHEL)
Abb. S. 236

Ausgewählte Literatur

KINDERDARSTELLUNGEN UND DER EINFLUSS DER KINDERZEICHNUNG IN DER BILDENDEN KUNST DES 20. JAHRHUNDERTS

George Boas, *The Cult of Childhood* (Studies of the Warburg Institute, Bd. 29), London 1966.
Jonathan Fineberg, *Mit dem Auge des Kindes. Kinderzeichnung und moderne Kunst,* hrsg. von Helmut Friedel und Josef Helfenstein, Ausst.-Kat. Lenbachhaus, Kunstbau, München, und Kunstmuseum Bern, Stuttgart 1995.
Jonathan Fineberg (Hrsg.), *Kinderzeichnung und die Kunst des 20. Jahrhunderts,* Stuttgart 1995.
Jonathan Fineberg, *Discovering Child Art. Essays on Childhood, Primitivism and Modernism,* Princeton, New Jersey, 1998.
Die gesellschaftliche Wirklichkeit des Kindes in der Bildenden Kunst, Ausst.-Kat. Neue Gesellschaft für Bildende Kunst und Staatliche Kunsthalle Berlin, Berlin 1979.
Anne Higonnet, *Pictures of Innocence. The History and Crisis of Ideal Childhood,* London 1998.
Innocence and Experience. Images of Children in British Art from 1600 to the Present, Ausst.-Kat. Manchester City Art Galleries, Manchester 1992.
Kinder des 20. Jahrhunderts. Malerei, Skulptur, Fotografie, hrsg. von Christa Murken u. a., Ausst.-Kat. Galerie der Stadt Aschaffenburg und Mittelrhein-Museum, Koblenz, Köln 2000.
Doris Krystof, »Das himmlische Kind. Zu Aufstieg und Absturz eines Motivs im 20. Jahrhundert«, in: *Picassos Welt der Kinder,* hrsg. und mit einer Einführung von Werner Spies, Ausst.-Kat. Kunstsammlung Nordrhein-Westfalen, Düsseldorf, und Staatsgalerie Stuttgart, München und New York 1995, S. 237–242.
Eckart Liebau, »Das Kind als Künstler«, in: *Vergiß den Ball und spiel weiter. Das Bild des Kindes in zeitgenössischer Kunst und Wissenschaft,* hrsg. von Eckart Liebau, Michaela Unterdörfer und Matthias Winzen, Ausst.-Kat. Kunsthalle Nürnberg, Köln 1999, S. 91–97.
Christa Murken, »Das Kind in der Kunst als Spiegel des gesellschaftlichen Wandels«, in: *Kinder des 20. Jahrhunderts. Malerei, Skulptur, Fotografie,* hrsg. von Christa Murken, Klaus Weschenfelder und Brigitte Schad, Ausst.-Kat. Galerie der Stadt Aschaffenburg und Mittelrhein-Museum, Koblenz, Köln 2000, S. 8–28.

LITERATUR ZUR KINDERKUNST

Alfred Bareis, *Vom Kritzeln zum Zeichnen und Malen. Bildnerisches Gestalten im Vorschulalter,* Donauwörth 1972.
Kind und Kunst, Ausst.-Kat. Kunsthalle Mannheim 1949.
Hartmut Kraft, *Die Kopffüßler. Eine transkulturelle Studie zur Psychologie und Psychopathologie der bildnerischen Gestaltung,* Stuttgart 1982.
Hans Günther Richter, *Anfang und Entwicklung der zeichnerischen Symbolik. Eine Gegenüberstellung der Theorien über den Ursprung und Verlauf der bildhaft-symbolischen Aktivitäten im Kinder- und Jugendalter,* Kastellaun 1976.

LITERATUR ZU DEN EINZELNEN KAPITELN

MAX LIEBERMANN UND FRITZ VON UHDE

Matthias Eberle, *Max Liebermann. Werkverzeichnis der Gemälde und Ölstudien,* Bd. 1 (1865–1899), München 1995, Bd. 2 (1900–1935), München 1996.
Dorothee Hansen, »Vom Wesen des Kindes zum Wesen der Malerei«, in: *Fritz von Uhde. Vom Realismus zum Impressionismus,* Ausst.-Kat. Kunsthalle Bremen und Museum der bildenden Künste Leipzig, Ostfildern-Ruit 1998, S. 8–20.
Max Liebermann. Der Realist und die Phantasie, Ausst.-Kat. Hamburger Kunsthalle, Städelsches Kunstinstitut, Frankfurt am Main, und Museum der bildenden Künste Leipzig, Hamburg 1997.
Max Liebermann. Jahrhundertwende, hrsg. von Angelika Wesenberg, Ausst.-Kat. Alte Nationalgalerie, Staatliche Museen zu Berlin, Berlin 1997.
»Nichts trügt weniger als der Schein«. Max Liebermann, der deutsche Impressionist, Ausst.-Kat. Kunsthalle Bremen, München 1995.

PAULA MODERSOHN-BECKER

Marina Bohlmann-Modersohn, *Paula Modersohn-Becker. Eine Biografie in Briefen,* Berlin 1995.
Günter Busch und Liselotte von Reinken (Hrsg.), *Paula Modersohn-Becker in Briefen und Tagebüchern,* Frankfurt am Main 1979.
Günter Busch und Wolfgang Werner (Hrsg.), *Paula Modersohn-Becker 1876–1907. Werkverzeichnis der Gemälde,* Bd. 1, München 1998, Bd. 2, München 1999.
Helmut Friedel (Hrsg.), *Paula Modersohn-Becker. Retrospektive,* Ausst.-Kat. Lenbachhaus, München, München 1997.
Otto Modersohn – Paula Modersohn-Becker. Eine Retrospektive. Ein Künstlerpaar zu Beginn der Moderne. Bilder, Zeichnungen, Ausst.-Kat. Kulturkreis Südliche Bergstraße – Kraichgau e. V., Wiesloch 1997.
Christa Murken(-Altrogge), *Paula Modersohn-Becker – Kinderbildnisse,* 5. Aufl., München 1989.
Christa Murken(-Altrogge), *Paula Modersohn-Becker – Leben und Werk,* 6. Aufl., Köln 1995.
Brigitte Schad, »Kindlichkeit als Metapher für Ursprünglichkeit. Die Kinderbildnisse des Expressionismus«, in: *Kinder des 20. Jahrhunderts. Malerei, Skulptur, Fotografie,* hrsg. von Christa Murken, Klaus Weschenfelder und Brigitte Schad, Ausst.-Kat. Galerie der Stadt Aschaffenburg und Mittelrhein-Museum, Koblenz, Köln 2000, S. 29–41.

BRÜCKE

Klaus Albers und Gerd Presler, »Neues von Fränzi I. Daten, Fakten, Erkenntnisse zum jüngsten ›Brücke‹ Modell«, in: *Weltkunst,* 68, 1998, S. 2440–2442.
Klaus Albers und Gerd Presler, »Neues von Fränzi II«, in: *Weltkunst,* 69, 1999, S. 727–729.

Joachim Heusinger von Waldegg, »Modelle und Modellstudium: Medienreflexion am Beispiel Fränzi und Marcella«, in: *Ernst Ludwig Kirchner. Aquarelle und Zeichnungen. Die Sammlung Karlheinz Gabler,* München 1999.
Magdalena M. Moeller, *Kirchner 1910. Fränzi ante una silla tallada,* Contextos de la Colección Permanente, 2, Fundación Colección Thyssen-Bornemisza, Madrid 1996.
Gerd Presler, *Ernst Ludwig Kirchner. Die Skizzenbücher. »Ekstase des ersten Sehens«,* Monografie und Werkverzeichnis, Kirchner Verein Davos, Karlsruhe 1996.
Gerd Presler, *Ernst Ludwig Kirchner. Seine Frauen, seine Modelle, seine Bilder,* München 1998.
Hans-Günther Richter, »Ernst Ludwig Kirchner und die Kinderzeichnung«, in: *Ernst Ludwig Kirchner. Leben ist Bewegung,* hrsg. von Brigitte Schad, Aschaffenburg 1999, S. 24 ff.
Brigitte Schad, »Kindlichkeit als Metapher für Ursprünglichkeit. Die Kinderbildnisse des Expressionismus«, in: *Kinder des 20. Jahrhunderts. Malerei, Skulptur, Fotografie,* hrsg. von Christa Murken, Klaus Weschenfelder und Brigitte Schad, Ausst.-Kat. Galerie der Stadt Aschaffenburg und Mittelrhein-Museum, Koblenz, Köln 2000, S. 29–41.

NEUE SACHLICHKEIT
Hans-Jürgen Buderer, *Neue Sachlichkeit. Bilder auf der Suche nach der Wirklichkeit. Figurative Malerei der zwanziger Jahre,* hrsg. und mit einem Vorwort von Manfred Fath, Ausst.-Kat. Kunsthalle Mannheim und Ausstellungs-GmbH, München 1994.
Christine Hartmann, *Untersuchungen zum Kinderbild bei Otto Dix,* Phil. Diss. Münster 1989.
Wolfgang Hartmann, *Kinder, die unter Steinen aufwachsen. Ein Beitrag zu Karl Hubbuchs Tätigkeit und Ikonographie nach 1933* (Jahrbuch der Staatlichen Kunstsammlungen in Baden-Württemberg, 20), 1983.
Jutta Hülsewig-Johnen, *Neue Sachlichkeit, Magischer Realismus,* Ausst.-Kat. Kunsthalle Bielefeld, Bielefeld 1990.
Georgia Matt, *Das Menschenbild der neuen Sachlichkeit,* Diss. Saarbrücken 1989, Konstanz 1989.
Adam C. Oellers, *Ikonographische Untersuchungen zur Bildnismalerei der Neuen Sachlichkeit,* Diss. Bonn 1978, Mayen 1983.
Otto Dix zum 99. Kinderwelt und Kinderbildnis, hrsg. von Wendelin Renn, Ausst.-Kat. Städtische Galerie Villingen-Schwenningen und Galerie Brandstetter & Wyss, Zürich, Villingen-Schwenningen 1990.
Gerd Presler, *Glanz und Elend der 20er Jahre. Die Malerei der Neuen Sachlichkeit,* Köln 1992.
Puppen, Körper, Automaten: Phantasmen der Moderne, hrsg. von Pia Müller-Tamm und Katharina Sykora, Ausst.-Kat. Kunstsammlung Nordrhein-Westfalen, Düsseldorf, Köln 1999.
Klaus Weschenfelder, »Kinder zwischen Geborgenheit und großer Not. Die 20er und 30er Jahre«, in: *Kinder des 20. Jahrhunderts. Malerei, Skulptur, Fotografie,* hrsg. von Christa Murken, Klaus Weschenfelder und Brigitte Schad, Ausst.-Kat. Galerie der Stadt Aschaffenburg und Mittelrhein-Museum, Koblenz, Köln 2000, S. 42–51.
Die zwanziger Jahre im Porträt. Porträts in Deutschland 1918–1933. Malerei, Graphik, Fotographie, Plastik, hrsg. von Joachim Heusinger von Waldegg unter Mitarbeit von Brigitte Lohkamp und Adam C. Oellers, Ausst.-Kat. Rheinisches Landesmuseum, Bonn, Bonn 1976.

SPIELZEUG
Alte Spielsachen, Begleitbuch von Dieter Büchner, Andrea Tietze und Christian Väterlein, Schlossmuseum Aulendorf, Zweigmuseum des Württembergischen Landesmuseums Stuttgart, Stuttgart 1997.
Für Hahnemann und andere Kinder. Kindermöbel rund ums Bauhaus, Ausst.-Kat. Deutsches Schloss- und Beschlägemuseum, Velbert, Velbert 1995.
Traude Hansen, *Kinderspiel und Jugendstil in Wien um 1900,* Wien 1987.
Kind und Kunst. Eine Ausstellung zur Geschichte des Zeichen- und Kunstunterrichts, hrsg. vom Bund deutscher Kunsterzieher, Berlin 1976.
Urs Latus, *Kunststücke. Holzspielzeugdesign vor 1914* (Schriften des Spielzeugmuseums Nürnberg, Bd. 3), Nürnberg 1998.
Die Stadt am Ende der Welt. Das Spielzeug von Lyonel Feininger, hrsg. von Ulrich Luckardt, Köln 1998.
Eva Stille, *Spielzeug-Tiere. Auch eine Kulturgeschichte,* Nürnberg 1989.
Cornelia Will, *Alma Siedhoff-Buscher. Entwürfe für Kinder am Bauhaus in Weimar,* Velbert 1997.

PABLO PICASSO
Jonathan Fineberg, »Pablo Picasso: Das Spiel mit der Form«, in: ders., *Mit dem Auge des Kindes. Kinderzeichnung und moderne Kunst,* hrsg. von Helmut Friedel und Josef Helfenstein, Ausst.-Kat. Lenbachhaus, Kunstbau, München, und Kunstmuseum Bern, Stuttgart 1995, S. 130–147.
Hermann Friedl, *Picasso malt Kinder,* Gütersloh 1961.
Helen Key, *Picassos Welt der Kinder,* München und Zürich 1966.
Picasso and Portraiture. Representation and Transformation, hrsg. von William Rubin, Ausst.-Kat. The Museum of Modern Art, New York, und Grand Palais, Paris, New York 1996.
Picassos Welt der Kinder, hrsg. und mit einer Einführung von Werner Spies, Ausst.-Kat. Kunstsammlung Nordrhein-Westfalen, Düsseldorf, und Staatsgalerie Stuttgart, München und New York 1995.
The Private Picasso. A Photographic Study by Edward Quinn, New York 1987.
Carsten-Peter Warncke, *Pablo Picasso 1881–1973,* hrsg. von Ingo F. Walther, 2 Bde., Köln 1991.

BLAUER REITER
Vivian Endicott Barnett und Armin Zweite (Hrsg.), *Kandinsky. Kleine Freuden. Aquarelle und Zeichnungen,* Ausst.-Kat. Kunstsammlung Nordrhein-Westfalen, Düsseldorf, und Staatsgalerie Stuttgart, München 1992.
Tayfun Belgin (Hrsg.), *Alexej von Jawlensky. Reisen Freunde Wandlungen,* Ausst.-Kat. Museum am Ostwall, Dortmund, Heidelberg 1998.
Florens Deuchler, *Lyonel Feininger. Sein Weg zum Bauhaus-Meister,* Leipzig 1996.
Jonathan Fineberg, »Auf der Suche nach dem Universellen: Wassily Kandinsky und Gabriele Münter«, in: ders., *Mit dem Auge des Kindes. Kinderzeichnung und moderne*

Kunst, hrsg. von Helmut Friedel und Josef Helfenstein, Ausst.-Kat. Lenbachhaus, Kunstbau, München, und Kunstmuseum Bern, Stuttgart 1995, S. 56–91.
Annegret Hoberg und Helmut Friedel (Hrsg.), *Der Blaue Reiter und das Neue Bild. Von der ›Neuen Künstlervereinigung München‹ zum ›Blauen Reiter‹,* Ausst.-Kat. Städtische Galerie im Lenbachhaus, München, München 1999.
Annegret Hoberg und Helmut Friedel (Hrsg.), *Gabriele Münter 1877–1962. Retrospektive,* Ausst.-Kat. Städtische Galerie im Lenbachhaus, München, und Schirn Kunsthalle, Frankfurt am Main, München 1992.
Andreas Hüneke (Hrsg.), *Der Blaue Reiter. Dokumente einer geistigen Bewegung,* Leipzig 1991.
Wassily Kandinsky, *Über das Geistige in der Kunst* (1912), 10. Aufl., mit einer Einführung von Max Bill, Bern 1952.
Wassily Kandinsky und Franz Marc (Hrsg.), *Der Blaue Reiter,* Dokumentarische Neuausgabe von Klaus Lankheit, München 1994.
Barbara Wörwag, »Es ist eine unbewußte enorme Kraft im Kinde«, in: Jonathan Fineberg (Hrsg.), *Kinderzeichnung und die Kunst des 20. Jahrhunderts,* Stuttgart 1995, S. 172–197.
Armin Zweite (Hrsg.), *Kandinsky und München. Begegnungen und Wandlungen 1896–1914,* Ausst.-Kat. Städtische Galerie im Lenbachhaus, München, München 1982.

PAUL KLEE

Jonathan Fineberg, »Paul Klee und die Rückkehr zu den ›Uranfängen‹«, in: ders., *Mit dem Auge des Kindes. Kinderzeichnung und moderne Kunst,* hrsg. von Helmut Friedel und Josef Helfenstein, Ausst.-Kat. Lenbachhaus, Kunstbau, München, und Kunstmuseum Bern, Stuttgart 1995, S. 92–129.
Marcel Franciscono, »Paul Klee und die Kinderzeichnung«, in: Jonathan Fineberg (Hrsg.), *Kinderzeichnung und die Kunst des 20. Jahrhunderts,* Stuttgart 1995, S. 26–54.
Josef Helfenstein, »Die Thematik der Kindheit im Spätwerk von Klee«, in: Jonathan Fineberg (Hrsg.), *Kinderzeichnung und die Kunst des 20. Jahrhunderts,* Stuttgart 1995, S. 100–135.
Tilman Osterwold, *Paul Klee. Ein Kind träumt sich,* Stuttgart 1979.
Paul Klee. Leben und Werk, Ausst.-Kat. Kunstmuseum Bern, Stuttgart 1987, Neuaufl. Ostfildern-Ruit 1996.
Otto Karl Werckmeister, »The Issue of Childhood in the Art of Paul Klee«, in: *Arts Magazine,* 52, 1, 1977, Sonderheft Paul Klee, S. 138–151, bzw. in überarbeiteter Fassung in: ders., *Versuche über Paul Klee,* Frankfurt am Main 1981, S. 124 ff.
Otto Karl Werckmeister, in: *Paul Klee in Exile 1933–1940,* Ausst.-Kat. Himeji City Museum of Art u. a., 1985, S. 157 ff.

COBRA

Troels Andersen, »Magische Figuren: Jorn, Cobra und die Kinderzeichnung«, in: Jonathan Fineberg (Hrsg.), *Kinderzeichnung und die Kunst des 20. Jahrhunderts,* Stuttgart 1995, S. 8–13.
Graham Birtwistle, *Lebendige Kunst. Asger Jorns Kunsttheorie von Helhesten bis COBRA 1946–1949,* München 1996.
Jonathan Fineberg, »Cobra und das Kind in uns«, in: ders., *Mit dem Auge des Kindes. Kinderzeichnungen und moderne Kunst,* hrsg. von Helmut Friedel und Josef Helfenstein, Ausst.-Kat. Lenbachhaus, Kunstbau, und Kunstmuseum Bern, Stuttgart 1995, S. 188–216.
Per Hovdenakk, *COBRA. Zwei Verläufe,* Ausst.-Kat. Städtische Galerie im Lenbachhaus, München, Hellerup 1989.
Marion Keiner und Jens Kräubig, *Künstler der Gruppen COBRA und SPUR. Sammlung Selinka,* Ausst.-Kat. Schloss Achberg bei Ravensburg, Herforder Kunstverein und Galerie der Stadt Kornwestheim, Ravensburg 1998.
Otto van de Loo (Hrsg.), *Das Kinderforum. Kinder Leben Kunst,* Berlin 1995.
Uwe M. Schneede, *COBRA 1948–51,* Ausst.-Kat. Kunstverein Hamburg, Hamburg 1982.
Willemijn Stokvis, *COBRA, eine internationale Bewegung in der Kunst nach dem Zweiten Weltkrieg,* Braunschweig 1989.

JEAN DUBUFFET

Jean Dubuffet. Figuren und Köpfe. Auf der Suche nach einer Gegenkultur, hrsg. von Ernst-Gerhard Güse und Andreas Franzke, Ausst.-Kat. Saarland Museum Saarbrücken, Ostfildern-Ruit 1999.
Jean Dubuffet, *Prospectus et tous écrits suivants,* hrsg. von Hubert Damisch, Bd. 1, 2, Paris 1967, Bd. 3, 4 , Paris 1995.
Jonathan Fineberg, »Jean Dubuffet: Kindheit als Strategie«, in: ders., *Mit dem Auge des Kindes. Kinderzeichnung und moderne Kunst,* Ausst.-Kat. Lenbachhaus, Kunstbau, München, und Kunstmuseum Bern, Stuttgart 1995, S. 162–187.
Mechthild Haas, *Jean Dubuffet. Materialien für eine »andere Kunst« nach 1945,* Diss. Hamburg 1995, Berlin 1997.
Lucienne Peiry, *L'Art Brut. Die Träume der Unvernunft,* Weimar 1999.
Gaëtan Picon, *Le Travail de Jean Dubuffet,* Genf 1973.
Rolf Wedewer, »Dubuffet – Zur Bedeutung und Ikonographie der Primitivfigur«, in: *Kunst in Hessen und am Mittelrhein,* 17, 1977, S. 85–113.

ZEITGENÖSSISCHE KUNST

Jonathan Fineberg, »Von der Peripherie ins Zentrum: Das Kind in der Gegenwartskunst«, in: ders., *Mit dem Auge des Kindes. Kinderzeichnung und moderne Kunst,* Ausst.-Kat. Lenbachhaus, Kunstbau, München, und Kunstmuseum Bern, Stuttgart 1995, S. 218–235.
Rosa für Jungs – Hellblau für Mädchen, Ausst.-Kat. Neue Gesellschaft für bildende Kunst und Kunstamt Kreuzberg/Bethanien, Berlin, Berlin 1999.
Vergiß den Ball und spiel weiter. Das Bild des Kindes in zeitgenössischer Kunst und Wissenschaft, hrsg. von Eckart Liebau, Michaela Unterdörfer und Matthias Winzen, Ausst.-Kat. Kunsthalle Nürnberg, Köln 1999.
Matthias Winzen, »Kinder sind keine Künstler«, in: *Vergiß den Ball und spiel weiter. Das Bild des Kindes in zeitgenössischer Kunst und Wissenschaft,* hrsg. von Eckart Liebau, Michaela Unterdörfer und Matthias Winzen, Ausst.-Kat. Kunsthalle Nürnberg, Köln 1999, S. 98–104.

Autoren

KATRIN BOSKAMP-PRIEVER

Geboren 1963 in Aachen. Studium der Kunstgeschichte, Literaturwissenschaft und Klassischen Archäologie in Bochum und Freiburg. 1993 Promotion mit einer Arbeit über den jungen Max Liebermann. 1993–1995 wissenschaftliche Volontärin am Badischen Landesmuseum in Karlsruhe. 1995–1999 Assistentin in der Redaktion des *Allgemeinen Künstlerlexikons* in Leipzig. Lebt als freiberufliche Kunsthistorikerin in Leipzig.

PIA DORNACHER

1964 geboren in Freiburg im Breisgau. Studium der Kunstgeschichte, Klassischen Archäologie und Theaterwissenschaft an der Ludwig-Maximilians-Universität, München. 1994 Promotion bei Prof. Dr. Hans Körner (*Heimrad Prem 1934–1978. Leben und Werk. Monographie und Werkverzeichnis*). 1990–1997 Tätigkeit als Kunsthistorikerin in der Galerie Otto van de Loo, München. Seit 1995 diverse Ausstellungsprojekte und Publikationen. Seit 1999 Lehrauftrag am Kunsthistorischen Institut der Ludwig-Maximilians-Universität, München. Erstellung des Œuvrekatalogs von Rupprecht Geiger im Auftrag der Rupprecht Geiger Gesellschaft, Lenbachhaus, München.

MECHTHILD HAAS

Geboren 1963 in Karlsruhe. Studium der Kunstgeschichte und Philosophie in Tübingen und Hamburg. 1993–1995 Stipendiatin am Zentralinstitut für Kunstgeschichte in München. 1996 Promotion über Jean Dubuffet. 1996–1998 wissenschaftliche Volontärin, ab 1998 wissenschaftliche Mitarbeiterin am Saarland Museum Saarbrücken. Seit April 2000 wissenschaftliche Angestellte an der Graphischen Sammlung des Hessischen Landesmuseums Darmstadt. Arbeits- und Forschungsschwerpunkte: französische Kunst, Kunst des 20. Jahrhunderts, Nachkriegskunst, Informel.

JOSEF HELFENSTEIN

Geboren 1957 in Luzern. Studium der Kunstgeschichte, Germanistik und Geschichte in Genf und Bern. Von 1988 bis 2000 Konservator der Paul-Klee-Stiftung am Kunstmuseum Bern. Seit Herbst 2000 Direktor des Krannert Art Museum an der University of Illinois in Urbana-Champaign (USA). Organisation von internationalen Ausstellungen in Europa, USA, Asien und Südamerika. Zahlreiche Veröffentlichungen zur Kunst des 19. und 20. Jahrhunderts und zur zeitgenössischen Kunst.

ASTRID MANIA

Geboren 1965 in Aachen. Studium der Kunstgeschichte, Baugeschichte und Philosophie in Aachen. 1997 Promotion über *Komar & Melamid: Nostalgic Socialist Realism Series*. Von 1987–1998 freie Mitarbeiterin an der Neuen Galerie Sammlung Ludwig/Ludwig Forum für Internationale Kunst. Juni 1998 bis März 2000 Mitarbeiterin in der Galerie Sander, Darmstadt. Seit April 2000 Mitarbeiterin in der Galerie Barbara Thumm, Berlin. Freiberuflich als Übersetzerin tätig. Ausstellungen und Veröffentlichungen zur zeitgenössischen Kunst.

CHRISTA MURKEN

Geboren 1944 in Mengen. Kunsthistorikerin, Buchautorin und Malerin. 1967–1971 Studium der Kunstgeschichte, Archäologie und Psychologie. 1990 Promotion über die österreichische Malerin Maria Lassnig. Zahlreiche Veröffentlichungen in Zeitschriften und Katalogen zur Kunst- und Kulturgeschichte des 20. Jahrhunderts. Mehrere Buchpublikationen zur Kunst und Kultur des 20. Jahrhunderts, unter anderem zu Paula Modersohn-Becker, sowie Bücher für Kinder und Jugendliche.

GERD PRESLER

Geboren 1937. Studium der Germanistik, Pädagogik, Philosophie, Kunstgeschichte und Theologie an den Universitäten Münster/Westfalen, Berlin und Kopenhagen. Promotion zum Dr. theol. 1970 mit einer Arbeit über Sören Kierkegaard. Promotion zum Dr. phil. 1996 mit einer Arbeit über Ernst Ludwig Kirchner. Zahlreiche Veröffentlichungen zur Brücke, zur Neuen Sachlichkeit und zum Art brut.

WERNER SPIES

Geboren 1937 in Tübingen. Studium der Kunstgeschichte, Romanistik und Philosophie in Wien, Tübingen und Paris. Seit 1975 Lehrstuhl für die Kunst des 20. Jahrhunderts an der Kunstakademie in Düsseldorf. 1997–2000 Direktor des Musée National d'Art Moderne am Centre Georges Pompidou, Paris. Zahlreiche Veröffentlichungen zur Kunst des 20. Jahrhunderts und Organisation von internationalen Ausstellungen.

ANDREA TIETZE

Geboren 1962 in Recklinghausen. Studium der Kunstgeschichte, Baugeschichte und Pädagogik an der RWTH Aachen. 1993 Promotion über die Geschichte des Linolschnitts. 1994–1996 wissenschaftliches Volontariat, seit 1996 wissenschaftliche Mitarbeiterin am Württembergischen Landesmuseum Stuttgart. Ausstellungsorganisation und Veröffentlichungen zur Kunst des 19. und 20. Jahrhunderts.

KIRSTEN CLAUDIA VOIGT

Geboren 1964 in Ötigheim/Rastatt. 1983–1985 Redaktionsvolontariat bei einer Tageszeitung. 1985–1991 Studium der Kunstgeschichte, Literaturwissenschaft und Philosophie an der Universität Karlsruhe. Tätigkeit als Kunstkritikerin, unter anderem für die *Stuttgarter Zeitung* und *Die Welt*. 1991–1999 Leitung der Kulturredaktion des *Badischen Tagblatts* in Baden-Baden. 1996 Promotion mit einer Arbeit über Joseph Beuys. Seit 1999 Lehrbeauftragte am Institut für Kunstgeschichte der Universität Karlsruhe; wissenschaftliche Angestellte an der Staatlichen Kunsthalle Karlsruhe.

BARBARA WÖRWAG

Geboren 1941 in Stuttgart. 1981–1987 Studium der Kunstgeschichte, Philosophie und Pädagogik in Stuttgart. Promotion 1990 bei Max Bense mit einer Arbeit zum Thema *Modifikationen »Aesthetischer Realität«. Eine Anwendung semiotischer Ästhetik an Beispielen amerikanischer Kunst nach 1945*. 1991–1996 wissenschaftliche Mitarbeiterin der Städtischen Galerie im Lenbachhaus, München. Ausstellungsorganisationen und Katalogbeiträge zur zeitgenössischen Kunst und zu den Künstlern des Blauen Reiters.

Fotonachweis

Lindenau-Museum, Altenburg: Kat. 4.7, 4.13
Stedelijk Museum, Amsterdam: Kat. 2.8
Museen der Stadt Aschaffenburg: Kat. 3.8
Landesbank Baden-Württemberg: Kat. 11.13
AHC-Arxiu Fotogràfic Rosa Feliu, Barcelona: *Abb. 4, S. 132*
Bauhaus Archiv, Berlin: *Abb. 7, S. 114*
Staatliche Museen zu Berlin, Nationalgalerie: Kat. 2.5, 4.9, 4.15, *Abb. 3, S. 15* (B. Kuhnert), *Abb. 9, S. 86*
Ullstein Bilderdienst, Berlin: *Abb. S. 10*
Paul-Klee-Stiftung, Kunstmuseum Bern: Kat. 8.1–8.17, *Abb. S. 172, Abb. 1–7, S. 174–183*
Peter Oszvald, Kunst- und Ausstellungshalle der Bundesrepublik Deutschland, Bonn: Kat. 1.6
Kunsthaus Bregenz, Archiv Rudolf Wacker: *Abb. 11, S. 95*
Kunsthalle Bremen: Kat. 1.9
Kunsthalle Bremen, Kupferstichkabinett: *Abb. 4, S. 34*
Paula Modersohn-Becker Museum, Bremen: Kat. 2.1, 2.9 (Joachim Fliegner), *Abb. 3, S. 33, Abb. 5–7, S. 37, 38, 40*
Kunsthandel Wolfgang Werner, Bremen: *Abb. 9, S. 24*
Van der Cam-Heinemann: *Abb. 8, S. 211*
Krannert Art Museum and Kinkead Pavillon, University of Illinois, Champaign: *Abb. 14, S. 158*
May Voigt, Kunstsammlungen Chemnitz: Kat. 7.1–7.3, 7.6, 7.8
E. L. Kirchner Stiftung (Kirchner Museum Davos): Kat. 3.6, 3.7, *Abb. S. 50, Abb. 1–4, S. 51, 53, Abb. 8, S. 63*
Gemeentemuseum, Den Haag: Kat. 9.5, *Abb. S. 30, Abb. 4, S. 205, Abb. 7, S. 208* (Rob Kollaard), *Abb. 9, S. 211*
Stiftung Bauhaus Dessau: Kat. 4.1 (Sebastian Kaps), 5.10, 5.11 (beide Kelly Kellerhoff, Berlin)
Rineke Dijkstra: Kat. 11.3
Sinje Dillenkofer: *Abb. 5, S. 247*
Scottish National Gallery of Modern Art, Edinburgh: *Abb. 2, S. 222*
Courtesy Galerie Jule Kewenig, Frechen-Bachem: Kat. 11.1, 11.2 (beide Friedrich Rosenstiel, Köln)
Staatliche Galerie Moritzburg Halle, Landeskunstmuseum Sachsen-Anhalt (Klaus E. Göltz): Kat. 4.12
Elke Walford, Hamburger Kunsthalle: Kat. 1.7, *Abb. 4, S. 17, Abb. 8, S. 22, Abb. 4, S. 71*
Galerie Koch, Hannover: Kat. 2.4
Nachlass Erich Heckel Hemmenhofen: Kat. 3.1–3.4
Staatliche Kunsthalle Karlsruhe: *Abb. 13, S. 96, Abb. 8, S. 229*
Johnen und Schöttle, Köln: *Abb. 4, S. 238*
Museum Ludwig, Köln: *Abb. 9, S. 41*
Rheinisches Bildarchiv, Köln: Kat. 7.10
Dubuffet-Sammlung Neuve Invention, Château de Beaulieu, Lausanne: *Abb. 4, S. 223*
Museum der bildenden Künste Leipzig: *Abb. 2, S. 12*
Alexej von Jawlensly-Archiv S. A., Locarno: *Abb. S. 146*
Holger Mammel, Löchgau: Kat. 5.4–5.8, 5.16–5.19, 9.15
The National Gallery, London: *Abb. 6, S. 21*
Sammlung Charles Saatchi, London: *Abb. 2, S. 237*
Long Beach Museum of Art, Long Beach: *Abb. 17, S. 164*
Museo del Prado, Madrid: *Abb. 3, S. 130*
Chinati Foundation, Marfa, Texas: *Abb. 6, S. 251*
The Minneapolis Institute of Art: *Abb. 11, S. 26*
Stiftung Museum Schloss Moyland, Sammlung van der Grinten: Kat. 7.11–7.14
Bayerische Staatsgemäldesammlungen, München: *Abb. 5, S. 21, Abb. 1, S. 31*
Klaus Kindermann, München: *Abb. 12, S. 217*
Gabriele Münter- und Johannes Eichner-Stiftung, München: *Abb. 1, 2, S. 149, Abb. 4, S. 150, Abb. 6, S. 152, Abb. 10–12, S. 154, 158, Abb. 15, 16, S. 160*
Norbert Schulz, München: Kat. 11.8
Städtische Galerie im Lenbachhaus, München: *Abb. 3, S. 149, Abb. 5, S. 150, Abb. 7, S. 152, Abb. 9, S. 153, Abb. 13, S. 158*
Galerie van de Loo, München: Kat. 9.4, 9.7, 9.9–9.12
Greta Schüttemeyer, Westfälisches Museumsamt, Münster: Kat. 4.18
Sammlung Murken: *Abb. 8, S. 256*
Andreas Feininger, New York: *Abb. 9, S. 118*
Sammlung Achim Moeller, New York: Kat. 5.3
Whitney Museum of American Art, New York: *Abb. 7, S. 251*
Museen der Stadt Nürnberg: Kat. 4.8
Bühnen Archiv Oskar Schlemmer, Sammlung UJS, Oggebio: *Abb. 7, S. 115*
Agence Photographique de la Réunion des Musées Nationaux, Paris: *Abb. S. 124, Abb. 5, S. 132, Abb. 7, S. 133*
Fondation Dubuffet, Paris: Kat. 10.4–10.6
Beatrice Hatala, Paris: *Abb. 6, S. 133*
Musée National d'Art Moderne, Centre Georges Pompidou, Paris: *Abb. 8, S. 153, Abb. 18, S. 166*
Musée du Petit Palais, Paris: *Abb. 7, S. 22*
Sammlung N. A., Paris: *Abb. 11, S. 215*
Jean Weber, Paris: *Abb. S. 198*
Galerie Kain, Riehen/Basel: Kat. 11.7
The Netherlands Institute of Cultural Heritage, Sammlung: Museum Boijmans Van Beuningen, Rotterdam: Kat. 9.6
Dieter Rüchel/Frankfurter Allgemeine Zeitung: *Abb. S. 236*
Sammlung Gabi und Wilhelm Schürmann: *Abb. 1, S. 237*
Gil Shachar: Kat. 11.9–11.12
Staatliches Museum Schwerin: *Abb. 12, S. 26*
Foto Dülberg, Soest: Kat. 4.19
Pia Stadtbäumer: Kat. 11.14, 11.15
Galerie der Stadt Stuttgart: *Abb. 5, S. 71*
Wolf-Dieter Gericke, Stuttgart: *Abb. 1, S. 67*
Frank Kleinbach, Stuttgart: Kat. 11.4
Staatsgalerie Stuttgart: Kat. 3.5, 4.4, 6.7, 6.9, 6.10, 6.12, 10.1–10.3
Kunstmuseum des Kantons Thurgau: Kat. 4.2, 4.3
Ulmer Museum: Kat. 6.6
Deutsches Schloss- und Beschlägemuseum, Velbert: Kat. 5.13–5.15
National Gallery of Art, Washington: *Abb. 7, S. 60, Abb. 9, S. 230*
Kunstsammlungen zu Weimar (Foto Atelier Louis Held): Kat. 5.12
Archiv Peter Stasny, Wien: *Abb. 5, S. 110*
Foto Sandvoort, Wuppertal: *Abb. 12, S. 95*
Medienzentrum Wuppertal, Von der Heydt-Museum, Wuppertal: *Abb. 1, S. 11*
Christoph Hobi, Zürich: Kat. 6.1–6.5, 6.8, 6.11
Kunsthaus Zürich: Kat. 2.7, *Abb. 2, S. 101*